T0289111

עדנה גינוסר

ספרות על קצה הלשון

חוברת לימוד לשלב הביניים

Sifrut Al Ketzeh HaLashon

Intermediate Hebrew

by Edna Genossar Grad

Illustrations by Nina Miller

Northwestern University Press
Evanston, IL

Copyright © 1987 by Edna Genossar

All rights reserved.
No part of this book may be reproduced in any form or by any means without the prior
written permission of the publisher.

Published by Northwestern University Press
Evanston, IL 60201
Printed in the United States of America

ISBN 0-8101-0768-6

לאמי

קטעי הספרות המופיעים בספר נלקחו מתוך המקורות הבאים:

ח.נ. ביאליק, <u>כל כתבי ביאליק</u>, הוצאת דביר

לאה גולדברג, <u>ילקוט שירים</u>, הוצאת יחדיו

זלדה, <u>פנאי: שירים</u>, הוצאת הקבוץ המאוחד

י.ל. פרץ, בעיבודה של מיכל חומסקי, <u>שער לספרות:</u>

<u>פרקי קריאה ללומדי עברית</u>, הוצאת עם עובד

ש.י. עגנון, <u>כל כתבי עגנון</u>, הוצאת שוקן

א. קישון, <u>סליחה שנצחנו</u>, ספרית מעריב

ABOUT THE TEXT

"Intermediate Hebrew" denotes the transition from the very elementary level of instruction to that in which Hebrew literature is taught. It thus has a specific goal to achieve, and the means to that goal must necessarily differ from those employed in either the elementary or the advanced level. Introductory-level dialogues provide a student with opportunities to master the rudiments of a language as a means of human communication. Most of them revolve around the learner's everyday activities (the university, the restaurant, the post office, etc.). The intermediate-level techniques should provide opportunities for the expansion of those rudimentary skills and for the actual handling of literature. This is the stage in which composition and lecture style is to be developed on topics that transcend the learner's everyday life.

Sifrut Al Ketzeh HaLashon (SAKH) is based on selections from Hebrew literature, and allows these selections to dictate both the linguistic topics to be introduced and their sequence. The advantage in presenting authentic literature over teacher-made texts is twofold: (a) texts artificially created to highlight linguistic features usually lack aesthetic value, and the gradual introduction of those features unnecessarily prolongs the learning process, and (b) since a student is to be groomed to handle literature at the upper level, the opportunity to deal with primary texts at a gradually increasing pace is a most valuable experience--learning by doing.

THE OBJECTIVE

A student beginning intermediate Hebrew is already capable of forming basic sentences, is familiar with 4-5 verb stems in the different tenses, and possesses a vocabulary of 400-600 words. SAKH seeks to take the student from this level to a level at which he/she may be able to read different types of Hebrew texts with relative ease.

The greatest expansion must be in the domain of vocabulary: even a simplified newspaper article requires a far larger vocabulary than that at the student's disposal at the end of the elementary level. In addition, the seven verb stems with most subgroups have to be reviewed and mastered; the finer points of phonology, morphology and syntax need to be elucidated; and finally, writing and lecturing style must be developed.

THE MEANS

Vocabulary and Grammar

New vocabulary is introduced in each unit, partly in the context of a preparatory conversation and partly in the body of the text itself. Linguistic features derived from the text are defined and explained, and exercises are provided immediately following the presentation.

The homework assignments provide both exercise in the most recently learned topics as well as review of previously learned materials. They are systematically designed, through massing and distribution of practice, to foster learning and retention over a long period of time. Thus, a topic introduced in unit 2 will be drilled in units 2, 3, 5, 8, and 12 or 13.

Writing Style

Composition is attempted first at the minimal level: one sentence at a time, where students are required to explain why a vocabulary item is an exception to other items in a group. Later, students are asked to write short essays (3-6 sentences) about the content and form of poems and short stories. Even minimalistic compositions reveal weak spots in the class's grasp of linguistic phenomena, and the instructor can address those weaknesses in a coherent and efficient manner in class.

Lecturing Style

Oral presentations force the student to transform receptive into productive skills. They compel students to translate their understanding of a text and their evaluation of it into well-organized mini lectures. These short presentations are the first attemps at free, original communication. Free, because they are not limited to contrived situations; original, because they allow students to express subjective views on a topic.

Use of Dictionary

Both compositions and lectures require an ever increasing use of a dictionary. This is an important feature at this level, and most effective if used with the intention to memorize (not simply as a temporary crutch). Such would be the case when students are writing compositions which they may be called upon to deliver orally without the aid of notes.

HOW TO USE THE BOOK

SAKH combines materials used in second-year instruction at Northwestern University with a teacher's lesson-plan notes. The introductory presentation for each unit reflects the latter, and is not meant to be read or memorized by students prior to class discussion. All materials following the presentation are intended for use in class.

The Pace

SAKH envisages one or two contact hours per unit, with one or two pages of homework exercises following each session. Programs that choose to allocate more than two class hours per unit would do well to supply additional homework assignments beyond those provided in the workbook. Daily assignments ensure that Hebrew activity is not limited to the classroom.

Introducing a Unit

Each unit opens with only a sketch or an outline for an introductory conversation, to allow the teacher maximal flexibility. Students should participate with closed books. After the session, the outline will serve the students as a record of what has been learned.

Explaining the Text

When reading a text, an effort should be made by teacher and students to explain Hebrew terms in Hebrew (translate from Hebrew to Hebrew). This may lead at times to funny definitions, but no funnier than some that must be coined by nonspeakers of Hebrew in Israel. There is a value in maintaining an all-Hebrew atmosphere.

Learning Vocabulary

Students should be encouraged to learn vocabulary in context, not from lists of discrete words. Repeated readings of the text enhance vocabulary retention. Many exercises can only be completed by resorting to the text, but students' awareness of the value of this type of learning would make all exercises more effective. Memorization is another useful tool in vocabulary acquisition. Committing to memory phrases and short passages that are idiomatic or that embody important features of the language pays off handsomely.

Grammar Presentations

Like the vocabulary items, grammar is explained in Hebrew. The teacher should ascertain that explanations are understood by students and that key terms are committed to memory (e.g., שם עצם, ה הידוע, etc).

Sections dealing with vocalization rules are distinct, and may be omitted if not part of a school's curriculum.

Additional Readings

Students frequently ask for additional readings for pleasure. The last segment in each of the early units provides short readings in both prose and poetry. If time permits, these may be read in class. If not, they may be read at leisure. These texts are not meant to serve as a basis for tests.

Beyond unit 13, recent articles from a beginners' newspaper should answer students' need for additional readings. Subscriptions for אמר and שער למתחיל are possible on individual as well as institutional basis.

Review of Texts

At the end of the book the full texts appear uninterrupted and without notations (prose texts without vowels) to enable students to review and test their knowledge of each text as a whole.

Homework Assignments

Homework-assignment instructions should be read in class. Crossword puzzles, which help in vocabulary reviews, may be assigned as homework and their solutions read in class, or they may be solved jointly in class.

The assignment workbook comes with detachable pages. Their uniformity simplifies correction by the teacher, and enables students to refile them--once corrected--in sequence for later review.

ת כ ן   ה ע נ י י נ י ם

xi

הקריאה בפרקים הבאים נעשית בטקסט נפרד:
דוד שחר, על החלומות, סדרת גשר, המחלקה לחינוך ותרבות
בגולה של ההסתדרות הציונית העולמית, ירושלים תשכ"ח

שִׁעוּר א

שִׂ י חַ ת הֲ כָ נָ ה

מַה מֶזֶג הָאֲוִיר בַּקַּיִץ?

הַשֶּׁמֶשׁ זוֹרַחַת, חַם, יָבֵשׁ, הַשָּׁמַיִם כְּחֻלִּים, שָׁרָב (חַמְסִין)

מה טוב לִלְבֹּשׁ בקייץ?

בְּגָדִים קַלִּים, שְׂמָלוֹת, חֲצָאִיּוֹת, מִכְנָסַיִם קְצָרִים, חֻלְצָה בְּלִי שַׁרְווּלִים, בֶּגֶד יָם, (לִנְעֹל) סַנְדָּלִים, (לַחֲבֹשׁ) כּוֹבַע (מִ)קַּשׁ.

מה טוב לַעֲשׂוֹת בקייץ?

לִשְׂחוֹת בַּבְּרֵכָה אוֹ בַּיָּם, לְשַׂחֵק בַּחוּץ, לָשׁוּט בְּסִירָה, לַעֲסֹק בְּסִקֵי מַיִם, לְהִשְׁתַּזֵּף עַל הַחוֹף, לִשְׁכַּב עַל הַדֶּשֶׁא, לִרְכֹּב עַל סוּסִים אוֹ עַל אוֹפַנַּיִם

עֲנֵה על השאלות:

1. מה מזג האוויר היום?
2. מה אתה לובש עכשיו?
3. מה אתה נועל היום?
4. אתה חובש כובע היום? איזה מין כובע?
5. מי נועל סנדלים בכיתה?
6. מי לובש בגד ים בכיתה?
7. למי יש חולצה עם שרוולים קצרים בכיתה?
8. מי לובש מכנסיים קצרים היום?
9. מה המורה לובש(ת) היום?
10. מי רוצה ללכת לבריכה במקום לשבת בשיעור?
11. מה תעשה היום אחרי הלימודים?
12. מי שוכב על הדשא בִּמְקוֹם לָשֶׁבֶת בכיתה?
13. מתי יחזור הקייץ (והחופש)?

עונות הַשָּׁנָה - קַיִץ

קַיִץ טוֹב, יָבֵשׁ וְחַם
מְמַלֵּא אֶת הָעוֹלָם;
לַבְּרֵכָה וּלְחוֹף הַיָּם
אָז מְמַהֲרִים כֻּלָּם.
קַיִץ חַם הוּא גַּם שׁוֹבָב,
לִפְעָמִים מוֹלִיד שָׁרָב.
כָּל אָדָם אָז קְצָת עָצֵל
וּמְחַפֵּשׂ מָקוֹם בַּצֵּל.
אַךְ מִיָּד בְּעִקְבוֹתָיו
מִי מוֹפִיעַ, אִם לֹא סְתָו?

<u>פֵּרוּשֵׁי מִלִּים וּבִטּוּיִים</u>

מְמַלֵּא = עוֹשֶׂה שֶׁמַּשֶּׁהוּ יִהְיֶה מָלֵא
מְמַהֵר = הוֹלֵךְ אוֹ עוֹשֶׂה מַשֶּׁהוּ מִיָּד, בְּלִי לְחַכּוֹת
שׁוֹבָב = נוֹהֵג בְּחֻצְפָּה, אֲבָל נֶחְמָד
מוֹלִיד (שֹׁרֶשׁ: ילד) = מֵבִיא לָעוֹלָם; נוֹתֵן חַיִּים (רַק גֶּבֶר מוֹלִיד)
עָצֵל = לֹא אוֹהֵב לַעֲבֹד
בְּעִקְבוֹת = אַחֲרֵי
מוֹפִיעַ (שֹׁרֶשׁ: יפע) = בָּא, מַגִּיעַ, נִרְאֶה, נִגְלֶה

סַמֵּן ב-x אֶת הַהַצְהָרוֹת הַנְּכוֹנוֹת:

1.___ לִפְעָמִים יש חמסין בקייץ.
2.___ כְּשֶׁיָּבֵשׁ מאד בקייץ, יורד גשם.
3.___ קָשֶׁה לִהיות עצל כְּשֶׁחם מאד.
4.___ אנשים שובבים אוהבים תמיד לשבת בַּצֵּל.
5.___ הסתיו מופיע מייד אחרי הקייץ.
6.___ בקייץ, העולם מלא יותר מֵאֲשֶׁר בחורף.
7.___ טוב לשׂחות בקייץ בבריכה או באגם.

ענה על השאלות:

1. הקייץ הוא רק אחת מארבע העונות בשנה. מהן העונות האחֵרות?
2. מהי העונה הקרה ביותר בשנה?
3. באיזו עונה מִתְחַדְּשִים הלימודים באוניברסיטה?
4. באיזו עונה חָל חַג הפֶּסַח?

נַתֵּח אֶת הַפְּעָלִים, לְפִי הַטַּבְלָה:

הַפֹּעַל	שֹׁרֶשׁ	בִּנְיָן	זְמַן	גוּף	שֵׁם הַפֹּעַל
תִּרְכְּבוּ					
זוֹרַחַת					
לָשׁוּט					
מוֹלִיד					

""

שֵׁם הַפְּעוּלָה (gerund)

שֵׁם הַפְּעוּלָה הַגָּזוּר (deriving from) מִבִּנְיָן פָּעַל שְׁלֵמִים:

פֹּעַל	שֵׁם פְּעוּלָה
יוֹשֵׁב	יְשִׁיבָה
שׁוֹכֵב	שְׁכִיבָה
עוֹמֵד	עֲמִידָה

""

כתוב בעֶזְרַת שם הפעולה, לפי הדוגמה.

הוא כותב. הוא עוסק בּ כְּתִיבָה

1. קשה לי לקרוא בעברית. ה __________ בעברית קָשָׁה לי.
2. היא מלמדת אותנו לרכוב על סוסים. היא מדריכה לְ __________ על סוסים.
3. טוב לקרוא כששוכבים במיטה? טוב לקרוא בְּ __________?
4. הם עומדים ואוכלים. הם אוכלים בַּ __________
5. הוא עובד כשומר. הוא עוסק בִּ __________

הַ פֹּ עַ ל

בִּנְיַן פָּעַל - שְׁלֵמִים (אֶפְעֹל)

שֵׁם הַפֹּעַל: לִכְתֹּב *(לַעֲבֹד) **((לֶאֱסֹף))

הוֹוֶה:	יָחִיד	כּוֹתֵב
	יְחִידָה	כּוֹתֶבֶת
	רַבִּים	כּוֹתְבִים
	רַבּוֹת	כּוֹתְבוֹת

עָבָר:	אֲנִי	כָּתַבְתִּי	אֲנַחְנוּ	כָּתַבְנוּ		
	אַתָּה	כָּתַבְתָּ	אַתֶּם	כְּתַבְתֶּם	(עֲבַדְתֶּם)	((אֲסַפְתֶּם))
	אַתְּ	כָּתַבְתְּ	אַתֶּן	כְּתַבְתֶּן		
	הוּא	כָּתַב	הֵם	כָּתְבוּ		
	הִיא	כָּתְבָה	הֵן	כָּתְבוּ		

עָתִיד:	אֲנִי	אֶכְתֹּב	(אֶעֱבֹד)	((אֶאֱסֹף))	אֲנַחְנוּ	נִכְתֹּב	(נַעֲבֹד)	((נֶאֱסֹף))
	אַתָּה	תִּכְתֹּב	(תַּעֲבֹד)	((תֶּאֱסֹף))	אַתֶּם/ן	תִּכְתְּבוּ	(תַּעַבְדוּ)	((תַּאַסְפוּ))
	אַתְּ	תִּכְתְּבִי	(תַּעַבְדִי)	((תַּאַסְפִי))				
	הוּא	יִכְתֹּב	(יַעֲבֹד)	((יֶאֱסֹף))	הֵם/ן	יִכְתְּבוּ	(יַעַבְדוּ)	((יַאַסְפוּ))
	הִיא	תִּכְתֹּב	(תַּעֲבֹד)	((תֶּאֱסֹף))				

צִוּוּי:	(אַתָּה)	כְּתֹב	(עֲבֹד)	((אֱסֹף))
	(אַתְּ)	כִּתְבִי	(עִבְדִי)	((אִסְפִי))
	(אַתֶּם)	כִּתְבוּ	(עִבְדוּ)	((אִסְפוּ))

* הצורות בְּסֹגְרַיִם נְכוֹנוֹת לְגַבֵּי רֹב הַפְּעָלִים שֶׁהַשּׁוֹרֶשׁ שֶׁלָּהֶם מַתְחִיל בָּאוֹתִיּוֹת ע, ח, אוֹ ה.

** הצורות בְּסֹגְרַיִם כְּפוּלִים נְכוֹנוֹת לְגַבֵּי רֹב הַפְּעָלִים שֶׁהַשּׁוֹרֶשׁ שֶׁלָּהֶם מַתְחִיל בָּאוֹת א.

* Forms in parentheses are true for most verbs whose first radical (first letter of their root) is א, ח or ה

** Forms in double parentheses are true for most verbs whose first radical is א

אמור בעבר ובעתיד:

1. אני רוכב על אופניים.
2. היא גומרת את הלימודים.
3. מי שומר על הילדים?
4. אתה זוכר את השיר?
5. אנחנו עוסקים בכתיבה.
6. הם עובדים בְּמִשְׂרָד.
7. את אוספת את הספרים.
8. הוא אוסף בולים.

. . . . .מִלִּים . . . מִלִּים . . . מִלִּים . . . .

אֲבָל ≠ אֶלָּא

"אֲבָל" מַצְבִּיעַ עַל הִפּוּךְ: מַשֶּׁהוּ בְּנִגּוּד לַמְּצֻפֶּה.

מוֹפִיעַ אַחֲרֵי פְּסוּקִית (clause) בְּחִיּוּב אוֹ בִּשְׁלִילָה.

אַחֲרָיו בָּאָה פְּסוּקִית.

Designates the opposite of that which is expected.
Is followed by a clause.
May be translated as "**and yet**".

"אֶלָּא" מַצְבִּיעַ עַל בְּחִירָה בֵּין כַּמָּה אֶפְשָׁרוּיוֹת.

מוֹפִיעַ אַחֲרֵי פְּסוּקִית בִּשְׁלִילָה.

אַחֲרָיו בָּא שֵׁם עֶצֶם אוֹ שֵׁם פֹּעַל (לְעִתִּים רְחוֹקוֹת תָּבוֹא פְּסוּקִית).

Indicates a choice among a number of options, not a complete reversal.
Follows a negative clause.
May be translated as "**but rather**".

. . . .

סמן בעגול את המלה הנכונה (אבל או אלא):

1. אינני חולה, (אבל/אלא) עייף.
2. הוא מצונן, (אבל/אלא) הוא יבוא להרצאה הערב.
3. היא אוהבת את הים, (אבל/אלא) היא לא יודעת לשחות.
4. החלטנו לא לָצֵאת לטיול בהרים, (אבל/אלא) לנסוע לחוף הים.

****

מְעַט נִקּוּד

א. אַחֲרֵי מִ- (בִּמְקוֹר, מִן) בָּא דָּגֵשׁ חָזָק:

הוּא בָּא מִמֶּכְּסִיקוֹ.

הִיא יוֹתֵר גְּבוֹהָה מִדִּינָה.

שְׁנַיִם מִתַּלְמִידֵי הָאֻלְפָּן רוֹפְאִים.

ב. אַחֲרֵי הַ-, בַּ-, לַ-, כַּ- בָּא דָּגֵשׁ חָזָק (מִלְּבַד בְּ-ה אוֹ ח):

הַקַּיִץ נִגְמַר.

הַסֵּפֶר אֵינֶנּוּ בַּמָּקוֹם הַנָּכוֹן.

תָּבוֹאוּ לַמְּסִבָּה הָעֶרֶב?

****

שִׂים דגש בכָל מקום בו הוא דרוש:

1. הָעוֹנוֹת מוֹפִיעוֹת לְפִי הַסֵדֶר.
2. כַּיָדוּעַ לָכֶם, הָעֶרֶב לֹא נִהְיֶה בַּבַיִת.
3. הַסִירָה שָׁטָה בַנָהָר מִמִזְרָח לְמַעֲרָב.

קריאה לשמה

חופשת הקיץ

דוד עבד כְּמַדְרִיךְ לשׂחייה בְּמַחֲנֵה קייץ. הַחֲנִיכִים הקטנים שלו היו שובבים במיוחד (פֶּלֶא שאף אחד לא טָבַע), אבל כמעט כולם למדו לשחות, וכולם הִשְׁתַּזְּפוּ. כְּשֶׁכָּל השובבים הקטנים חזרו הביתה, דוד אמר לעצמו: "מזל שאינני מורה!"

רבקה עבדה כִּמֶלְצָרִית בבֵית קָפֶה צָרְפָתִי בפְּרוֹבִידֶנְס. בבקרים היא שָׂחֲתָה באוקיינוס, או שכבה לה להשתזף על החוף; ובערבים היא הִגִּישָׁה עוגות צרפתיות טְעִימוֹת וגם אכלה מהן . . . בסוף הקיץ היא התחילה בדיאטה אמריקאית.

ג'ו עבד כסַפְּרָן בספרייה העירונית. הוא בא לעבודה כל בוקר ב-8.00, ויצא משם מאוחר אחר הצהריים. הוא קרא הרבה, פָּגַש אנשים נחמדים רבים, ונשאר לבן כמו שֶׁלֶג. אבל הוא חָסַךְ כסף כדי לנסוע לפלורידה בחורף! מי אמר שהעונה הטובה ביותר לשיזוף היא הקייץ? . . .

רחל הוֹפִיעָה בביתה ראשונה. היה לה חופש נִפְלָא: היא נחה יפה, ואכלה הרבה, וקראה מאה ספרים מעניינים, והלכה לתיאטרון ולקולנוע, וביקרה אצל חברים, ושיחקה טניס עם אחותה הקטנה, ושטה בסירת מיפרש עם אחיה הגדול, ודָגָה דגים עם הדוד, וטיילה בקנדה עם חברתה הטובה, ו. . . בסוף הקייץ כבר הִתְגַּעְגְּעָה ללימודים ולחברים באוניברסיטה.

שנת לימודים טובה לכולכם!

שעור ב

ש י ח ת   ה כ נ ה

מה מֶזֶג האוויר בַּסְּתָו?

פָּחוֹת חַם יותר קָרִיר, יש עֲנָנִים בשמיים, השמיים אֲפוּרִים,
יורדים גְשָׁמִים, נוֹשֶׁבֶת רוּחַ קַלָּה, הֶעָלִים נוֹשְׁרִים מֵהָעֵצִים,
יש שַׁלֶּכֶת (צִבְעֵי הַשַּׁלֶּכֶת: צָהֹב, אָדֹם, כָּתֹם, סָגֹל, חום),
יש עֲרָפֶל, לַח

מה טוב ללבֹּש בסְּתָו?

סְוֶדֶר, מִכְנָסַיִם אֲרֻכִּים, חֻלְצָה עִם שַׁרְווּלִים אֲרֻכִּים, שִׂמְלָה חַמָּה,
מְעִיל גֶּשֶׁם

לִנְעֹל - נַעֲלַיִם סְגוּרוֹת, עַרְדָּלַיִם

לִגְרֹב - גַּרְבַּיִם מִ(צֶּמֶר)

לַחֲבֹשׁ - כּוֹבַע צֶמֶר

לָקַחַת מִטְרִיָּה

בַּמֶּה טוב לַעֲסֹק בַּסְּתָו?

לְטַיֵּל בָּרֶגֶל, לִרְכֹּב עַל אוֹפַנַּיִם או על סוסים, לְשַׂחֵק בְּכַדּוּר (כַּדּוּרֶגֶל,
כַּדּוּרְסַל), לְשַׂחֵק גוֹלְף או טֶנִיס שֻׁלְחָן

תרגיל חוזר:

1. אתה חַזַּאי מזג האוויר. מה אתה חוֹזֶה לְהַיּוֹם?
2. לפי התַּחֲזִית ששמענו, סַפֵּר לנו מה כְּדַאי ללבוש היום.
3. סַפֵּר לנו במה טוב לעסוק היום.
4. מהו מזג האוויר האָפְיָנִי ליום סתיו בעירך?

עוֹנוֹת הַשָּׁנָה - סְתָו

בַּגַּנִּים זְרוּקָה שַׁלֶּכֶת,
מַה נָּעִים בַּחוּץ לָלֶכֶת!
רוּחַ יָם רַעֲנָנָה,
בַּשָּׁמַיִם עֲנָנָה,
וְטִפּוֹת גְּדוֹלוֹת שֶׁל גֶּשֶׁם
טוֹפְפוֹת כְּבָר עַל הַדֶּשֶׁא.
סְוֶדֶר קַל וַעֲרְדָלַיִם
מִתְּנוּמָה פּוֹקְחִים עֵינַיִם;
נִרְדָּמִים אָז בִּמְקוֹמָם
סַנְדָּלִים וּבֶגֶד יָם.

<u>פֵּרוּשֵׁי מִלִּים וּבִטּוּיִים</u>

זָרוּק = שֶׁנִּזְרַק וְנִמְצָא בַּמָּקוֹם שֶׁבּוֹ נָפַל
רַעֲנָן = טָרִי, צָעִיר
עֲנָנָה = עָנָן גָּדוֹל
טִפָּה = כַּדּוּר קָטָן מְאֹד שֶׁל מַיִם; מְעַט מְאֹד
טוֹפֵף = רוֹקֵד; הוֹלֵךְ בִּצְעָדִים קַלִּים
תְּנוּמָה = שֵׁנָה
פּוֹקֵחַ = פּוֹתֵחַ עֵינַיִם אוֹ אָזְנַיִם
נִרְדָּם = מַתְחִיל לִישֹׁן; יָשֵׁן

מחק את המַשְׁלִים הַבִּלְתִּי מַתְאִים:

1. בסתיו, נעים לטייל בחוץ, כי
   א. השלכת יפה
   ב. הדֶשֶׁא יָבֵשׁ
   ג. האוויר רַעֲנָן
2. רוח ים רעננה
   א. נושבת בים
   ב. נושבת מהים
   ג. היא קרירה
3. כשפוקחים עיניים,
   א. רואים יותר טוב
   ב. לא יְשֵׁנִים
   ג. נרדמים
4. נועלים ערדליים,
   א. כְּשֶׁרָטֹב בחוץ
   ב. כדי לשחות בבריכה
   ג. כדי לשמור על הנעליים

להתלבש בעברית

מַדּוּעַ קָשֶׁה כָּל-כָּךְ להתלבש בעברית? אולי מפני שלמיני לבוש שונים דרושות פעולות לבישה שונות: צריך ללבוש חולצה, אבל לגרוב גרביים; לנעול סנדלים, אבל לחבוש כובע; שלא לדבר על עֲנִיבָה, חֲגוֹרָה, ופְרִיטֵי לבוש אחרים.

עֲנִיבָה עוֹנְבִים, וַחֲגוֹרָה? . . . יָפֶה נִחַשְׁתֶּם: חֲגוֹרָה חוֹגְרִים!

קשה להסביר מדוע המילון העברי דַּק יותר מהמילון האנגלי, כשבאנגלית "לובשים" הכֹּל: מִשְׁקָפַיִם, שְׂפָּתוֹן, ואֲפִילוּ חִיּוּךְ. . .

הפֹעל

בנין פָּעַל - שלמים (אֶפְעַל)

שם הפעל:		לִלְמֹד	*לִשְׁמֹעַ		
הווה:	יחיד	לוֹמֵד	*שׁוֹמֵעַ		
	יחידה	לוֹמֶדֶת	*שׁוֹמַעַת		
	רבים	לוֹמְדִים			
	רבות	לוֹמְדוֹת			
עבר:	אני	לָמַדְתִּי		אנחנו	לָמַדְנוּ
	אתה	לָמַדְתָּ		אתם/ן	לְמַדְתֶּם/ן
	את	לָמַדְתְּ			
	הוא	לָמַד		הם/ן	לָמְדוּ
	היא	לָמְדָה			
עתיד:	אני	אֶלְמַד		אנחנו	נִלְמַד
	אתה	תִּלְמַד		אתם/ן	תִּלְמְדוּ
	את	תִּלְמְדִי			
	הוא	יִלְמַד		הם/ן	יִלְמְדוּ
	היא	תִּלְמַד			
צווי:	(אתה)	לְמַד			
	(את)	לִמְדִי			
	(אתם)	לִמְדוּ			

* הצורות נכונות לפעלי ל"ע ו- ל"ת.

<u>Verbs conjugated in **אפעל**:</u>

1. verbs with a guttural for second or third radical
2. intransitive verbs (not having direct objects)
3. the verbs **לבש, למד**

אמור בעבר ובעתיד:

1. אֲנִי נוֹעֵל סנדלים.

2. הִיא לובשת שמלה אדומה.

3. אתה לומד לבחינה.

4. אנחנו שוֹאֲלִים שְׁאֵלוֹת.

5. אַת שׁוֹמַעַת את הרוח?

6. הוא שוכב על הדשא.

7. הם חובשים כובעים.

8. אתם עוסקים בספורט.

צִוּוּי בִּשְׁלִילָה: אַל + עָתִיד

צִוּוּי בְּחִיּוּב		צִוּוּי בִּשְׁלִילָה	
כְּתֹב	(לְמַד)	אַל תִּכְתֹּב	(אַל תִּלְמַד)
לִמְדִי		אַל תִּלְמְדִי	
שַׁאֲלוּ		אַל תִּשְׁאֲלוּ	

אמור בשלילה:

1. גְּרוֹב גרביים מצמר!

2. כִּתְבוּ חיבור ארוך!

3. עִסְקִי בספורט!

4. חִבְשִׁי כובע חם!

5. נַעַל ערדליים.

6. רְכַב על האופניים שלי!

. . . . מִלִּים . . . מִלִּים . . . מִלִּים . . . .

בַּעַל ≠ חָסֵר

בַּעַל = שֶׁיֵּשׁ לוֹ: בַּעַל בַּיִת; בַּעַל עֵינַיִם כְּחֻלּוֹת

חֲסַר = שֶׁאֵין לוֹ: חֲסַר בַּיִת; חֲסַר רְגָשׁוֹת

בַּעַל	חָסֵר
בַּעֲלַת	חַסְרַת
בַּעֲלֵי	חַסְרֵי
בַּעֲלוֹת	חַסְרוֹת

. . . .

בַּעַל מִשְׁפָּחָה גְדוֹלָה

חֲסַר מִשְׁפָּחָה

השלם בצורה המתאימה של בעל או חסר:

1. לאדם גדול ובריא קוראים ________ גוף.
2. על אישה רעה אפשר לומר שהיא ________ לֵב.
3. הן לא מצליחות בחיים, כי הן ________ מַזָּל.
4. על אנשים טובים אומרים שהם ________ לב מִזָּהָב.
5. ההיפך מאדם עשיר מאד הוא אדם עני ו________ כֹּל.
6. אינני אוהב את האוכל במסעדה הזאת; הוא ________ טַעַם.

קריאה לשמה

יום סתיו

היה חַם במשך כל היום. אפילו רוח קְלִילָה שֶׁבִּקְלִילוֹת לא נשבה. ענן קטן שט לו בשמים מרחוק, ולא נִרְאָה מְמַהֵר לשום מקום. . . כולנו היינו עֲיֵפִים וחלשים, ורק הילדים הקטנים בשכונה המשיכו לשַׂחק בכדורגל ולצעוק בקולֵי קולות. השׁכֵנה מִמוּל שאלה, "איך אפשר לרוץ ביום שֶׁכָּזֶה?" ואני שאלתי, "איך אפשר לחיות בחום שכזה? . . ." ונכנסתי לחדרי.

כל הלילה ירד גשם ורָחַץ רחובות ובתים, ובבוקר שוב זרחה השמש. בחָצֵר עמדו האנשים ודיברו. "כמה רענן האוויר," הם אמרו, "כמה יָפֶה הכֹּל מסביב!" בעל הבית אמר שהגשם טוב לעצים ולדשא שבגינה, השכנה ממול אמרה שהגשם טוב לכולם. והילדים בשכונה יצאו מבתיהם בשִׂמְחָה, ומיהרו לקפוץ לתוך השלוליות בדַרְכָּם לבית הספר.

שעור ג

שיחת הכנה

מה מזג האוויר בחורף?

קַר, כְּפוֹר, הַכֹּל קוֹפֵא, קֶרַח

יורד - גֶּשֶׁם, שֶׁלֶג, בָּרָד

יש סופות (סְעָרוֹת) - רוחות, גְּשָׁמִים, שֶׁלֶג, בְּרָקִים וּרְעָמִים

מה טוב ללבוש בחורף?

בִּגְדֵי צֶמֶר, מעיל חַם, כְּפָפוֹת, צָעִיף

לנעל - מַגָּפַיִם, ערדליים

לחבוש - כובע חם

במה טוב לעסוק בחורף?

ב- סְקִי שלג, מִלְחָמָה בכדורֵי שלג, בְּנִיַּת איש משלג,
נסיעה במִזְחֶלֶת, הַחֲלָקָה על הקרח, דייג בקרח,
ישיבה מול הָאָח

תרגיל חוזר:

1. היום ה-4 באוקטובר. מהי תחזית מזג האוויר להיום?
2. מה כדאי ללבוש ביום כזה?
3. היום ה-1 בינואר. מה תחזית מזג האוויר להיום?
4. מה כדאי ללבוש היום?
5. במה טוב לעסוק היום?

עוֹנוֹת הַשָּׁנָה - חֹרֶף

בְּתוֹרוֹ נִפְרַד הַסְּתָו
הַיָּמִים קְצָרִים עַכְשָׁו
חֹרֶף בָּא רָכוּב עַל רוּחַ
וּמִזְגוֹ סוֹעֵר, פָּרוּעַ;
כְּשֶׁרוּחוֹ טוֹבָה עָלָיו
הוּא מַרְבֶּה בְּתַעֲלוּלָיו,
גֶּשֶׁם, עֲנָנִים, בָּרָד
מְפַזֵּר הוּא עַל כָּל צַד.
אַפְתָּעָה בְּאַמְתַּחְתּוֹ:
שֶׁלֶג צַח מֵאֵין כָּמוֹתוֹ.
אָז כֻּלָּנוּ מִתְעַטְּפִים
בִּמְעִילִים וּבִצְעִיפִים.
הַשָּׂדוֹת לוֹגְמִים בְּחֵשֶׁק
כָּל טִפָּה מִמֵּי הַגֶּשֶׁם,
כִּי רוֹצִים הֵם לְהָנִיב
יֶרֶק רַב עִם בּוֹא אָבִיב.

<u>פרושי מלים ובטויים</u>

מֶזֶג = אֹפִי, טֶבַע שֶׁל אָדָם אוֹ חַיָּה
רוּחוֹ טוֹבָה עָלָיו = הוּא בְּמַצַּב רוּחַ טוֹב; הוּא שָׂמֵחַ
תַּעֲלוּל = מַעֲשֶׂה שׁוֹבָב
מְפַזֵּר = זוֹרֵק לְכָל צַד
אַפְתָּעָה = דָּבָר שֶׁבָּא פִּתְאֹם, בְּלִי שֶׁיְּחַכּוּ לוֹ
אַמְתַּחַת = שַׂק גָּדוֹל
צַח = בָּהִיר; נָקִי
מֵאֵין כָּמוֹתוֹ = שֶׁאֵין עוֹד כָּמוֹהוּ
מִתְעַטֵּף = לוֹבֵשׁ (כְּמוֹ מַעֲטָפָה)
לוֹגֵם = שׁוֹתֶה בְּפֶה מָלֵא

לְהָנִיב (נוב) = לָתֵת פְּרִי

בּוֹא = מָקוֹר שֶׁל הַפֹּעַל בוא. הַמָּקוֹר נוֹהֵג כְּשֵׁם עֶצֶם (noun).

סמן ב-x את ההצהרות הנכונות:

____1. בחורף, הימים קצרים יותר מאשר בקיץ.

____2. בשיר "עונות השנה", החורף רוכב על הרוח כמו על סוס.

____3. לחורף יש מזג שָׁקֵט ונוח.

____4. אדם פרוע איננו מסודר.

____5. שלג בקייץ הוא דוגמה טובה לאפתעה.

____6. בחורף, השדות מתעטפים בצעיפי צמר.

____7. ילד שובב עושׂה תעלולים.

____8. כשיש סופה, נעים לטייל בחוץ.

∞∞∞∞∞∞∞∞∞∞∞∞∞∞∞∞∞∞∞∞∞∞∞∞∞∞∞∞∞∞∞∞∞∞

הַמָּקוֹר הַנָּטוּי

א. צוּרַת הַמָּקוֹר הַנָּטוּי: שֵׁם הַפֹּעַל לְלֹא הַ-"ל" הַתְּחִילִית

שֵׁם הַפֹּעַל	הַמָּקוֹר הַנָּטוּי
לִכְתֹּב	כְּתֹב
לָגוּר	גוּר
לָלֶכֶת	לֶכֶת

ב. הַשִּׁמּוּשׁ בַּמָּקוֹר הַנָּטוּי:

כְּשֶׁהַחֹרֶף בָּא, הַכֹּל קוֹפֵא. *עִם בּוֹא הַחֹרֶף*, הַכֹּל קוֹפֵא.

אוֹ, *כְּבוֹא הַחֹרֶף*, הַכֹּל קוֹפֵא.

∞∞∞∞∞∞∞∞∞∞∞∞∞∞∞∞∞∞∞∞∞∞∞∞∞∞∞∞∞∞∞∞∞∞

אמור בעזרת המקור הנטוי:

1. כשרוחות סתיו נושבות, העלים נושרים.
2. אנחנו קמים, כשהשמש זורחת.
3. כשהשלג יורד, אנחנו מתעטפים בשכבות של בגדים.

ה פ ֹ ע ל

בנין פָּעַל - פְּעָלִים הַמְּתָאֲרִים מַצָּב (state) **או תַּהֲלִיךְ** (process) **-- לא פְּעוּלָה**

הווה:

רָעֵב, רְעֵבָה, רְעֵבִים, רְעֵבוֹת

שָׂמֵחַ, שְׂמֵחָה, שְׂמֵחִים, שְׂמֵחוֹת

יָשֵׁן, יְשֵׁנָה, יְשֵׁנִים, יְשֵׁנוֹת••

גָּדֵל, גְּדֵלָה, גְּדֵלִים, גְּדֵלוֹת

קָטֵן, קְטֵנָה, קְטֵנִים, קְטֵנוֹת

זָקֵן, זְקֵנָה, זְקֵנִים, זְקֵנוֹת

נְטִיַּת הֶעָבָר וְשֵׁם הפועל כָּרָגִיל: רָעַב, שָׂמַח; לִרְעֹב, לִשְׂמֹחַ

נטית העתיד והצווי תמיד באפעַל: אֶגְדַל, אֶשְׂמַח; גְּדַל, שְׂמַח

•• שם הפועל: לִישֹׁן

•• עבר: יָשַׁן, יָשְׁנָה

•• עתיד: אִישַׁן, תִּישַׁן, תִּישְׁנִי

•• צווי: יְשַׁן, יִשְׁנִי, יִשְׁנוּ

אמור בהווה:

1. הוא ישׂמַח מאד.
2. היא גָדלה בקייץ.
3. האֲנשים ירעָבו ללֶחֶם.
4. לא זָקַנְתְּ בכלל!
5. הילדות יָשְׁנוּ אחר הצהריים.
6. לא השמלה קָטְנָה, אלא אני גָדַלְתִּי.

ה פֹּ ע ל
בִּנְיַן פָּעַל - גִּזְרַת ל"א

שם הפעל:		לִמְצֹא	*(לַחֲטֹא)			
הווה:	יחיד	מוֹצֵא				
	יחידה	מוֹצֵאת				
	רבים	מוֹצְאִים				
	רבות	מוֹצְאוֹת				
עבר:	אני	מָצָאתִי		אנחנו	מָצָאנוּ	
	אתה	מָצָאתָ		אתם/ן	מְצָאתֶם/ן	(חֲטָאתֶם)
	את	מָצָאת				
	הוא	מָצָא		הם/ן	מָצְאוּ	
	היא	מָצְאָה				
עתיד:	אני	אֶמְצָא	(אֶחֱטָא)	אנחנו	נִמְצָא	(נֶחֱטָא)
	אתה	תִּמְצָא	(תֶּחֱטָא)	אתם/ן	תִּמְצְאוּ	(תֶּחֶטְאוּ)
	את	תִּמְצְאִי	(תֶּחֶטְאִי)			
	הוא	יִמְצָא	(יֶחֱטָא)	הם/ן	יִמְצְאוּ	(יֶחֶטְאוּ)
	היא	תִּמְצָא	(תֶּחֱטָא)			
צווי:	(אתה)	מְצָא	(חֲטָא)			
	(את)	מִצְאִי	(חִטְאִי)			
	(אתם)	מִצְאוּ	(חִטְאוּ)			

* הצורות בסגריים נכונות לפעלי פ-גרונית

שם הפעולה: מְצִיאָה

אמור בעבר ובעתיד:

1. אני קורא ספר.
2. היא מוצאת עבודה.
3. אתם קוראים בקול.
4. הוא חוטא לָאֱמֶת.
5. אנחנו מוצאים את הכתובת.

****

מְעַט נִקּוּד

תַּ שְׁ לוּ ם דָּ גֵ שׁ

(daguesh compensation)

הָאוֹתִיּוֹת **הַגְּרוֹנִיּוֹת (א, ה, ח, ע)** וְהָאוֹת ר אֵינָן מְקַבְּלוֹת דָּגֵשׁ.

בְּמִקְרִים מְסֻיָּמִים, מַאֲרִיכִים אֶת הַתְּנוּעָה שֶׁבָּאָה לִפְנֵי הָאוֹת הַגְּרוֹנִית בְּעֶמְדַת דָּגֵשׁ:

א. ה הַיְּדִיעָה מְקַבֶּלֶת קָמָץ לִפְנֵי א, ר (ו-ע לְלֹא קָמָץ).

הַסְּתָו, אֲבָל הָאָבִיב, בָּאָבִיב, לָאָבִיב, כָּאָבִיב
הָרוּחַ, בָּרוּחַ, לָרוּחַ, כָּרוּחַ
הָעִיר, בָּעִיר, לָעִיר, כָּעִיר

ב. מִ- הוֹפֵךְ לְ- מֵ- לִפְנֵי כָּל הַ גְּרוֹנִיּוֹת וְלִפְנֵי ר:

מִתֵּל-אָבִיב, אֲבָל מֵאָמֶרִיקָה,
מֵהוֹלַנְד,
מֵחֵיפָה,
מֵעֲפוּלָה,
מֵרוּסְיָה

****

השלם את הניקוד החסר (דגש או תשלום דגש):

בַּסְתָו, הֶעָלִים נוֹבְלִים וְהרוּחַ מַפִּילָה אוֹתָם מהעֵצִים אַרְצָה. ברחוֹבות ובַגַּנִּים אֶפְשָׁר לִרְאוֹת שָׁטִיחַ צִבְעוֹנִי - צָהֹב, אָדֹם, כָּתֹם וְחוּם. העֵצִים עוֹמְדִים עֲצוּבִים, וּמְחַכִּים לאָבִיב שֶׁיַּפְרִיחַ נִצָּנִים וְיַלְבִּישׁ אוֹתָם בְּיֶרֶק מחָדָשׁ.

קריאה לשמה

רעם ביום בהיר

כל יום לִפְנוֹת ערב, אפשר לשמוע את הורָיו של רפי הקטן קוראים בקול: "רפי! רפי, בוא הביתה!" ולפעמים, כשרפי קרוב לבית, הוא עונה, "אני כבר בא. רק רגע". והרגע הופך לשעה, ולעוד שעה . . . כי רפי אוהב להיות בחוץ. בקייץ, בחורף, בסתיו, באביב -- כל העולם הוא מִגְרַשׁ מִשְׂחָקִים אחד גדול: אִם חם מאד, אפשר לשחק בַּצֵּל; ואם קר מאד, אפשר לרוץ כדי לְהִתְחַמֵּם; ואם יורד גשם, אפשר לְנַסּוֹת ללכת בין הטיפות. . .

יום חורף אחד כשלא ירד גשם, והילדים עמדו סְבִיב רפי וחיכו לשמוע איזה רעיון חדש יש לו לְמִשְׂחָק היום, נשמע קול רעם אַדִּיר. נִדְמֶה היה שהקול התגלגל ובא מסוף העולם. כל הילדים קפאו במקומם; אבל רפי הֵרים את רַגְלָיו ורץ. הוא רץ ולא חָדַל לרוץ עד שהִגִּיעַ--חֲסַר נְשִׁימָה--לבֵיתו. אבא ואמא המופתעים הביטו בשעון, הביטו זה בזו וחייכו. אמא שאלה: "נִבְהַלְתָּ מהרעם?" ורפי ענה, "אני? מה פִּתְאֹם? . . . אבל טוב להיות איתכם בבית! . ."

שעור ד

ש י ח ת   ה כ נ ה

תְּמוּנַת אביב:

השמיים בְּהִירִים וּכְחֻלִּים

הַכֹּל מִתְחַדֵּשׁ, שָׁב לְחַיִּים

הכל פּוֹרֵחַ   פְּרִיחָה   נִצָּנִים, פְּרָחִים (פֶּרַח)

הכל מוֹרִיק   יָרֹק   דֶּשֶׁא, עֵשֶׂב, עֵצִים, עֲצִיצִים

חָמִים וְנָעִים   קַרְנֵי שֶׁמֶשׁ חַמּוֹת (קֶרֶן שֶׁמֶשׁ)

צִפֳּרִים עָפוֹת באוויר, שָׁרוֹת בֵּין הָעֵצִים (צִפּוֹר עָפָה וְשָׁרָה)

פַּרְפָּרִים עָפִים בֵּין הַפְּרָחִים

תרגיל בהרצאה:

1. צייר במילים תמונת אביב.
2. צייר במילים תמונת חורף.
3. מהם הצבעים השוֹלְטִים בסתיו?
4. מהם הצבעים השולטים בקייץ?

סמן בעיגול את המילה היוצאת דפן, והסבר מדוע:

דוגמה: גשם, שלג, שרב, ברד   "שרב" איננו אפייני לחורף

1. חורף, סתיו, אביב, קרח
2. סנדלים, כובע, מגפיים, ערדליים
3. בריכה, נהר, נחל, אגם
4. שובב, נעים, סוער, פרוע

עונות הַשָּׁנָה - אָבִיב

וּכְשֶׁהָאָבִיב מַגִּיעַ
מִתְחַיְּכִים פְּנֵי הָרָקִיעַ
בִּרְאוֹתוֹ שֶׁהַקַּרְקַע
דֶּשֶׁא-עֵשֶׂב מוֹרִיקָה.
נִצָּנִים מְבַצְבְּצִים
מֵעֵצִים וַעֲצִיצִים;
צִפֳּרִים וּפַרְפָּרִים
בָּאֲוִיר מִסְתַּחְרְרִים;
מִתְקַלְּפִים הָאֲנָשִׁים
מִשְּׁכָבוֹת שֶׁל מַלְבּוּשִׁים,
וְאֵינָם נִלְאִים מִסְפֹּג
קַרְנֵי שֶׁמֶשׁ מְלַטְּפוֹת.
רוּחַ, שֶׁמֶשׁ וּמְטָרוֹת
מַמְשִׁיכִים לְהִתְחָרוֹת
בְּ"תוֹפֶסֶת" מְבַדַּחַת;
אַךְ הַשֶּׁמֶשׁ מְנַצַּחַת,
וּפִתְאֹם נוֹפֵל הַחַיִץ
בֵּין אָבִיב לְבֵין הַקַּיִץ.

<u>פרושי מלים ובטויים</u>

מְחַיֵּךְ, מִתְחַיֵּךְ = צוֹחֵק צְחוֹק קַל
רָקִיעַ = שָׁמַיִם
קַרְקַע = אֲדָמָה, אֶרֶץ
מְבַצְבֵּץ = פּוֹרֵץ וּמוֹפִיעַ
מִסְתַּחְרֵר = מִסְתּוֹבֵב בִּמְהִירוּת רַבָּה
מִתְקַלֵּף = מוֹרִיד מֵעַצְמוֹ קְלִפָּה, שְׁכָבוֹת
שִׁכְבָה = דָּבָר הַנִּמְצָא מֵעַל לְדָבָר אַחֵר
נִלְאֶה = עָיֵף, מִתְעַיֵּף

לִסְפֹּג = לָקַחַת פְּנִימָה

מְלַטֵּף = נוֹגֵעַ בְּאַהֲבָה

מָטָר = גֶּשֶׁם קַל

מִתְחָרֶה = מְנַסֶּה לִהְיוֹת הַטּוֹב בְּיוֹתֵר

מְבֻדָּח = עָלִיז, בְּמַצַּב-רוּחַ טוֹב

מְנַצֵּחַ = מַצְלִיחַ בְּהִתְחָרוּת אוֹ בְּמִלְחָמָה

חַיִץ = גָּדֵר, קִיר

מחק את המשלים הבלתי מתאים:

1. כשהאביב מגיע,
   א. הכל פורח
   ב. העשב מוריק
   ג. לא יורדים גשמים
   ד. אפשר לראות ניצנים

2. באביב, הציפורים
   א. עפות באויר
   ב. מתקלפות משכבות של צמר
   ג. שרות בין העצים
   ד. חוזרות מארצות הקור

3. קרני השמש
   א. חמימות
   ב. מלטפות
   ג. משזפות
   ד. מסתחררות

4. העצים אוהבים לספוג
   א. ברקים
   ב. מיים
   ג. קרני שמש
   ד. חום

5. באביב, טוב
   א. לטייל בחוץ
   ב. לשבת על הדשא
   ג. להתעטף בצעיפים
   ד. להתאהב

ה פ ע ל

בִּנְיַן פָּעַל - גִּזְרַת ל"ה

שם הפעל: לִקְנוֹת *(לַעֲשׂוֹת) **((לַחֲלוֹת))

הווה:	יחיד	קוֹנֶה						
	יחידה	קוֹנָה						
	רבים	קוֹנִים						
	רבות	קוֹנוֹת						
עבר:	אני	קָנִיתִי			אנחנו	קָנִינוּ		
	אתה	קָנִיתָ			אתם/ן	קְנִיתֶם/ן	(עֲשִׂיתֶם/ן)	((חֲלִיתֶם/ן))
	את	קָנִית						
	הוא	קָנָה			הם/ן	קָנוּ		
	היא	קָנְתָה						
עתיד:	אני	אֶקְנֶה	(אֶעֱשֶׂה)	((אֶחֱלֶה))	אנחנו	נִקְנֶה	(נַעֲשֶׂה)	((נֶחֱלֶה))
	אתה	תִּקְנֶה	(תַּעֲשֶׂה)	((תֶּחֱלֶה))	אתם/ן	תִּקְנוּ	(תַּעֲשׂוּ)	((תֶּחֱלוּ))
	את	תִּקְנִי	(תַּעֲשִׂי)	((תֶּחֱלִי))				
	הוא	יִקְנֶה	(יַעֲשֶׂה)	((יֶחֱלֶה))	הם/ן	יִקְנוּ	(יַעֲשׂוּ)	((יֶחֱלוּ))
	היא	תִּקְנֶה	(תַּעֲשֶׂה)	((תֶּחֱלֶה))				
צווי:	(אתה)	קְנֵה	(עֲשֵׂה)	((חֲלֵה))				
	(את)	קְנִי	(עֲשִׂי)	((חֲלִי))				
	(אתם)	קְנוּ	(עֲשׂוּ)	((חֲלוּ))				

* הַצּוּרוֹת בְּסֹגְרַיִם נְכוֹנוֹת לְגַבֵּי פָּעֳלֵי פ"ע.

**הצורות בסגריים כְּפוּלִים נכונות לגבי פעלי פ"ה ו-פ"ת.

שֵׁם הַפְּעוּלָה : קְנִיָּה עֲשִׂיָּה

אמור בעבר ובעתיד:

1. אני שוחה באגם.
2. את רואה עננים אפורים.
3. אתה רוצה לשחק.
4. מה הוא עושה פה?
5. היא קונה כפפות מצמר.
6. הם שותים מי גשם.
7. אנחנו בונים איש משלג.
8. אתם עולים הביתה?

. . . . מִלִּים . . . מִלִּים . . . מִלִּים . . . .

בִּגְלַל ≠ לַמְרוֹת

מִפְּנֵי שֶׁ- ≠ לַמְרוֹת שֶׁ-

בִּגְלַל ו-מִפְּנֵי שֶׁ- מַצְבִּיעִים עַל סִבָּה (point to a cause).

אַחֲרֵי בִּגְלַל, בָּא שֵׁם עֶצֶם (noun): **לֹא יָצָאנוּ לַטִּיּוּל, בִּגְלַל הַגֶּשֶׁם.**

אַחֲרֵי מִפְּנֵי שֶׁ- בָּאָה פְּסוּקִית (clause): **לֹא יָצָאנוּ לַטִּיּוּל, מִפְּנֵי שֶׁיָּרַד גֶּשֶׁם.**

לַמְרוֹת וְ-לַמְרוֹת שֶׁ- מַצְבִּיעִים עַל הִתְעַלְּמוּת מִסִּבָּה (ignore a cause).

אַחֲרֵי לַמְרוֹת, בָּא שֵׁם עֶצֶם: שִׂחַקְנוּ בַּחוּץ, לַמְרוֹת הַקֹּר.

אַחֲרֵי לַמְרוֹת שֶׁ- בָּאָה פְּסוּקִית: שִׂחַקְנוּ בַּחוּץ, לַמְרוֹת שֶׁהָיָה קַר.

. . . .

בִּגְלַל הַתַּחֲזִית

לַמְרוֹת הַתַּחֲזִית

השלם בעזרת בִּגְלַל, מִפְּנֵי שֶׁ-, לְמְרוֹת, או לַמְרוֹת שֶׁ- (לפי הדרוש):

1. _____ העונות שונות, אני אוהב את כולן.

2. חיכיתי לך בחוץ, _____ הגשם שירד.

3. המכונית החליקה על הכביש, _____ הקרח.

4. כולם אוהבים את האביב, _____ הפריחה והיֶרֶק, שמְמַלְאִים את העולם.

5. אני אוהב אותך, _____ אינך אוהבת אותי.

6. אימו כָּעֲסָה עליו, _____ הוא הִתְפָּרַע בבית.

קריאה לשמה

אביב

השעה כבר תשע ורבע. מתי יִגָּמֵר השיעור? אני יושבת קרוב לחלון, מַבִּיטָה החוצה ורואה: הכל פורח. אנשים בלבוש אביבי מטיילים בקמפוס בין העצים. צעירים משחקים בכדור. כְּלָבִים רצים על הדשא בשִׂמְחָה. אם המורה יפסיק לְדַבֵּר לרגע, אפשר יהיה לשמוע את צִיּוּץ הציפורים! אני חולמת על הקייץ, על החופש, על ימים ארוכים שְׁטוּפֵי שמש, על הפגישה עם מארק . . .

מישהו קורא בשמי.

המורה עומד לפָנַי, מביט בעיני החולמות, מחייך:

"עוד רבע שעה של הסטוריה, והעולם יהיה פתוח לְפָנַיִךְ. אבל עד אז מלחמת האזרחים חייבת לְהַמְשֵׁךְ!"

שעור ה

הִתְחָרוּת בֵּין הָעוֹנוֹת
מַהִי הָעוֹנָה הַטּוֹבָה בְּיוֹתֵר?

הכיתה מחולקת לארבע קבוצות. כל קבוצה מייצגת עונה.

1. תלמיד מקבוצה x, קום וספר לנו מדוע העונה שלך כל כך טובה.
2. למי, מהקבוצות היריבות, יש הֶעָרוֹת?
3. מי מקבוצה x מוכן לענות?

בְּשִׁירָה, עונות השנה הן גם סְמָלִים לִתְקוּפוֹת בחיים.

1. איזו עונה מְסַמֶּלֶת את הַיַּלְדוּת?
2. מדוע היא מתאימה לְתָאֵר את הילדות? (תן מספר סיבות)
3. איזו עונה מסמלת את הזִקְנָה?
4. מדוע? (פָּרֵט)
5. אילו סמלים נוֹסָפִים לחַיֵּי האדם אפשר למצא בשירה?

שִׁירֵי סוֹף הַדֶּרֶךְ
מֵאֵת לֵאָה גוֹלְדְבֶּרְג

הַדֶּרֶךְ יָפָה עַד מְאֹד -- אָמַר הַנַּעַר,
הַדֶּרֶךְ קָשָׁה עַד מְאֹד -- אָמַר הָעֶלֶם,
הַדֶּרֶךְ אֲרֻכָּה עַד מְאֹד -- אָמַר הַגֶּבֶר,
יָשַׁב הַזָּקֵן לָנוּחַ בְּצַד הַדֶּרֶךְ.

צוֹבְעָה הַשְּׁקִיעָה שֵׂיבָתוֹ בְּפָז וָאֹדֶם,
הַדֶּשֶׁא מַבְהִיק לְרַגְלָיו בְּטַל-הָעֶרֶב,
צִפּוֹר אַחֲרוֹנָה שֶׁל יוֹם מֵעָלָיו מְזַמֶּרֶת:
-- הֲתִזְכֹּר מַה יָּפְתָה, מַה קָּשְׁתָה, מָה אָרְכָה הַדֶּרֶךְ?

<u>פרושי מלים ובטויים</u>

נַעַר = אָדָם צָעִיר, בְּעֵרֶךְ בֶּן 12-15
עֶלֶם = בָּחוּר צָעִיר
גֶּבֶר = אִישׁ
צַד = הַחֵלֶק שֶׁאֵינֶנּוּ בָּאֶמְצַע
צוֹבְעָה (צוֹבַעַת) = נוֹתֶנֶת צֶבַע
שֵׂיבָה = זִקְנָה; שֵׂעָר לָבָן
פָּז = זָהָב
אֹדֶם = צֶבַע אָדֹם
מַבְהִיק = זוֹרֵחַ, נוֹתֵן אוֹר
טַל = טִפּוֹת מַיִם שֶׁאֶפְשָׁר לִרְאוֹת בַּלַּיְלָה עַל הַקַּרְקַע
מְזַמֶּרֶת = שָׁרָה

סמן ב-x את ההצהרות הנכונות:

___ 1. הנער שָׂמֵחַ להתחיל בדרך.

___ 2. הזקן מגיע אל סוף הדרך.

___ 3. צבע השקיעה לבן.

___ 4. העלם צועד בדרך בערב.

___ 5. הגבר עייף מן הדרך.

___ 6. הדשא רטוב בשעת השקיעה.

___ 7. הציפור שרה לנער.

___ 8. שערו של הזקן לבן.

שאלות על השיר:

1. מה מסמלת הדרך?
2. מדוע חושב העלם שהדרך קשה?
3. מדוע אומר הגבר, שהדרך אֲרֻכָּה?
4. מדוע יושב הזקן בצד הדרך, ולא הולך בהּ?
5. מה בשיר, חוץ מהדרך, מסמל את מֶשֶׁךְ החיים?
6. מהי הציפור המזמרת מעל לזקן?
7. האם הנער מכיר את הזקן? האם הגבר מכיר אותו?
8. האם הזקן מכיר את הנער? את העלם? את הגבר?
9. מיהו הזקן?
10. מדוע רק הנער והזקן רואים את הדרך היָפָה?
11. מדוע מופיעים כל הצבעים (לבן, זהב, אדום, ירוק, ואולי שחור) רק בבית השני?

בִּנְיָן פָּעַל - גִּזְרַת נָחֵי פ"א*

		שלמים**		גזרת ל"ה
עתיד:	אני	אֹכַל		אֹפֶה
	אתה	תֹּאכַל		תֹּאפֶה
	את	תֹּאכְלִי		תֹּאפִי
	הוא	יֹאכַל		יֹאפֶה
	היא	תֹּאכַל		תֹּאפֶה
	אנחנו	נֹאכַל		נֹאפֶה
	אתם/ן	תֹּאכְלוּ		תֹּאפוּ
	הם/ן	יֹאכְלוּ		יֹאפוּ
צווי:	(אתה)	אֱכֹל	(אֱהַב)	אֱפֶה
	(את)	אִכְלִי	(אֶהֱבִי)	אֱפִי
	(אתם)	אִכְלוּ	(אֶהֱבוּ)	אֱפוּ

* נְטִיַּת פְּעָלִים אלה רְגִילָה בְּהוֹוֶה וּבְעָבָר: אוֹכֵל, אָכַלְתִּי, אֲכַלְתֶּם; אוֹפֶה, אָפִיתִי, אֲפִיתֶם

** פועל חָשׁוּב נוסף בגזרה זו הוא **אמר** (שם הפועל: **לוֹמַר**)

הפוך משלילה לחיוב:

1. אל תֹּאפִי היום עוגה!
2. אל תֹּאמַר לנו "תודה"!
3. אל תֹּאכְלוּ ירקות!
4. אל תֹּאהַב אותי!
5. אל תֹּאמְרִי לנו מה לעשות!
6. אל תֹּאכַל בהפסקה!

ש י ח ה

תּוֹפָעוֹת מֶזֶג אֲוִיר שׁוֹנוֹת

חֹסֶר גשמים	עָלוּל לִגְרֹם	לְ	בַּצֹּרֶת
עֹדֶף גשמים	עלול לגרם	לְ	שִׁטָּפוֹן (שִׁטְפוֹנוֹת)
כפור	עלול לגרם		נֶזֶק לַצְּמָחִים
ברקים	עֲלוּלִים לגרם	לְ	שְׂרֵפָה (שְׂרֵפוֹת)
קרח בדרכים	עלול לגרם	לְ	תְּאוּנַת דְּרָכִים (תְּאוּנוֹת דְּרָכִים)
סופות ברקים ורעמים	עֲלוּלוֹת לגרם	לְ	שִׁבּוּשִׁים בָּרַדְיוֹ וּבַטֶּלֶוִיזְיָה

. . . . מִלִּים . . . מִלִּים . . . מִלִּים . . . .

עָשׂוּי ≠ עָלוּל

עָשׂוּי = יָכוֹל, וּכְדַאי שֶׁ- ("May, and hopefully will"):

אֲנִי עָשׂוּי לְהַצְלִיחַ בַּבְּחִינָה מָחָר.

עָלוּל = יָכוֹל, וּכְדַאי שֶׁלֹּא ("Might, but hopefully won't"):

בַּקֹּר הַזֶּה, אַתָּה עָלוּל לְהִצְטַנֵּן.

עָשׂוּי	עָלוּל
עֲשׂוּיָה	עֲלוּלָה
עֲשׂוּיִים	עֲלוּלִים
עֲשׂוּיוֹת	עֲלוּלוֹת

. . . .

עָלוּל עָשׂוּי

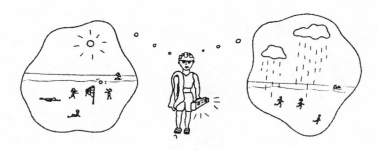

השלם בצורה המתאימה של עשוי או עלול:

1. אחרי הגשמים, הפַּרְדֵּסִים __________ להניב פֵּרות רבים.

2. אם לא ירד גשם החורף, __________ להיות בַּצֹּרֶת.

3. מזג האוויר __________ להיות נעים היום.

4. העַגְבָנִיוֹת __________ לקפוא בגלל הכפור.

5. אימו __________ לֶאֱפוֹת לנו עוגת גבינה טְעִימָה למסיבה.

6. המורה __________ לתת לנו בחינות קשות השנה.

****

מְעַט נִקּוּד

תַּשְׁלוּם דָּגֵשׁ (הֶמְשֵׁךְ)

ה הַיְּדוּעָ מְקַבֶּלֶת סֶגוֹל לִפְנֵי הָ, חָ, חֲ, וְ-עָ

הֶהָרִים	בֶּהָרִים	לֶהָרִים	כֶּהָרִים
הֶעָרִים	בֶּעָרִים	לֶעָרִים	כֶּעָרִים
הֶחָבֵר	בֶּחָבֵר	לֶחָבֵר	כֶּחָבֵר
הֶחֳדָשִׁים	בֶּחֳדָשִׁים	לֶחֳדָשִׁים	כֶּחֳדָשִׁים

****

השלם את הנקוד החסר (בדגש קל או בתשלום דגש):

העָלִים נוֹשְׁרִים מהעֵצִים; הרוחות כבָר נוֹשְׁבוֹת בהָרִים; הַצִּפֳּרִים יוֹצְאוֹת לְמַסַּע הַסְתָו שֶׁלָּהֶן. הֵן נִפְרָדוֹת מִמְּקוֹמוֹת מְגוּרֵיהֶן וְעָפוֹת דָּרוֹמָה אֶל אַרְצוֹת הַחֹם הרְחוֹקוֹת. שָׁם הֵן יִשָּׁאֲרוּ בחֳדָשִׁים הַקָּרִים, ובאָבִיב הֵן יָשׁוּבוּ.

קריאה לשמה

עונות השנה בישראל

בישראל יש שתי עונות עִקָּרִיּוֹת בשנה: קייץ וחורף. האביב והסתיו קצרים מאוד, וכמעט שאי אפשר לתאר מזג-אוויר אפייני להם במיוחד. גם באביב וגם בסתיו יורדים גשמים, אבל בשניהם יש גם ימים יפים וחמים.

הקייץ נמשך בערך מחודש מאי ועד אוקטובר. זו העונה הארוכה ביותר. השמיים כחולים ובְהִירִים, ומזג האוויר חם ויבש: אין גשמים בקייץ.

בחדשי החורף, קר וגשום. לפעמים יורד שלג בירושלים ובצְפָת, אבל הוא נָמֵס מהר מאוד.

ישראל ענייה מאוד במיים, ועונת החורף הקצרה חשובה מאוד לחַקְלָאוּת. בישראל מִתְפַּלְלִים בסתיו לגשם, ומְנַצְּלִים כל טיפה לשתייה ולהַשְׁקָיָה.

שעור ו

חָ זָ רָ ה

ש י ח ה

1. ספר כל מה שאתה יודע על הקייץ. מה טוב בו? מה רע בו?
2. ספר כל מה שאתה יודע על החורף. מה טוב בו? מה רע בו?
3. למה, לדעתך, שירי סתיו הם שירים עצובים? מה הסתיו מסמל?
4. מה מתחדש באביב?

פ ע ל י ם

נתח את הצורות הבאות, וציין את שם הפועל ואת הגזרה:

צורה	שרש	זמן	גוף	שם הפועל	גזרה
יִסְפֹּג					
יִשְׁלַח					
יִישַׁן					
יִמְצָא					
יֹאפֶה					
יֹאמַר					

נ י ק ו ד (סיכום ניקוד ה הידוע ו- מְ-) *******************************

1. לִפְנֵי עִצוּרִים הַמְקַבְּלִים דָּגֵשׁ   הַ + דָּגֵשׁ   מְ + דָּגֵשׁ

2. לִפְנֵי גְּרוֹנִיּוֹת ו-ר

א. תַּשְׁלוּם דָּגֵשׁ   הָ + א   מֵ + כָּל הַגְּרוֹנִיּוֹת
ר   ר
ע (לְלֹא קָמָץ)

הֶ + הָ
חָ
חֳ
עָ

ב. לְלֹא תַּשְׁלוּם דָּגֵשׁ   הַ + ח (לְלֹא קָמָץ/חֲטַף קָמָץ)
ה (לְלֹא קָמָץ)

****

נקד כדרוש:

1. מִקָּרוֹב וּמֵרָחוֹק
2. בַּיָּם וּבָאֲוִיר
3. לַשָּׂדוֹת וְלֶהָרִים
4. מִפֶּרַח וּמֵעֵץ
5. מֵהַבַּיִת לִרְחוֹב
6. בַּקַּיִץ וּבַחֹרֶף
7. מֵאַרְהָ"ב וּמִקַּנָדָה
8. לַכְּפָרִים וְלֶעָרִים
9. בַּקֹּר וּבַחֹם
10. הֶחָבֵר וְהַחֲבֵרָה

השלם את הקטע הבא:

בסתיו, כשהרוחות מתחילות ________, ה ________ נושרים
וה ________ עפות לארצות החום, זורעים ומתפללים ל ________. בחרף,
האנשים מִסְתַּגְּרִים בבתים, וה ________ לוגמים את ________-הגשם
וה ________ הנמס.

באביב, ________-השמש שוב ________ את העולם:
ה ________ שוב ירוקים, והכול פורח. ה ________ עפים מפרח אל פרח,
האנשים ________ לרחובות, וה ________ מתחדשים.

בקיץ, אפשר לשכב ________ בשמש, או ________ בצל ולאכל
את ה ________ שהִבְשִׁיל.

השלם בעזרת שם הפעולה:

1. היא מצאה את הכסף באוטובוס, וסיפרה לנהג על ה ________.
2. הציפורים שרות. אפשר לשמוע את ה ________ שלהן מוקדם בבוקר.
3. בְּנֵי אדם אינם רואים בחושך, כי הם אינם בעלי ________ לֵילִית טובה.
4. הוא יודע את הנושׂא הֵיטֵב, וה ________ שלו עזרה לו בבחינה.

השלם בצורות המתאימות של בעל או חסר:

1. שנת בצרת היא שנה ________ גשמים.
2. הוא ________ משפחה גדולה: יש לו 8 בנים ובנות.
3. הם אנשים רעים ו ________ לב.
4. העצים ________ הפריחה היפה הם עצֵי שָׁקֵד.

השלם את המשפטים הבאים כרצונך:

1. החלטתי לא ללבש מעיל חם, מפני ש ________
2. הציפורים עפות בסתיו דרומה, בגלל ________
3. היה קר מאד, למרות ש ________
4. הציפורים המשיכו במָעוּפָן, למרות ________

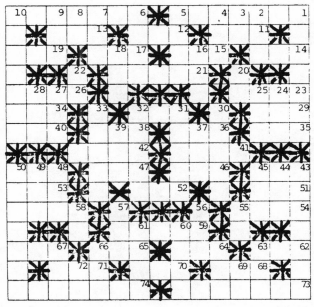

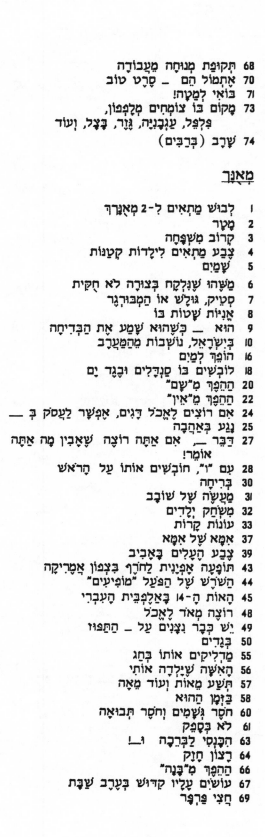

תַּשְׁבֵּץ - מוֹעֲדִים וּזְמַנִּים

<u>מְאֻזָּן</u>

1 צָרִיךְ לָדַעַת מַה הוּא, כְּדֵי לְהַחְלִיט אֵיךְ לְהִתְלַבֵּשׁ
6 מְחַמְּמוֹת אֶת הָרַגְלַיִם בְּיוֹם קַר
11 הַצֶּבַע שֶׁל הַשָּׁמַיִם בַּלַּיְלָה
12 קַו שֶׁל אוֹר
13 בְּמַצַּב רוּחַ טוֹב
14 הַשָּׁעוֹת שֶׁבָּהֶן הַשֶּׁמֶשׁ זוֹרַחַת
15 שֵׁם יֶלֶד עִבְרִי
17 בַּקַּיִץ יָבֵשׁ וְחַם; בַּחֹרֶף לַח ___
19 הָאֶסְקִימוֹסִים בּוֹנִים בָּתִּים מִ ___
21 הַהֵפֶךְ מִ"מִּזְרָחִי"
23 נֶעֶשְׂתָה פָּחוֹת קְטַנָּה
26 תּוֹפָעָה אָפְיָנִית לַסְּתָו
29 נְסִיעָה בְּסִירָה אוֹ בָּאֳנִיָּה
31 הָהֵפֶךְ מֵ"עַל"
34 הַגֶּבֶר שֶׁהוֹלִיד אוֹתִי
35 נוֹעֲלִים אוֹתוֹ בַּגֶּשֶׁם
36 טִיֵּל בִּמְכוֹנִית
38 עִם "א", הַדָּבָר שֶׁאֲנַחְנוּ נוֹשְׁמִים
40 מָתוֹק, מָלוּחַ, מַר אוֹ חָרִיף
41 נַעֲשָׂה יָבֵשׁ וְחָסַר חַיִּים
42 מִתְעוֹפֵף בֵּין פְּרָחִים וְעֵצִים
43 הָאָרֶץ שֶׁל מָאוֹ טְסֶה טוּנְג
46 רֹאשׁ הַשָּׁנָה חָל בּוֹ
47 עִסּוּק חֹרֶף
48 הַקּוֹל שֶׁנִּשְׁמָע אַחֲרֵי הַבָּרָק
51 "נָסְעוּ" בָּאֲוִיר, כְּמוֹ צִפֳּרִים
52 נֶכֶד לְנֶכְדָּה הוּא כְּמוֹ בֵּן ___
53 לֹא אוֹהֵב לַעֲשׂוֹת שׁוּם דָּבָר
54 טָרִי; קַל
58 פֶּסַח חָל בּוֹ
59 לֹא מֵבִין מַה קוֹרֶה
62 מְאִירָה וּמְחַמֶּמֶת בַּיּוֹם
64 גָּדֵר, הַפְרָדָה
65 הַיְּחִידָה הַקְּטַנָּה בְּיוֹתֵר שֶׁל מַיִם
68 תְּקוּפַת מְנוּחָה מֵעֲבוֹדָה
70 אֶתְמוֹל הֵם _ סֶרֶט טוֹב
71 בּוֹאִי לְמַטָּה!
73 מָקוֹם בּוֹ צוֹמְחִים מְלָפְפוֹן, פִּלְפֵּל, עַגְבָנִיָּה, גֶּזֶר, בָּצָל, וְעוֹד
74 שָׁרָב (בְּרַבִּים)

<u>מְאֻנָּךְ</u>

1 לְבוּשׁ מַתְאִים לְ-2 מְאֻנָּךְ
2 מָטָר
3 קָרוֹב מִשְׁפָּחָה
4 צֶבַע מַתְאִים לִילָדוֹת קְטַנּוֹת
5 שָׁמַיִם
6 מַשֶּׁהוּ שֶׁנִּלְקָח בְּצוּרָה לֹא חֻקִּית
7 סְטֵיק, גוּלָשׁ אוֹ הַמְבּוּרְגֶר
8 אֳנִיּוֹת שָׁטוֹת בּוֹ
9 הוּא __ כְּשֶׁהוּא שָׁמַע אֶת הַבְּדִיחָה
10 בְּיִשְׂרָאֵל, נוֹשְׁבוֹת מֵהַמַּעֲרָב
16 הוֹפֵךְ לְמַיִם
18 לוֹבְשִׁים בּוֹ סַנְדָּלִים וּבֶגֶד יָם
20 הַהֵפֶךְ מִ"שָּׁם"
22 הַהֵפֶךְ מֵ"אַיִן"
24 אִם רוֹצִים לֶאֱכֹל דָּגִים, אֶפְשָׁר לַעֲסֹק בְּ ___
25 נָגַע בְּאַהֲבָה
27 דַּבֵּר __, אִם אַתָּה רוֹצֶה שֶׁאָבִין מָה אַתָּה אוֹמֵר!
28 עִם "ו", חוֹבְשִׁים אוֹתוֹ עַל הָרֹאשׁ
30 בְּרִיחָה
31 מַעֲשֶׂה שֶׁל שׁוֹבָב
32 מִשְׂחַק יְלָדִים
33 עוֹנוֹת קָרוֹת
37 אִמָּא שֶׁל אִמָּא
39 צֶבַע הֶעָלִים בָּאָבִיב
43 תּוֹפָעָה אָפְיָנִית לַחֹרֶף בִּצְפוֹן אֲמֶרִיקָה
44 הַשֹּׁרֶשׁ שֶׁל הַפֹּעַל "מוֹפִיעִים"
45 הָאוֹת הָ-14 בָּאַלֶפְבֵּית הָעִבְרִי
48 רוֹצֶה מְאֹד לֶאֱכֹל
49 יֵשׁ כְּבָר נִצָּנִים עַל _ הַתַּפּוּז
50 בְּגָדִים
55 מַדְלִיקִים אוֹתוֹ בְּחַג
56 הָאִשָּׁה שֶׁיָּלְדָה אוֹתִי
57 תְּשַׁע מֵאוֹת וְעוֹד מֵאָה
58 בַּזְּמַן הַהוּא
60 חֹסֶר גְּשָׁמִים וְחֹסֶר תְּבוּאָה
61 לֹא בְּסָפֵק
63 הִכָּנְסִי לַבְּרֵכָה ו__!
64 רָצוֹן חָזָק
66 הַהֵפֶךְ מִ"בָּנָה"
67 עוֹשִׂים עָלָיו קִדּוּשׁ בְּעֶרֶב שַׁבָּת
69 חֲצִי פַּרְפַּר

קריאה לשמה

שְׁלוֹמִי
מֵאֵת זֶלְדָה

שְׁלוֹמִי קָשׁוּר בְּחוּט
אֶל שְׁלוֹמְךָ.

וְהַחַגִּים הָאֲהוּבִים
וּתְקוּפוֹת הַשָּׁנָה הַנִּפְלָאוֹת
עִם אוֹצַר הָרֵיחוֹת, הַפְּרָחִים,
הַפְּרִי, הֶעָלִים וְהָרוּחוֹת,
וְעִם הָעֲרָפֶל וְהַמָּטָר,
הַשֶּׁלֶג הַפִּתְאֹמִי
וְהַטַּל,
תְּלוּיִים עַל חוּט הַכְּמִיהָה.

אֲנִי וְאַתָּה וְהַשַּׁבָּת.
אֲנִי וְאַתָּה וְחַיֵּינוּ
בַּגִּלְגּוּל הַקּוֹדֵם.
אֲנִי וְאַתָּה
וְהַשֶּׁקֶר.
וְהַפַּחַד.
וְהַקְּרָעִים.
אֲנִי וְאַתָּה
וּבוֹרֵא הַשָּׁמַיִם שֶׁאֵין לָהֶם
חוֹף.

אֲנִי וְאַתָּה
וְהַחִידָה.
אֲנִי וְאַתָּה
וְהַמָּוֶת.

שעור ז

ש י ח ת ה כ נ ה

עִתּוֹנוּת וַחֲדָשׁוֹת

הַחֲדָשׁוֹת מגיעות אלינו בְּאֶמְצָעוּת: הרדיו, הטלוִיזיה, העתונים = עִתּוֹנוּת

כְּתַב עֵת שֶׁמִּתְפַּרְסֵם כל יום	(פִּרְסוּם יוֹמִי)	נִקְרָא עִתּוֹן
כתב עת שמתפרסם פַּעַם בְּשָׁבוּעַ	(פרסום שְׁבוּעִי)	נקרא שְׁבוּעוֹן
כתב עת שמתפרסם פעם בשנה	(פרסום שְׁנָתִי)	נקרא שְׁנָתוֹן
כתב עת שמתפרסם פעם בחֹדֶשׁ	(פִּרְסוּם חָדְשִׁי)	נקרא יַרְחוֹן (מדוע?)

עתונים יוֹמִיִּים בארה"ב הם בדרך כלל מְקוֹמִיִּים (בקש דוגמאות)

עתונים יומיים בישראל הם כְּלַל-אַרְצִיִּים

עתונים יומיים בארה"ב מופיעים במספר מַהֲדוּרוֹת (מַהֲדוּרָה רִאשׁוֹנָה . . . אַחֲרוֹנָה)

עתונים יומיים בישראל הם או עִתּוֹנֵי בֹּקֶר או עִתּוֹנֵי עֶרֶב (מַהֲדוּרָה יְחִידָה)

בעתון יש מַאֲמָרִים שונים

הַכּוֹתָרוֹת מְסַפְּרוֹת בְּקִצּוּר מה כָּתוּב במאמרים

שני עתונים לַמַּתְחִילִים מִתְפַּרְסְמִים בישראל:

"אֹמֶר" - שְׁבוּעוֹן מְנֻקָּד

"שַׁעַר לַמַּתְחִיל" - שבועון מְנֻקָּד חֶלְקִית

קרא מספר כותרות בעתון למתחילים

עִתּוֹנִים בְּיִשְׂרָאֵל

רֹב הָעִתּוֹנִים הַמּוֹפִיעִים בישראל הם עתוני בקר, כמו "הָאָרֶץ" ו"דָבָר". העתונים האלה נִדְפָּסִים בלילה וּמְחֻלָּקִים לִמְנוּיִים בְּשָׁעוֹת הבֹּקר הַמֻּקְדָּמוֹת. עתוני הערב "מַעֲרִיב" ו"יְדִיעוֹת אַחֲרוֹנוֹת" נִמְכָּרִים בחנויות ספרים וּבדוּכְנֵי עתונים הָחֵל מִשְּׁעוֹת הצהרים.

שֶׁלֹּא כְּמוֹ בארה"ב, כל עתון בישראל מְפַרְסֵם מהדורה יחידה. עתוני הבקר מְדַוְּחִים עַל מְאֹרָעוֹת וְהִתְפַּתְּחֻיּוֹת מהיום הקוֹדֵם; מארעות הַמִּתְרַחֲשִׁים אחרי מוֹעֵד הַהַדְפָּסָה של עתוני הבקר מופיעים בַּחֲדָשׁוֹת עתוני הערב, הרדיו והטלביזיה.

כמה מהעתונים היומיים בישראל מפרסמים גם מוּסָף לְשַׁבָּת -- חוֹבֶרֶת שְׁבוּעִית, העוֹסֶקֶת בְּסִכּוּם חדשות השבוע ובנוֹשְׂאִים שונים, כְּגוֹן תַּרְבּוּת, מַדָּע וּבדּוּר.

<u>פרושי מלים ובטויים</u>

מְחֻלָּק = שֶׁמְּפַזְּרִים אותו; שֶׁנּוֹתְנִים מִמֶּנּוּ לְכָל אֶחָד

מָנוּי (מְנוּיִים) = מִישֶׁהוּ שֶׁחָתַם עַל עִתּוֹן, עַל סִדְרַת קוֹנְצֶרְטִים, וכו'

דוּכַן-עִתּוֹנִים = מִין "חָנוּת" קְטַנָּה לִמְכִירַת עִתּוֹנִים

לְדַוֵּחַ = לְהַרְצוֹת עֻבְדוֹת; לְתָאֵר דָּבָר שֶׁקָּרָה

מְאֹרָע = מִקְרֶה, דָּבָר שֶׁקָּרָה

הִתְפַּתְּחוּת = הִתְקַדְּמוּת מַדְרֵגָת; הֶמְשֵׁךְ שֶׁל מְאֹרָע אוֹ שֶׁל תַּהֲלִיךְ

מִתְרַחֵשׁ = קוֹרֶה

מוּסָף = מַשֶּׁהוּ שֶׁאֵינֶנּוּ חֵלֶק מֵהַדָּבָר הַמְּקוֹרִי, אֶלָּא בָּא יַחַד אִתּוֹ

סִכּוּם = סִפּוּר הַחֵלֶק הָעִקָּרִי בַּדְּבָרִים; קִצּוּר הַדָּבָר

נוֹשֵׂא = הַדָּבָר שֶׁעָלָיו מְדַבְּרִים; הָעִנְיָן הָעִקָּרִי

תַּרְבּוּת = נִמּוּסִים וּמִנְהָגִים שֶׁל עַם; קוּלְטוּרָה

מַדָּע = נוֹשֵׂא לִמּוּד מְדֻיָּק, כְּמוֹ מָתֵמָטִיקָה, פִיזִיקָה, וכו'

בִּדּוּר = מַשֶּׁהוּ שֶׁמְּפַזֵּר אֶת הַשִּׁעֲמוּם; מַשֶּׁהוּ שֶׁנָּעִים לַעֲשׂוֹת

סמן ב-x את ההצהרות הנכונות:

___1. כל העיתונים בישראל הם עיתוני בוקר.

___2. אפשר לקנות את העיתון "מעריב" בדוכני עיתונים בשעה שתיים בצהריים.

___3. העיתון "הארץ" מדווח על מאורעות מהיום הקודם.

___4. מוּסָפֵי שבת הם ירחונים.

___5. העיתון "ידיעות אחרונות" מופיע בכמה מַהֲדוּרוֹת.

___6. מְנוּיִים קונים עיתונים בחנויות ספרים.

___7. רוב העיתונים בארה"ב הם מקומיים ולא כְּלַל-ארציים.

___8. מְנוּיֵי העיתון "דבר" חֲתוּמִים על העיתון ומקבלים אותו בבָתֵיהֶם.

ענה על השאלות:

1. מה מַקְבִּיל בישראל למהדורה מאוחרת של עיתון אמריקני?
2. מתי מדפיסים את עיתוני הבוקר בישראל?
3. איפה אפשר לקנות עיתונים בישראל?
4. איפה אפשר לקנות עיתונים בארה"ב?
5. מה צריך להיות כְּדֵי לְקַבֵּל את העיתון היומי בבית? (חוּץ מֵאֲשֶׁר להיות אדם חשוב. . .)
6. האם אתה חָתוּם על כתב-עת? איזה?
7. מהו מוסף העיתון לשַׁבָּת?
8. מה אפשר למצוא במוסף לשבת?
9. מה מַקְבִּיל בארה"ב למוסף לשבת?
10. על מה אתה אוהב לקרוא בעיתון של סוף השבוע?

ה פֹ ע ל

בִּנְיָן פָּעַל - גִּזְרַת נָחֵי ע"ו-ע"י

שם הפעל: לָקוּם/לָשִׁיר (לָנוּחַ)

הווה:	יחיד	קָם/שָׁר			
	יחידה	קָמָה/שָׁרָה			
	רבים	קָמִים/שָׁרִים			
	רבות	קָמוֹת/שָׁרוֹת			
עבר:	אני	קַמְתִּי/שַׁרְתִּי		אנחנו	קַמְנוּ/שַׁרְנוּ
	אתה	קַמְתָּ/שַׁרְתָּ		אתם	קַמְתֶּם/שַׁרְתֶּם
	את	קַמְתְּ/שַׁרְתְּ		אתן	קַמְתֶּן/שַׁרְתֶּן
	הוא	קָם/שָׁר		הם/ן	קָמוּ/שָׁרוּ
	היא	קָמָה/שָׁרָה			
עתיד:	אני	אָקוּם/אָשִׁיר	(אָנוּחַ)	אנחנו	נָקוּם/נָשִׁיר (נָנוּחַ)
	אתה	תָּקוּם/תָּשִׁיר	(תָּנוּחַ)	אתם/ן	תָּקוּמוּ/תָּשִׁירוּ
	את	תָּקוּמִי/תָּשִׁירִי			
	הוא	יָקוּם/יָשִׁיר	(יָנוּחַ)	הם/ן	יָקוּמוּ/יָשִׁירוּ
	היא	תָּקוּם/תָּשִׁיר	(תָּנוּחַ)		
צווי:	(אתה)	קוּם/שִׁיר	(נוּחַ)		
	(את)	קוּמִי/שִׁירִי			
	(אתם)	קוּמוּ/שִׁירוּ			

שם הפעולה: קִימָה, שִׁירָה

אמור בעבר ובעתיד:

1. הציפורים שָׁרוֹת באביב.
2. אנחנו שָׁטִים על הנהר בסירת מִפְרָשִׂים.
3. הם דגים בקרח.
4. הציפורים עפות בסתיו לארצות החום.
5. אתם שָׂמִים לב לנוֹף.

. . . . **מִלִּים . . . מִלִּים . . . מִלִּים** . . . .

סְמִיכוּת

א. צֵרוּף שֶׁל שְׁנַיִם (אוֹ יוֹתֵר) שְׁמוֹת עֶצֶם (nouns), לְלֹא חִבּוּר עַל-יְדֵי מִלַּת יַחַס (preposition), נִקְרָא **סְמִיכוּת**:

מַעֲרֶכֶת הָעִתּוֹן = הַמַּעֲרֶכֶת שֶׁל הָעִתּוֹן

סִירַת עֵץ = סִירָה מֵעֵץ

סִפּוּרֵי יְלָדִים = סִפּוּרִים לִילָדִים

ב. שֵׁם הָעֶצֶם הָרִאשׁוֹן בַּצֵּרוּף נִקְרָא **נִסְמָךְ**; הַשֵּׁנִי - **סוֹמֵךְ**.

ג. צוּרוֹת הַנִּסְמָךְ שׁוֹנוֹת לִפְעָמִים מִצּוּרוֹת הָעֶצֶם בְּנִפְרָד. הַשִּׁנּוּיִים הָעִקָּרִיִּים הַחָלִים בָּעִצּוּרִים (consonants) הֵם:

יָחִיד:	אֵין שִׁנּוּי בָּעִצּוּרִים	תַּלְמִיד ← תַּלְמִיד (שָׁלוֹם ← שְׁלוֹם)
יְחִידָה:	שִׁנּוּי בָּעִצּוּרִים	תַּלְמִידָ**ה** ← תַּלְמִידַ**ת** (מִלְחָמָה ← מִלְחֶמֶת)
רַבִּים:	שִׁנּוּי בָּעִצּוּרִים	תַּלְמִידִי**ם** ← תַּלְמִידֵ**י** (חֲדָרִים ← חַדְרֵי)
רַבּוֹת:	אֵין שִׁנּוּי בָּעִצּוּרִים	תַּלְמִידוֹת ← תַּלְמִידוֹת (שְׂמָלוֹת ← שִׂמְלוֹת)

. . . .

אמור בסמיכות:

1. עורך של עיתון.
2. כיתה של ילדים.
3. עונה לספורט.
4. מכתבים מקוראים.
5. שמלות מצמר.
6. מגפיים מעור.
7. דוכן לעיתונים.

* *

מְעַט נִקּוּד

שֶׁ -

אַחֲרֵי מִלַּת הַקִּשּׁוּר שֶׁ - בָּא דָּגֵשׁ חָזָק: שֶׁמְּדַבֵּר, שֶׁלִּי

אִם בְּעֶמְדַּת הַדָּגֵשׁ בָּאָה אוֹת גְּרוֹנִית אוֹ הָאוֹת ר,
אֵין תַּשְׁלוּם דָּגֵשׁ:

שֶׁאוֹהֵב, שֶׁהוֹלֵךְ, שֶׁחוֹשֵׁב, שֶׁעוֹשֶׂה, שֶׁרוֹקֵד

* *

השלם את הניקוד החסר:

כְּשֶׁמַּגִּיעַ הָאָבִיב, הָעוֹלָם כְּמוֹ גַּן רַעֲנָן: הַכֹּל מִסָּבִיב יָרֹק, הַצִּפֳּרִים שֶׁחָזְרוּ מֵהַדָּרוֹם שָׁרוֹת בֵּין הָעֵצִים, הַפַּרְפָּרִים עָפִים בֵּין הַפְּרָחִים, הַיְלָדִים מְשַׂחֲקִים בַּחוּץ, וְהַזְּקֵנִים--שֶׁהִסְתַּגְּרוּ בַּבַּיִת כָּל הַחֹרֶף--יוֹשְׁבִים עַל סַפְסָל בַּגַּן, וְסוֹפְגִים אֶת קַרְנֵי הַשֶּׁמֶשׁ.

קריאה לשמה

חדשות

נכנסתי למשרד באיחור של עשר דקות. בִּפְנִים דיברו האנשים בְּהִתְרַגְּשׁוּת, ומייד הֵבַנְתִּי שמשהו חָשׁוּב הִתְרַחֵשׁ.

"אתמול בערב, בערך בשמונֶה," אמרה יַרְדֵּנָה. "לא, זה קרה הרבה יותר מאוחר, קרוב לַחֲצוֹת," אמר יוסף.

"מה קרה?" שאלתי בְּסַקְרָנוּת, וגם בקצת דְּאָגָה.

"מה, אינך קורא עיתונים?" שאל אותי יִגְאָל בִּפְלִיאָה.

"קמתי מאוחר," התחלתי לְהִתְנַצֵּל, "בקושי הספקתי להתלבש ולשתות כוס קפה... בעיתון קראתי רק את הכותרות הרָאשִׁיּוֹת... לא ראיתי שום דבר מיוחד."

"ולרדיו אינך מַקְשִׁיב?" הוא שאל, כמעט בכַעַס.

"לא, לא הִסְפַּקְתִּי. מה קרה? ספרו לי," ביקשתי, "פרצה מלחמה? גִּלּוּ נֵפְט?"

שְׁלוֹשֶׁת חברַי לעבודה הִבִּיטוּ בי בכובד ראש, כמעט בְּרַחֲמִים. עיניהם אמרו: "בחור שלא יודע מה קורה מִסְּבִיבוֹ; שאינו שָׂם לֵב לחדשות בחֵלֶק סוֹעֵר זה של העולם; שטוֹמֵן את רֹאשׁוֹ בחול...."

"סַפְּרוּ לי," הִתְחַנַּנְתִּי, "מה קרה?"

ואז יַרְדֵּנָה סיפרה: "רונית, המַזְכִּירָה, הסכימה להתחתן עם הבּוֹס."

שעור ח

ש י ח ת   ה כ נ ה

עֲרִיכַת העיתון

בעיתון יש עַמּוּדִים וְעַמּוּדוֹת ("הֶמְשֵׁךְ בְּעַמּוּד 4, עַמּוּדָה 6")

העיתון מְחֻלָּק לִמְדוֹרִים שונים, העוסקים בנוֹשְׂאִים שונים, כְּגוֹן:

מְדִינִיּוּת (חוּץ וּפְנִים)	מֶמְשָׁלָה, שָׂרִים, כְּנֶסֶת, נָשִׂיא
בִּטָּחוֹן	צָבָא, נֶשֶׁק, מִלְחָמָה, שִׂיחוֹת שָׁלוֹם
כַּלְכָּלָה	כְּסָפִים, תַּקְצִיב, יֹקֶר, אִנְפְלַצְיָה, אֲחוּזִים
תַּרְבּוּת	סִפְרוּת, תֵּאַטְרוֹן, מוּסִיקָה, אֳמָנוּת
מַדָּע	מֶחְקָר, מַדְעָן, רְפוּאָה, הַנְדָּסָה, מַחְשְׁבִים
סְפּוֹרְט	נִבְחֶרֶת, תַּחֲרוּת
בִּדּוּר	קוֹלְנוֹעַ, מִסְעָדוֹת, בָּתֵּי קָפֶה
אָפְנָה	לְבוּשׁ, אֲבִיזָרִים, צְבָעִים
רְכִילוּת	אֲנָשִׁים מְפֻרְסָמִים
מַזָּלוֹת	(מִי נוֹלַד בְּמַזַּל דָּגִים? שׁוֹר? אַרְיֵה?)
מוֹדָעוֹת	("דִּירָה לְהַשְׂכָּרָה"; "דְּרוּשָׁה מַזְכִּירָה")
פִּרְסוּמוֹת	("שְׁתוּ קוֹקָה קוֹלָה")
דְּבַר הַמַּעֲרֶכֶת	
מִכְתָּבִים לַמַּעֲרֶכֶת	
תָּכְנִיּוֹת הָרַדְיוֹ וְהַטֶּלֶוִיזְיָה	

עִתּוֹנִים בְּיִשְׂרָאֵל

בָּעַמּוּד הָרִאשׁוֹן שֶׁל העיתון היומי מופיעות הכּוֹתָרוֹת הַחֲשׁוּבוֹת ביותֵר, בנוֹשׂאים מְדִינִיִּים, כַּלְכָּלִיִּים וּבִטחוֹנִיִּים. הַכַּתָּבוֹת בעמוד הראשון נִמְשָׁכוֹת בדרך כלל בעמוּדים הפְּנִימִיִּים של העיתון. בעמודים אֵלֶּה נִדְפָּסִים גם מַאֲמָרִים נִרְחָבִים על נוֹשׂאים אַקְטוּאָלִיִּים, דְּבַר הַמַּעֲרֶכֶת, טוּרִים וּסְקִירוֹת שׁוֹנוֹת.

הַחֵלֶק הַקַּל יותר של העיתון כּוֹלֵל רְכִילוּת, מַזָּלוֹת, קָרִיקָטוּרוֹת, תַּשְׁבֵּצִים וּמַאֲמָרִים מְבַדְּחִים. כמעט בכל עמוד מופיעות פִּרְסוּמוֹת שונות. מוֹדָעוֹת אפשר למצֹא בסוֹף העיתון -- אחרי מְדוֹרֵי הַסְּפּוֹרְט, הַבִּדּוּר וּתָכְנִיּוֹת הָרַדְיוֹ והַטֶּלֶוִיזְיָה. המודעות מְפַרְסְמוֹת דירוֹת לִקְנִיָּה וְלִמְכִירָה, אֶפְשָׁרוּיוֹת עבודה, הַצָּעוֹת שִׁדּוּכִים, ועוד.

<u>פרושי מלים ובטויים</u>

כַּתָּבָה = מַאֲמָר שֶׁכַּתַּב-עִתּוֹן שׁוֹלֵחַ לַמַּעֲרֶכֶת; רֶפּוֹרְטָז'ה

טוּר = מָדוֹר בָּעִתּוֹן שֶׁנִּכְתָּב בְּדֶרֶךְ כְּלָל עַל-יְדֵי אוֹתוֹ אָדָם

סְקִירָה = תֵּאוּר כּוֹלֵל שֶׁל עִנְיָן

כּוֹלֵל = שֶׁיֵּשׁ בּוֹ; שֶׁיֵּשׁ בּוֹ הַכֹּל

מְבַדֵּחַ = מַצְחִיק

הַצָּעָה = הַזְמָנָה אוֹ בַּקָּשָׁה לָתֵת אוֹ לִמְכֹּר

שִׁדּוּךְ = הַפְגָּשַׁת גֶּבֶר עִם אִשָּׁה כְּדֵי שֶׁיִּתְחַתְּנוּ

סמן ב-x את ההצהרות הנכונות:

1. ____ מודעות מופיעות ברוב עמודֵי העיתון.
2. ____ הכותרות העיקריות מופיעות בְּמָדוֹר הָרְכִילוּת
3. ____ דְּבר הַמַּעֲרכת הוא בְדֶרֶךְ כְּלָל מאמר מְבַדֵּחַ.
4. ____ פִּרסומות אינן מופיעות בְּמָדור מיוחד.
5. ____ נוֹשְׂאים מדיניים וכלכָּליים מופיעים בעמוד הראשון.
6. ____ מודעות עוסקות בענייני ביטחון.
7. ____ החלק הקל של העיתון כולל את מדור הבידור.

ה פֹּ ע ל
בִּנְיָן פָּעַל - גִּזְרַת חַסְרֵי פ"י

שם הפעל: לָשֶׁבֶת·לָדַעַת **(לָצֵאת)

הווה:	יחיד	יוֹשֵׁב/יוֹדֵעַ
	יחידה	יוֹשֶׁבֶת/יוֹדַעַת
	רבים	יוֹשְׁבִים
	רבות	יוֹשְׁבוֹת

עבר:	אני	יָשַׁבְתִּי/יָדַעְתִּי (יָצָאתִי)	אנחנו	יָשַׁבְנוּ/יָדַעְנוּ (יָצָאנוּ)
	אתה	יָשַׁבְתָּ/יָדַעְתָּ (יָצָאתָ)	אתם/ן	יְשַׁבְתֶּם/יְדַעְתֶּם (יְצָאתֶם)
	את	יָשַׁבְתְּ/יָדַעַתְּ (יָצָאת)		
	הוא	יָשַׁב/יָדַע (יָצָא)	הם/ן	יָשְׁבוּ
	היא	יָשְׁבָה		

עתיד:	אני	אֵשֵׁב/אֵדַע	אנחנו	נֵשֵׁב/נֵדַע
	אתה	תֵּשֵׁב/תֵּדַע	אתם/ן	תֵּשְׁבוּ
	את	תֵּשְׁבִי/תֵּדְעִי		
	הוא	יֵשֵׁב/יֵדַע	הם	יֵשְׁבוּ
	היא	תֵּשֵׁב/תֵּדַע		

צווי:	(אתה)	שֵׁב/דַּע
	(את)	שְׁבִי/דְּעִי
	(אתם)	שְׁבוּ/דְּעוּ

* נכון לפעלי פ"ח או פ"ע

** הפועל **יצא** הוא גם חסר פ"י וגם ל"א !

הֶעָרָה: הפועל **הלך** נוֹטֶה (is conjugated) לְפִי גִּזְרַת חסרי פ"י:

שם הפועל:	לָלֶכֶת
עתיד:	אֵלֵךְ, תֵּלֵךְ, תֵּלְכִי
צווי:	לֵךְ, לְכִי, לְכוּ

שם הפעולה: יְשִׁיבָה, יְדִיעָה

אמור בעבר ובעתיד:

1. אני יושב פה.
2. הן יורדות מהאוטובוס.
3. היא יולדת בן.
4. אַת הולכת לספרייה.
5. אתה יודע את הכתובת.
6. אנחנו יוצאים החוצה.
7. הם יודעים את הכול.
8. איפֹה אתה יושב?

. . . . **מִלִּים . . . מִלִּים . . . מִלִּים** . . . .

סְמִיכוּת (הֶמְשֵׁךְ)

בְּמִקְרֶה שֶׁל צוּרוֹת רִבּוּי יוֹצְאוֹת מִן הַכְּלָל (irregular plurals)

בְּשֵׁם הָעֶצֶם הַנִּסְמָךְ:

	הָרִבּוּי הַנִּפְרָד	הָרִבּוּי הַנִּסְמָךְ
רְחוֹב (ז)	רְחוֹבוֹת	**רְחוֹבוֹת**
בֵּיצָה (נ)	בֵּיצִים	**בֵּיצֵי**
עִיר (נ)	עָרִים	**עָרֵי**
בַּיִת (ז)	בָּתִּים	**בָּתֵּי**
בַּת (נ)	בָּנוֹת	בְּנוֹת

. . . .

אמור בסמיכות, וציין אם הנסמך זָכָר או נְקֵבָה:

1. שולחנות מעץ ___
2. אנשים של סִפרות ___
3. ארונות לִבְגָדִים ___
4. נשים של "הדסה" ___
5. בתים לחולים ___
6. מקומות לבידור ___
7. כותרות של עיתונים ___
8. ביצים של דגים ___

אמור ללא סמיכות:

1. בָּתי חולים
2. לוחות עֵץ
3. בנות קיבוץ
4. ערי חוף
5. פְּעִילֵי מִפְלָגָה

****

מְעַט נִקּוּד

ו הַחִבּוּר מְקַבֶּלֶת שְׁוָא, חוּץ מֵאֲשֶׁר:

וּ לִפְנֵי	ב	בַּבַּיִת וּבָרְחוֹב
	ו	קוֹלוֹמְבְּיָה וּוֶנֶצוּאֶלָה
	מ	דָּוִד וּמִשְׁפַּחְתּוֹ
	פ	עֵצִים וּפְרָחִים
	שְׁוָא	עֶשְׂרִים וּשְׁנַיִם

****

השלם את הניקוד החסר:

1. האֶזְרָחִים עֲיֵפִים מפּוֹלִיטִיקָה ומִלְחָמוֹת ובְעָיוֹת כַּלְכָּלִיוֹת.
2. שַׂר הפְּנִים ושְׁלֹשָׁה חַבְרֵי כְּנֶסֶת הִסְבִּירוּ אֶת המַצָּב לְרָאשֵׁי העָרִים.

קְרָא מאמר בעיתון למתחילים (בקול)

סַכֵּם בִּקְצָרָה את נושא המאמר

קריאה לשמה

פִּילוֹסוֹפְיָה שֶׁל אָדָם שָׂמֵחַ

הוא איננו קורא עיתונים יומיים. אם תשאלו מַדּוּעַ, הוא יֹאמַר לכם: "עיתונים יכולים רק לגרום נֶזֶק לקורא".

הוא אדם שָׂמֵחַ בדרך כלל, ואיננו רוצה לשמוע על כל הדברים הנוֹרָאִים, המתרחשים בעולם בכל יום ויום: מלחמה באִירָן, שִׁטפונות בפָּקִיסְטָן, בַּצּוֹרֶת ורָעָב באֶתְיוֹפְּיָה.

"מה אני יכול לעשות כדֵי לעזור לכל האנשים הרבים שֶׁסובלים ברַחֲבֵי העולם? לא כלום! הידיעה על מצבם רק מְדַכֵּאת אותי. היא איננה עוזרת לא להם ולא לי. . . אבל אם אינני יודע על הבעיות שלהם, ומצב רוחי טוב, אני יכול לחייך, לצחוק, ולְשַׂמֵּחַ את האנשים סביבי, הקרובים אלי ! . . . "

שעור ט

ש י ח ת   ה כ נ ה

עִתּוֹנוּת וְעִתּוֹנָאִים

עִתּוֹנַאי/עִתּוֹנָאִית	אָדָם שֶׁעוֹסֵק בַּהֲבָאַת הַחֲדָשׁוֹת לַצִּבּוּר

מאמרים ועתונאים:

כַּתָּבָה	כַּתָּב/כַּתֶּבֶת	(לענייני כלכלה, הבית הלבן)
סְקִירָה		(שְׁנוֹת ה-60 בארה"ב)
טוּר	בַּעַל טוּר	
דְּבַר הַמַּעֲרֶכֶת	הָעוֹרֵךְ הָרָאשִׁי או חֲבֵר הַמַּעֲרֶכֶת	

חלוקת הטקסט בעיתון:

עַמּוּד, עַמּוּדָה, פִּסְקָה, שׁוּרָה, לְמַעְלָה ≠ לְמַטָּה

(קרא בעמוד 1, עמודה 3, פסקה ראשונה, שורה שנייה מלמעלה)

ענה על השאלות:

1. מה תַּפְקִיד המערכת בעיתון?
2. איזה מין כתב מְדַוֵּחַ בארה"ב על מאורעות בישראל ובמִצְרַיִם?
3. מיהו כתב הספורט בעָרוּץ הטלויזיה שאתה רואה בדרך כלל?
4. מיהו בעל הטור החביב עליך? באילו נושאים הוא עוסק בדרך כלל?
5. איך קוראים למאמר העוסק בהסטוריה של תְּקוּפָה בעבר הקרוב?

עֻבְדוֹת וְדֵעוֹת

בִּמְדִינָה דֶמוֹקְרָטִית, תַּפְקִיד העיתונות כָּפוּל: לְהָבִיא לידיעת הקוראים עֻבְדוֹת מהמִּתְרַחֵשׁ בַּמְּדִינָה וּבָעוֹלָם בכלל; וּלְשַׁמֵּשׁ כְּלִי לבִטוּי חָפְשִׁי של עֶמְדוֹת וְדֵעוֹת שונות. חוֹבָתוֹ של עיתון טוב לְהַפְרִיד בין עֻבְדוֹת לְדֵעוֹת.

במכתבים למערכת, אפשר לקרוא תְּגוּבוֹת למאמרים שונים שֶׁהוֹפִיעוּ בעיתון. לפעמים התְּגוּבוֹת חִיּוּבִיּוֹת: הן מְשַׁבְּחוֹת כתב מסויים, בעל טור מסויים או את עורך העיתון על מאמר או על סְקִירָה טובה בעיתון. לפעמים הן שְׁלִילִיּוֹת: הן מְגַנּוֹת את כותב המאמר על דֵעוֹתָיו, על חֹסר הידיעה שלו בַּנּוֹשֵׂא, או על סִגְנוֹן הכתיבה שלו. בישראל, לְמָשָׁל, יכול עתונאי שֶׁמַּצִּיעַ דֶּרֶךְ לפִתְרוֹן הבעייה הַפָּלֶסְטִינִית לְצַפּוֹת לִתְגוּבוֹת שונות מקוראים בעלי הַשְׁקָפוֹת פּוֹלִיטִיּוֹת שונות.

המערכת מְגִיבָה מפעם לפעם על מכתבי קוראים. לפעמים בהִתְנַצְּלוּת על טָעוּת שֶׁנִּפְלָה במאמר; לפעמים בתודה על שְׁבָחִים; ובפעמים אחרות היא מַצְדִּיקָה את תֹּכֶן המאמר, או את זְכוּתוֹ של העיתונאי לְהַבִּיעַ את דַּעְתּוֹ.

<u>פרושי מלים ובטויים</u>

תַּפְקִיד = מַעֲשֶׂה שֶׁמִּישֶׁהוּ מְסֻיָּם צָרִיךְ לַעֲשׂוֹת

כָּפוּל = שֶׁיֵּשׁ בּוֹ שְׁנֵי חֲלָקִים אוֹ שְׁנֵי צְדָדִים

עֻבְדָּה = מְאֹרָע שֶׁקָּרָה; דָּבָר שֶׁל מַמָּשׁ

כְּלִי = דָּבָר שֶׁמַּתְאִים לַעֲשׂוֹת בּוֹ שִׁמּוּשׁ מְסֻיָּם

עֶמְדָה = יַחַס אֶל נוֹשֵׂא מְסֻיָּם

חוֹבָה = דָּבָר שֶׁמֻּכְרָחִים לַעֲשׂוֹת

תְּגוּבָה = פְּעוּלָה שֶׁבָּאָה כִּתְשׁוּבָה לְמַעֲשֶׂה מְסֻיָּם; רֵיאַקְצְיָה

מְשַׁבֵּחַ = אוֹמֵר דְּבָרִים יָפִים עַל מִישֶׁהוּ/מַשֶּׁהוּ

מְגַנֶּה = אוֹמֵר דְּבָרִים לֹא יָפִים עַל מִישֶׁהוּ/מַשֶּׁהוּ

סִגְנוֹן = צוּרַת הַבָּעָה בְּדִבּוּר אוֹ בִּכְתִיבָה

לְצַפּוֹת = לְחַכּוֹת

הַשְׁקָפָה = רְאִיָּה; צוּרָה שֶׁל רְאִיַּת דְּבָרִים

הִתְנַצְּלוּת = בַּקָּשַׁת סְלִיחָה

זְכוּת = רְשׁוּת; דָּבָר שֶׁמֻּתָּר לַעֲשׂוֹת

לְהַבִּיעַ = לָתֵת בִּטּוּי

לְהַצְדִּיק = לוֹמַר שֶׁהַדָּבָר נָכוֹן, אוֹ שֶׁמִּישֶׁהוּ עָשָׂה/אָמַר דָּבָר נָכוֹן

סמן ב-x את ההצהרות הנכונות:

1. ___ תפקיד העיתון הוא לדווח עובדות.
2. ___ אי אפשר להפריד בין עובדות לדיעות.
3. ___ בעל טור מְבַדֵּחַ איננו חייב לכתוב עובדות.
4. ___ בעיתון טוב, אפשר למצוא דיעות שונות בנושאים שונים.
5. ___ בעיתון טוב, לא צריך לכתוב רק עובדות נכונות.
6. ___ המערכת מְפַרְסֶמֶת רק מכתבי קוראים, הַמְשַׁבְּחִים את העיתון.
7. ___ תגובות חִיוּביות הן בדרך כלל שְׁבָחִים.
8. ___ תגובות שְׁליליות הן הוכחה שהעיתונאי לא צָדַק בדיעותיו.
9. ___ המערכת איננה צריכה לְהִתְנַצֵּל על דיעות שמִתְפַּרְסְמוֹת בעיתון.
10. ___ עוֹרֵךְ אַחְרַאי בּוֹדֵק את העובדות לפני פִּרְסוּם המאמר.

ענה על השאלות:

1. מה תפקיד העיתונות במדינה דמוקרטית?
2. באיזה חלק של העיתון אפשר למצוא בעיקר עובדות?
3. באיזה חלק של העיתון אפשר למצוא דיעות?
4. מה, לדעתך, מְאַפיין עיתון טוב?

ה פּ ע ל

בִּנְיַן פָּעַל - גִּזְרַת פ"נ

(אֶנְפֹּל ← אֶפֹּל)

שם הפעל: לִנְפֹּל/*לִנְסֹעַ **(לִנְעֹל)

הווה ועבר: (כמו שלמים)

עתיד:

אני	אֶפֹּל/אֶסַּע	(אֶנְעַל)	אנחנו	נִפֹּל/נִסַּע	(נִנְעַל)
אתה	תִּפֹּל/תִּסַּע		אתם/ן	תִּפְּלוּ/תִּסְּעוּ	
את	תִּפְּלִי/תִּסְּעִי	(תִּנְעֲלִי)			
הוא	יִפֹּל/יִסַּע		הם/ן	יִפְּלוּ/יִסְּעוּ	
היא	תִּפֹּל/תִּסַּע				

צווי:

(אתה)	נְפֹל/סַע	(נְעַל)
(את)	נִפְלִי/סְעִי	(נַעֲלִי)
(אתם)	נִפְלוּ/סְעוּ	(נַעֲלוּ)

* נכון לפעלים במִשְׁקַל אֶפְעַל

** כש-ע הפעל היא גרונית, ה-נ איננה נִשְׁמֶטֶת, והפועל נשאר שָׁלֵם

הערות: 1) בפעל נתן, שם הפועל: לָתֵת

עתיד: אֶתֵּן, תִּתֵּן, תִּתְּנִי

צווי: תֵּן, תְּנִי

עבר: נָתַתִּי, נָתַתָּ . . . נָתַנּוּ

2) הפועל לקח נוֹטֶה כמו פעלי פ"נ. שם הפועל: לָקַחַת

עתיד: אֶקַּח, תִּקַּח, תִּקְחִי

צווי: קַח, קְחִי

שם הפעולה: נְפִילָה, נְסִיעָה, נְתִינָה, לְקִיחָה

אמור בעתיד:

1. הוא נופל מהכיסא.
2. אני נושם אויר צח.
3. העלים נובלים בסתיו.
4. הרוח נושבת בשׂדות.
5. אנחנו לוקחים ספר מהספרייה.
6. את נוטַעַת עץ.
7. אתם נותנים לנו פרחים.
8. היא נועלת מגפיים.

הפוך מצווי בשלילה לצווי בחיוב:

1. אל תיפול!
2. אל תיסעי!
3. אל תיטעי!
4. אל תיקחו!
5. אל תנהגו!
6. אל תיגע!
7. אל תיתני לי!
8. אל תנעלו מגפיים!

. . . . **מִלִּים** . . . **מִלִּים** . . . **מִלִּים** . . . .

סְמִיכוּת (הֶמְשֵׁךְ)

סִימַן הָרִבּוּי מִצְטָרֵף לַ **נִסְמָךְ** בִּלְבָד:

עִתּוֹן בֹּקֶר	עִתּוֹנֵי בֹּקֶר
וַעֲדַת כְּנֶסֶת	וַעֲדוֹת כְּנֶסֶת

שֵׁם הַתֹּאַר שֶׁל הַסְּמִיכוּת מַתְאִים לַ נִסְמָךְ:

בֵּית (ז) כְּנֶסֶת גָּדוֹל (ז)

בָּתֵּי (ז) כְּנֶסֶת גְּדוֹלִים (ז)

. . . .

הפוך מְיָחִיד לרַבִּים:

1. תַּלמיד אוניברסיטה מצטַיֵן
2. חֲבֵרת קיבוץ צעירה
3. בֵּית הַבְרָאָה קטן
4. עיר פיתוח חֲדשה
5. חנות בגדים אָפְנָתִית
6. מלחֶמֶת עולם מפחידה

****

מְעַט נִקּוּד

(וּ הַחִבּוּר - הֶמְשֵׁךְ)

וְ לִפְנֵי י (הַ-י מְאַבֶּדֶת אֶת הַשְּׁוָא):

יְהוּדָה וִירוּשָׁלַיִם

וַ לִפְנֵי חֲטַף פַּתָּח: אַתָּה וַאֲנִי

וֶ לִפְנֵי חֲטַף סֶגּוֹל: צֶדֶק וֶאֱמֶת

וָ לִפְנֵי חֲטַף קָמָץ: מָטוֹס וָאֳנִיָּה

****

השלם את הניקוד החסר:

1. יִשְׂרָאֵל הִיא מְדִינָה עַצְמָאִית, וירושָׁלַיִם הִיא בִּירָתָהּ.
2. ההִסְתַּדְּרוּת דוֹרֶשֶׁת מַשְׂכּוֹרוֹת טוֹבוֹת ועֲבוֹדָה לְכָל פּוֹעֵל.
3. מְטוֹסִים יִשְׂרְאֵלִים טָסִים בּאֲוִיר, ואֳנִיּוֹת יִשְׂרְאֵלִיּוֹת שָׁטוֹת בּיָם.

קריאה לשמה

בַּעַל טוּר אהוב בישראל הוא אֶפְרַיִם קישוֹן. במשך שנים, הוא כתב טורים סאטיריים בעיתון "מעריב", ששיקפו היטב את האווירה בארץ. הנה קטעים מ"זוהִי הָאָרֶץ שֶׁלִּי", שנכתב ב-1967:

זוהי ארץ כל כך קטנה, שֶׁשִּׁטְחָהּ על מַפּוֹת העולם אינו מספיק כדי לכתוב את שְׁמָהּ בתוכו.
זוהי הארץ הַצָּרָה ביותר בעולם, זוהי ארץ הצרות.
זוהי הארץ בה לומדת האֵם את שְׂפַת-הָאֵם מִפִּי בָּנֶיהָ.
זוהי ארץ בה כותבים עברית, קוראים אנגלית, ומדברים יידיש.
זוהי ארץ בה לכל אֶזְרָח זְכוּת לומר את דַעְתּוֹ, אך אין בה חֹק הַמְחַיֵּב מישהו לְהַקְשִׁיב.
זוהי ארץ בָּהּ כָּל אָדָם חַיָּל, וּבְכָל זֹאת כל חַיָּל - אדם.
זוהי הָאָרֶץ היחידה בעולם שאני יכול לחיות בה.
זוהי הָאָרֶץ שֶׁלִּי.

שעור י

שיחת הכנה

הַבְּחִירוֹת לַכְּנֶסֶת

לְכָל אֶזְרָח מֵעַל לְגִיל 18 יש זְכוּת בְּחִירָה, זְכוּת הַצְבָּעָה, קוֹל בַּבְּחִירוֹת

הַבּוֹחֲרִים מַצְבִּיעִים בְּעַד מִפְלָגוֹת

לְתוֹשָׁבִים שֶׁאֵינָם אֶזְרָחִים אֵין זְכוּת בְּחִירָה

תַּפְקִידִים וּמוֹסָדוֹת בישראל

נָשִׂיא	הַמְּדִינָה
רֹאשׁ הַמֶּמְשָׁלָה	הַמֶּמְשָׁלָה
שַׂר (סְגַן שַׂר)	מִשְׂרָד (הַפְּנִים, הַחוּץ, הַחַקְלָאוּת, הַחִנּוּךְ, הָאוֹצָר)
יוֹשֵׁב רֹאשׁ	הַכְּנֶסֶת
יוֹשֵׁב רֹאשׁ	וַעֲדָה בַּכְּנֶסֶת
רֹאשׁ הַמַּטֶּה הַכְּלָלִי	הַצָּבָא
מַזְכִּיר כְּלָלִי	הִסְתַּדְּרוּת הָעוֹבְדִים
יוֹשֵׁב רֹאשׁ הַהַנְהָלָה	הַסּוֹכְנוּת הַיְּהוּדִית

נְצִיגֵי הַמְּדִינָה

שַׁגְרִיר	אֶחָד בְּכָל מְדִינָה, אִתָּהּ יש לישראל יְחָסִים דִּפְּלוֹמָטִיִּים (יש גם שַׁגְרִיר בָּאֻמּוֹת הַמְּאֻחָדוֹת -- או"ם)
צִיר	אחד או יותר בכָל מְדִינָה, אִתָּהּ יש לישראל יחסים דיפלומטיים

הַמִּשְׁטָר בְּיִשְׂרָאל

בישראל קַיָּם מִשְׁטָר דֶּמוֹקְרָטִי. כָּל ארבע שָׁנִים, בּוֹחֲרִים הָאֶזְרָחִים בְּנָצִיגִים לַכְּנֶסֶת. בַּכנסת -- שֶׁהִיא הָרָשׁוּת הַמְּחוֹקֶקֶת -- יֵשׁ מֵאָה וְעֶשְׂרִים חֲבֵרִים מִמִּפְלָגוֹת שונות.

נְשִׂיא הַמְּדִינָה מְמַנֶּה אחד מֵחַבְרֵי הכנסת לְהַרְכִּיב ממשלה ולַעֲמֹד בְּרֹאשָׁהּ. הַמֶּמְשָׁלָה, הַמֻּרְכֶּבֶת מֵרֹאשׁ ממשלה ושָׂרִים, היא הָרָשׁוּת הַמְּבַצַּעַת. שָׂרֵי הממשלה אינם חַיָּבִים להיות חַבְרֵי כְּנֶסֶת.

<u>פרושי מלים ובטויים</u>

מִשְׁטָר = צוּרַת שִׁלְטוֹן; מִבְנֶה מְדִינִי שֶׁל חֶבְרָה
רָשׁוּת = מוֹסָד בַּעַל כֹּחַ לַעֲשׂוֹת דָּבָר מְסֻיָּם
מְחוֹקֵק = מוֹצִיא חֻקִּים, "עוֹשֶׂה" חֻקִּים
מְמַנֶּה = שָׂם בְּתַפְקִיד
לְהַרְכִּיב = לְחַבֵּר חֵלֶק אֶל חֵלֶק כְּדֵי לַעֲשׂוֹת מַשֶּׁהוּ שָׁלֵם
לְבַצֵּעַ = לְהוֹצִיא אֶל הַפֹּעַל; לְהַפְעִיל
חַיָּב = צָרִיךְ (לַעֲשׂוֹת מַשֶּׁהוּ)

סמן ב-x את ההצהרות הנכונות:

1. ____ בממשלה יש 120 שׂרים.
2. ____ ראש הממשלה הוא גם חבר כנסת.
3. ____ האזרחים בוחרים בחברֵי הממשלה.
4. ____ הכנסת מחוקקת חוקים.
5. ____ הבחירות לכנסת מִתְקַיְּמוֹת כל ארבע שנים.
6. ____ ראש הממשלה מְמַנֶּה את נְשִׂיא המדינה.
7. ____ ראש הממשלה עומד בראש הרָשׁוּת המְבַצַּעַת.

ענה על השאלות:

1. לְמִי יש זְכוּת הַצְבָּעָה בבחירות לכנסת בישראל?
2. לכמה שנים נִבְחֶרֶת הכנסת?
3. כמה חברים יש בכנסת?
4. מה תפקיד הכנסת?

הפֹּעַל

בִּנְיַן נִפְעַל - שְׁלֵמִים

שם הפעל: לְהִנְכָּנֵס ——→ לְהִכָּנֵס *(לְהֵעָלֵם) **/לְהִשָּׁמַע/

הווה:	יחיד	נִכְנָס	(נֶעֱלָם)
	יחידה	נִכְנֶסֶת	(נֶעֱלֶמֶת) /נִשְׁמַעַת/
	רבים	נִכְנָסִים	(נֶעֱלָמִים)
	רבות	נִכְנָסוֹת	(נֶעֱלָמוֹת)

עבר:	אני	נִכְנַסְתִּי (נֶעֱלַמְתִּי)		אנחנו	נִכְנַסְנוּ	(נֶעֱלַמְנוּ)
	אתה	נִכְנַסְתָּ (נֶעֱלַמְתָּ)		אתם/ן	נִכְנַסְתֶּם/ן	(נֶעֱלַמְתֶּם/ן)
	את	נִכְנַסְתְּ (נֶעֱלַמְתְּ)				
	הוא	נִכְנַס (נֶעֱלַם)		הם/ן	נִכְנְסוּ	(נֶעֶלְמוּ)
	היא	נִכְנְסָה (נֶעֶלְמָה)				

עתיד:	אני	אֶכָּנֵס (אֵעָלֵם) /אֶשָּׁמַע/		אנחנו	נִכָּנֵס	(נֵעָלֵם) /נִשָּׁמַע/
	אתה	תִּכָּנֵס (תֵּעָלֵם)		אתם/ן	תִּכָּנְסוּ	(תֵּעָלְמוּ)
	את	תִּכָּנְסִי (תֵּעָלְמִי)				
	הוא	יִכָּנֵס (יֵעָלֵם)		הם/ן	יִכָּנְסוּ	(יֵעָלְמוּ)
	היא	תִּכָּנֵס (תֵּעָלֵם)				

צווי:	(אתה)	הִכָּנֵס	(הֵעָלֵם) /הִשָּׁמַע/
	(את)	הִכָּנְסִי	(הֵעָלְמִי)
	(אתם)	הִכָּנְסוּ	(הֵעָלְמוּ)

* בשם הפועל, בעתיד ובצווי, הצורה בסגריים נכונה לכל הפעלים שהשורש שלהם מתחיל ב גרונית או ב-ר (תשלום דגש); בהווה ובעבר, הצורות בסגרייםנכונות רק לפעלים שהשורש שלהם מתחיל בגרונית.

** נכון לפעלים בעלי ל"ח ו ל"ע: לְהִלָּקַח, לְהֵאָנַח

שם הפעולה: הִכָּנְסוּת, הֵעָלְמוּת

אמור בעתיד:

1. העיתון נמכָּר.
2. הבעייה נפתרת.
3. החנויות נסגרות.
4. הלימודים נגמרים.
5. הכתבה נֶעֱרֶכֶת.
6. את נכנֶסֶת למשרד.
7. אני נעלָם מפה.
8. אתה נכתָב בספר החיים.

. . . . . .   **מִלִּים . . . מִלִּים . . . מִלִּים**   . . . . . .

סְמִיכוּת (הֶמְשֵׁךְ)

בִּסְמִיכוּת מְיֻדַּעַת, רַק הַסּוֹמֵךְ מְיֻדָּע.

הַסּוֹמֵךְ מְיֻדָּע בְּאַחַת מִשָּׁלֹשׁ דְּרָכִים:

א. בְּעֶזְרַת ה **הַיִּדּוּעַ:**

מְעִיל הַגֶּשֶׁם = הַמְּעִיל לַגֶּשֶׁם

סוּפַת הַשֶּׁלֶג = הַסּוּפָה שֶׁל הַשֶּׁלֶג

ב. בְּעֶזְרַת **כִּנּוּי גּוּף:**

קוֹל דּוֹדִי = הַקּוֹל שֶׁל דּוֹדִי

ג. כַּאֲשֶׁר הַסּוֹמֵךְ הוּא **שֵׁם פְּרָטִי:**

עַם יִשְׂרָאֵל = הָעָם שֶׁל יִשְׂרָאֵל

. . . .

ציין אם הסמיכות מיודעת או בלתי מיודעת:

___1. בית הקפה

___2. ראֹש מֶמשלה

___3. מדינות אפריקה

___4. מכונית השַׂר

___5. דירת חֲבֵרֵנוּ

___6. אחות התלמיד

___7. בֶּן אחותי

___8. אשת קיסר

הפוך לסמיכות מיודעת:

1. זְכות בחירה
2. נְשׂיא מדינה
3. חברֵי כנסת
4. תָּכנית שלום חֲדשה
5. מאמר מערכת חשוב
6. בית כנסת גדול

==

מִשְׁפָּט מֻרְכָּב

מִשְׁפָּט שֶׁיֵּשׁ בּוֹ כַּמָּה מִשְׁפָּטִים (פְּסוּקִיּוֹת) שְׁלֵמִים, שֶׁאֶחָד מֵהֶם עַצְמָאִי וְהָאֲחֵרִים תְּלוּיִים בּוֹ, נִקְרָא **מִשְׁפָּט מֻרְכָּב**

הַמִּשְׁפָּט הָעַצְמָאִי (independent) נִקְרָא **מִשְׁפָּט עִקָּרִי**.

הַמִּשְׁפָּט הַתָּלוּי (dependent) בַּמִּשְׁפָּט הָעַצְמָאִי נִקְרָא **מִשְׁפָּט טָפֵל**, וְהוּא נִפְתָּח בְּמִלַּת **קִשּׁוּר** (conjunction).

<u>מִשְׁפָּט עִקָּרִי</u> <u>מִשְׁפָּט טָפֵל</u>

כָּל הָאֲנָשִׁים עוֹמְדִים, כַּאֲשֶׁר + הַנָּשִׂיא נִכְנָס לָאוּלָם.

==

ציין בקוים ובעיגול את המשפט העיקרי, את המשפט הטפל, ואת מילת הקישור:

1. בהודעה נֶאֱמַר, כי העֶמְדָה הצרפתית תַּזִּיק לישראל.
2. בגין כָּעַס על כך, שהתכנית האמריקנית נִמְסְרָה קודם לחוּסֵין מֶלֶךְ יַרְדֵן.
3. הממשלה מוּכָנָה לפעול, כדי שנגיע לְהֶסְכֵּם שלום.
4. הממשלה, שהִתְכַּנְּסָה לִישִׁיבה מיוחדת, החליטה לְהִתְנַגֵּד לתכנית הסָעוּדִית.
5. סגן השׂר פתח את הישיבה, מפני שהשׂר היה בחוּץ לָאָרֶץ.
6. אִם תִּרְצוּ, אֵין זוֹ אַגָּדָה.

קרא מאמר בעיתון למתחילים

ספר בקצרה את תוכן המאמר

קריאה לשמה

מִפְלָגוֹת בישראל

רִבּוּי המפלגות בישראל מַזְכִּיר את האִמְרָה הישנה: במקום בו נמצאים שני יהודים, קיימות שלוש דיעות שונות.

האוכלוסיה היהודית בעיר ניו-יורק שווה כמעט בגָדְלָהּ לזו של אזרחי מדינת ישראל - כשלושה וחצי מיליון. אבל בְּעוֹד שֶׁבארה"ב בוחר האזרח באחת משתֵי מפלגות, הדמוקרטית והרפובליקנית, נדרָשׁ האזרח הישראלי לבחור באחת מתוך למעלה מ-30 מפלגות! שמורגסבורד של ממש!

הבעייה היא, שמספר גדול יותר של מפלגות איננו עושֶׂה את ישראל יותר דמוקרטית ממדינות דמוקרטיות אחרות. להיפך, בממשלת קואליציה מפעילות המפלגות הקטנות הַשְׁפָּעָה גדולה בהרבה מזו שֶׁאָחוּז הבוחרים שהן מְיַצְּגוֹת יכול להצדיק. ישראלים רבים חושבים שמספר קטן יותר של מפלגות יתרום לְיַצִּיבוּת פוליטית; אבל איש אינו יודע איך אפשר להקטין את מספר המפלגות, מבלי לִפְגֹּעַ בחֹפֶשׁ הבִּטּוּי.

במדינה קטנה כמו ישראל, עם תּוֹצָר לאומי נָמוּךְ יחסית, אולי אפשר למצוא שִׁמּוּשׁ טוב לַתַּעֲשִׂיָּה הַמְּפֻתַּחַת ביותר בְּמֶשֶׁק לְמַטְּרוֹת יִצּוּא. חישבו על זה: ישראל יכולה לְסַפֵּק מפלגות ל-15 מדינות דֶמוֹקְרָטִיוֹת, או ל-30 מדינות טוֹטָלִיטָרִיוֹת! . . .

שעור י"א

פ ע ו ל ת הֲ בָ נָ ה

בחירות לכנסת והַרְכָּבַת ממשלה

1. שלושה תלמידים נבחרים כרָאשֵׁי מִפְלָגוֹת: הלבנה, הכחולה והאדומה.
2. תַלמידי הכיתה מִתְבַּקְשִׁים להצביע בְּעַד אַחַת משְלֹש המפלגות.
3. תלמיד סופר את הקוֹלוֹת, ומְחַשֵּׁב את אָחוּז הקולות שכל מפלגה קיבלה.

בכנסת יש 120 **מוֹשָׁבִים**
כמה מחברי המפלגה הלבנה יִכָּנְסוּ לכנסת?
כמה מחברי המפלגה הכחולה? האדומה?

למי יש **רֹב** בכנסת?
האם יש **רֹב מֻחְלָט**? אִם כֵּן, הנשיא יְמַנֶּה את **רֹאשׁ הָרְשִׁימָה** של המפלגה בעלת הרוב המֻחלָט לראש הממשלה.
אם לא, את ראש איזו מפלגה יְמַנֶּה הנשיא לראש ממשלה?

ראש הממשלה שמֻנָּה צריך לקבל את **אִשּׁוּר** הכנסת (**הַצְבָּעַת אֵמוּן**). אם הוא צריך להרכיב ממשֶׁלֶת **קוֹאָלִיצְיָה**, הוא חַיָּב לְהַצִּיעַ משהו לאחת מהמפלגות הַיְרִיבוֹת (**תִּיקִים** בממשלה, מְדִינִיוּת מסוּיֶמת בִּשְׁטָחִים מסויימים, וכו')

4. האדם שמֻנָּה לראש ממשלה עוֹרֵךְ **דִּיוּנִים** עם רָאשֵׁי המפלגות האחרות (נָא לא לְוַתֵּר בְּקַלּוּת!) כדֵי להגיע לְהֶסְכֵּם **קוֹאָלִיצְיוֹנִי**.
5. לאחר **הַמַּשָּׂא וּמַתָּן**, (מו"מ) ראש הממשלה מודיע ל"כנסת" על תּוֹצָאוֹת ה **מַּגָּעִים** (הֶרְכֵּב הממשלה, קַוִּים כְּלָלִיִּים בִּמְדִינִיּוּת, וכו')
6. נֶעֱרֶכֶת הצבעת אֵמון (או אִי אֵמון) בכנסת.

אם עֲדַיִן אין רוב בכנסת לממשלה החדשה, אולי יִהְיֶה צֹרֶךְ בממשֶׁלֶת אַחְדוּת לאומית . . .

שאלות על הבחירות שנערכו בכיתה:

1. ממה מורכבת הממשלה?
2. בכמה תיקים מַחֲזִיקִים חברי המפלגה בעלת הרוב בכנסת?
3. מהם התיקים?
4. בכמה תיקים מחזיקים חברי המפלגה הנוספת בקואליציה?
5. מהם?
6. כמה שרים בלי תיק יש בממשלה?
7. כמה סְגָנִים יש לראש הממשלה?
8. מאילו מפלגות הם?
9. אילו וִתּוּרִים נַעֲשׂוּ כדי להגיע להסכם קואליציוני?
10. כמה חברי כנסת שַׁיָּכִים לאופוזיציה?

"לֹא תָּכְנִית קוֹנְסְטְרוּקְטִיבִית"

(מִתּוֹךְ "אֹמֶר" 1982)

יוֹשֵׁב רֹאשׁ וְעִידַת הַנְּשִׂיאִים הַיְּהוּדִים בְּאַרְצוֹת הַבְּרִית, ג'וּלְיוּס בֶּרְמַן, דָּחָה אֶת תּוֹכְנִית רֵיגַן. הוּא אָמַר, כִּי לַמְרוֹת יְסוֹדוֹת חִיּוּבִיִּים שֶׁיֵּשׁ בָּהּ, הִיא אֵינָהּ קוֹנְסְטְרוּקְטִיבִית. הַבְּעָיָה הַמֶּרְכָּזִית הִיא, שֶׁהַתּוֹכְנִית פּוֹגַעַת בְּמַעֲמָדָהּ שֶׁל אַרְצוֹת הַבְּרִית כִּמְתַוֵּךְ, שֶׁכֵּן דָּרוּשׁ לְאַרְצוֹת הַבְּרִית הָאֵמוּן הַמָּלֵא שֶׁל כָּל הַצְּדָדִים וְאָסוּר לָהּ לִקְבּוֹעַ מֵרֹאשׁ אֶת דַּעְתָּהּ עַל הַתּוֹצָאָה הַסּוֹפִית שֶׁל הַמַּשָּׂא וּמַתָּן.

<u>פרושי מלים ובטויים</u>

דּוֹחֶה = לֹא מְקַבֵּל; מַרְחִיק

יְסוֹד = בָּסִיס, עִקָּרוֹן

פּוֹגֵעַ בְּ- = מַזִּיק לְ-

מַעֲמָד = מָקוֹם שֶׁעוֹמְדִים עָלָיו; מַצָּב

מְתַוֵּךְ = מִי שֶׁמְּחַפֵּשׂ דֶּרֶךְ לַהֲבָנָה בֵּין מִתְנַגְּדִים

לִקְבֹּעַ מֵרֹאשׁ = לְהַחְלִיט עוֹד לִפְנֵי שֶׁמַּשֶּׁהוּ מִתְפַּתֵּחַ

סמן ב-x את ההצהרות הנכונות:

1. ___ בֶּרְמַן דחה את תוכנית רייגן, מפני שאין בה יְסוֹדוֹת חִיוּביים.
2. ___ תכנית רייגן קובעת דיעה מראש על תוֹצְאוֹת המו״מ.
3. ___ בדרך כלל, כשמתחילים במו״מ, יודעים בדיוק איך הוא יִגָּמֵר.
4. ___ מְתַוֵּךְ לא יכול להצליח אם אין לו אימון מלא של כל הצדדים.

ה פֹּ ע ל

בִּ נְ יַ ן נִ פְ עַ ל

בִּנְיַן נִפְעַל מוֹרֶה עַל קַבָּלַת הַפְּעוּלָּה שֶׁל בִּנְיַן פָּעַל וְשֶׁל בִּנְיָנִים פְּעִילִים (active) אֲחֵרִים.
כְּלוֹמַר, רֹב הַפְּעָלִים בּוֹ הֵם סְבִילִים (passive).

פָּעִיל	סָבִיל
לוֹמֵד	נִלְמַד
שָׁמַר	נִשְׁמַר
יִסְגֹּר	יִסָּגֵר

כְּשֶׁהוֹפְכִים מִשְׁפָּט מִפָּעִיל לְסָבִיל:

א. **הַמֻּשָּׂא הַיָּשִׁיר** (direct object) בַּמִּשְׁפָּט הַמְּקוֹרִי הוֹפֵךְ לַ **נּוֹשֵׂא** שֶׁל הַמִּשְׁפָּט הַסָּבִיל.

ב. הַפֹּעַל הַסָּבִיל מַתְאִים לַנּוֹשֵׂא הֶחָדָשׁ **בְּמִין** (gender) וּבְ **מִסְפָּר** (number).

ג. הַ **נּוֹשֵׂא** שֶׁל הַמִּשְׁפָּט הַמְּקוֹרִי הוֹפֵךְ **לַמֻּשָּׂא הָעָקִיף** (indirect object) שֶׁל הַמִּשְׁפָּט הַסָּבִיל.

ד. לִפְנֵי הַמֻּשָּׂא הָעָקִיף בָּאָה מִלַּת הַיַּחַס **עַל יְדֵי**

דֻּגְמָה:

נוֹשֵׂא	פָּעִיל	מֻשָּׂא יָשִׁיר		נוֹשֵׂא	סָבִיל	מֻשָּׂא עָקִיף
הַיַּלְדָּה (נ)	אוֹכֶלֶת (נ)	פְּרִי.	←——	פְּרִי (ז)	נֶאֱכָל (ז)	עַל יְדֵי הַיַּלְדָּה.

אמור את המשפטים מחדש בסביל:

1. הכנסת בוחרת בנשיא לתקופה של חמש שנים.
2. הנשיא חותם על חוקים שמתקבלים בכנסת.
3. נציגי המפלגות יְסַפְּרוּ את קולות הבוחרים לכנסת.
4. מַזְכִּיר הַהִסְתַּדְּרוּת שמַע את תְּלוּנוֹת הפּוֹעֲלִים.
5. הסוֹכְנוּת היהודית תִּקְלֹט אלפֵי עולים השנה.

. . . . **מִלִּים . . . מִלִּים . . . מִלִּים** . . . .

בֵּן/בַּת

בֵּן (בַּר) /בַּת = בְּגִיל; מַתְאִים לְ-; שֶׁיֵּשׁ בּוֹ/בָּהּ; שֶׁשַּׁיָּךְ לְ-

(Belonging to a particular category; having)

בֵּן עֶשְׂרִים = בְּגִיל עֶשְׂרִים
בַּר מִצְוָה = מַתְאִים לְקַיֵּם מִצְווֹת
עִיר בַּת מִלְיוֹן תּוֹשָׁבִים = שֶׁיֵּשׁ בָּהּ מִלְיוֹן תּוֹשָׁבִים

בֵּן	בַּת
בְּנֵי	בְּנוֹת

. . . .

אמור במילים אחרות, הכוללות בן/ בת, את הביטויים המובלטים:

1. אני מחפש דירה **שיש בה שלשה חדרים**. ______________
2. היא גרה בבניין **שיש בו שלש קומות**. ______________
3. הם **בגיל ארבע**. ______________
4. הוא לא יודע דבר על חקלאות, כי הוא **תושב של עיר**. ______________
5. אנחנו אוהבים אותה כמו **מישהי ששיכת למשפחה**. ______________
6. הוא נוהג במכונית **שיש בה ארבע דלתות**. ______________

ח ז ר ה

ש י ח ה

1. סַפר לנו מה אתה יודע על עיתונים בישראל.
2. בַּמֶה הם דומים ובמה הם שונים מעיתונים בארה"ב?
3. סַפר מה אתה יודע על צורת השלטון בישראל.
4. בַּמֶה היא דומה ובמה היא שונה מצורת השלטון בארה"ב?

ס י כ ו ם   ה ס מ י כ ו ת

. . . .

1. **סְמִיכוּת** - צֵרוּף שֶׁל שְׁנַיִם אוֹ יוֹתֵר שְׁמוֹת עֶצֶם לְלֹא חִבּוּר עַל יְדֵי מִלַּת יַחַס
2. **נִסְמָךְ** - הָשֵׁם הָרִאשׁוֹן בַּצֵּרוּף; **סוֹמֵךְ** - הַשֵּׁם הָאַחֲרוֹן בַּצֵּרוּף
3. הַשִּׁנּוּיִים הַבָּאִים חָלִים בָּעִצּוּרִים בַּהֲפִיכַת שֵׁם נִפְרָד לְ **נִסְמָךְ**:

	זָכָר	נְקֵבָה
יָחִיד	∅	Xָה ←--- Xַת Xָה ←--- Xֶת
רַבִּים	Xִים ←--- Xֵי	∅

4. "חֲלֻקַּת הַתַּפְקִידִים" בֵּין הַנִּסְמָךְ וְהַסּוֹמֵךְ:

נִסְמָךְ - מִסְפָּר (יָחִיד/רַבִּים) : בֵּית סֵפֶר חָדָשׁ/ בָּתֵּי סֵפֶר חֲדָשִׁים

מִין (זָכָר/נְקֵבָה): בֵּית כְּנֶסֶת גָּדוֹל/ וַעֲדַת כְּנֶסֶת חֲשׁוּבָה

סוֹמֵךְ - מְיֻדָּעוּת (∅/הַ-): יוֹם עֲבוֹדָה אָרֹךְ/ יוֹם הָעֲבוֹדָה הָאָרֹךְ

. . . .

אמור בסמיכות:

1. מנהיג של מפלגה
2. מנהיג חדש של מפלגה
3. מנהיגים חדשים של מפלגה
4. המנהיג של המפלגה
5. המנהיג החדש של המפלגה
6. המנהיגים החדשים של המפלגה
7. עיר לנופש
8. עיר יפה לנופש
9. ערים יפות לנופש
10. העיר לנופש
11. העיר היפה לנופש
12. הערים היפות לנופש

פ ע ל י ם

השלם את הטבלה ב נפעל

שרש	זמן	גוף	צורה	שם הפעל
			נִגְמַר	
			נִשְׁמָע	
קלט	הווה	יחידה		
עלם	הווה	יחידה		
שלח	הווה	יחידה		
			הִכָּנְסוּ	
פתח	צווי	אתה		
רדם	עתיד	היא		

סיכום ניקוד וו החיבור

וּ לִפְנֵי ב, ו, מ, פ וּשְׁוָא — אֲנִי וּ- בָּרוּךְ, וּרְדָה, משֶׁה, פְּנִינָה, שְׁמוּאֵל

וִ לִפְנֵי י שְׁוָאִית — יִשְׂרָאֵל וִ- יהוּדָה

ו בִּתְנוּעַת הַחֲטַף לִפְנֵי חֲטַף — לֶחֶם וַ- עֲבוֹדָה, דֵּעוֹת וֶ- אֱמוּנוֹת, שָׁבוּעוֹת וָ - חֳדָשִׁים

השלם את הניקוד החסר:

1. הרַדְיוֹ והטֶלֶוִיזְיָה
2. בַּבֹּקֶר ובעֶרֶב
3. תוֹרָה ועֲבוֹדָה
4. מפּה ומשָׁם
5. זְקֵנִים וילָדִים
6. מרֶגֶל ועַד ראֹשׁ
7. אֱמֶת ואֱמוּנָה
8. אֲבִיבִים וחֲרָפִים
9. בהָרִים ובַנֶּגֶב
10. בַּיַּמִּים ובאֲגָמִים

קריאה לשמה

הֶרְכֵּב מֶמְשָׁלָה אידֵיאָלִית בישראל

בממשלה אידיאלית בישראל, יהיה שַׂר החינוך אדם תַּרְבּוּתִי ומנומס, היודע לומר "סליחה", "תודה" ו"בבקשה".

שַׂר האוצָר יְגַלֶּה אוצְרות טֶבַע בארץ - אולַי נֵפְט, אולי מַתָּכוֹת יקרות - וישְׁקִיעַ כספים בפיתוח אוצרות אֱנושיים: אזרחים בעלֵי הַשְׂכָּלָה ובעלי עֲרָכִים.

שר הביטחון יביא לשְׁלוֹם אֱמֶת בין ישראל למדינות ערב; שר החוץ יזמין ארצה מיליוני יהודים מחוץ לארץ, ושר הפנים יעשה להם קַבָּלַת פָּנִים יפה, ו"יעשה להם חֵשֶׁק" להישאר בארץ.

ראש הממשלה האידיאלי יהיה אדם חכם, שיֵדַע למַנות את השרים המתאימים לתפקידים השונים, ולא להפריע להם בעבודתם.

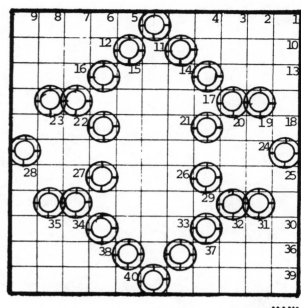

תַּשְׁבֵּץ "מָה חָדָשׁ?"

מְאֻזָּן

1 לַחֲבֵרִים בָּהּ קוֹרְאִים שָׁרִים
5 סִפְרוֹ שֶׁל טוֹלְסְטוֹי: ____ וְשָׁלוֹם
10 הַחֲדָשׁוֹת מִתְפַּרְסְמוֹת בּוֹ
12 מַשֶּׁהוּ שֶׁעוֹשִׂים כְּדֵי לֹא לְהִשְׁתַּעֲמֵם
13 אֵין בּוֹ שׁוּם דָּבָר
14 שֶׁטַח הִתְמַחוּת הָעוֹסֵק בְּעֻבְדוֹת וּמִסְפָּרִים
16 הִכְנִיס בְּדִיּוּק לַמָּקוֹם הַמַּתְאִים, כְּפִי שֶׁאַתָּה עוֹשֶׂה עַכְשָׁו
17 מִין שִׂיחָה שֶׁבָּהּ אֶחָד שׁוֹאֵל וְהַשֵּׁנִי עוֹנֶה
18 צוּרָה
21 כְּתֹבֶת
22 בֵּין חֲמִשָּׁה לְשִׁבְעָה
24 סִכּוּם חַדְשׁוֹת הַיּוֹם הַקּוֹדֵם בְּקִצּוּר
25 גָּרַם לְמִישֶׁהוּ/מַשֶּׁהוּ לְהַגִּיעַ לְמָקוֹם מְסֻיָּם
26 דּוֹמֶה בְּדִיּוּק לַמָּקוֹר
27 מַאֲמָר קָבוּעַ שֶׁנִּכְתָּב תָּמִיד עַל יְדֵי אוֹתוֹ אָדָם
29 פִּרְסוּם שֶׁמּוֹפִיעַ פַּעַם בְּחֹדֶשׁ
30 אָדָם שֶׁמְּדַוֵּחַ בְּאֹפֶן סָדִיר לָעִתּוֹן
33 אָדָם חֲסַר הַשְׂכָּלָה
34 שָׁלֹשׁ וְעוֹד אַרְבַּע
36 לֹא מְהַסֵּס; לֹא פּוֹחֵד
38 נַעֲשׂוּ פָּחוֹת גְּדוֹלִים
39 מַה שֶּׁמִּתְכַּוְּנִים לַעֲשׂוֹת בֶּעָתִיד
40 נוֹשֵׂא הַקָּשׁוּר בְּעִנְיְנֵי צָבָא וּשְׁמִירָה עַל הַמְּדִינָה

מְאֻנָּךְ

1 גּוּף הַקּוֹבֵעַ אֶת מְדִינִיּוּת הָעִתּוֹן
2 בְּאֵיזֶה זְמַן?
3 מָקוֹם שֶׁקּוֹנִים וּמוֹכְרִים בּוֹ
4 מְבַלָּה אֶת הַלַּיְלָה
6 מֶרְכָּז
7 יָרֵחַ
8 48 בְּאוֹתִיּוֹת עִבְרִיּוֹת
9 סוּג שֶׁל שִׁעוּר בָּאוּנִיבֶרְסִיטָה
11 חֲדָשׁוֹת הַקְּשׁוּרוֹת בִּמְדִינוֹת אֲחֵרוֹת
14 יְדִיעָה הַמּוֹפִיעָה בְּעִתּוֹנִים כְּמוֹ "מַעֲרִיב"
15 תְּקוּפַת הַחֹרֶף (כְּתִיב מָלֵא)
19 מוֹצְאִים אוֹתוֹ בְּמִסְעָדָה, בְּסוּפֶּרְמַרְקֶט, אוֹ בַּמְּקָרֵר
20 מְעִיפָה אֶת הַכּוֹבָעִים
22 הַהֵפֶךְ מֵ"רַעַשׁ"
23 "דִּבְרוּ" לְפִי הַמּוּסִיקָה
25 נִמְצֵאת בַּמִּטָּה
28 פִּרְסוּם הַמּוֹפִיעַ כָּל שְׁלֹשָׁה חֳדָשִׁים
31 פָּנִים, מֶרְכָּז
32 כְּשֶׁאוֹכְלִים יוֹתֵר מִדַּי, הִיא כּוֹאֶבֶת
34 אֵזוֹר; נוֹשֵׂא, הִתְמַחוּת
35 הָאָח שֶׁל בִּתּוֹ
37 הַהֵפֶךְ מִ"מֵּת"
38 לֹא גָּדוֹל

שעור י"ב

חֲסִידִים וּמִתְנַגְּדִים

תְּנוּעַת הַחֲסִידוּת צָמְחָה בְּמִזְרַח פּוֹלִין בִּתְחִילַּת הַמֵּאָה הַ-18, בִּקְהִלָּה יְהוּדִית שֶׁכִּמְעַט נֶהֶרְסָה וְהִתְפּוֹרְרָה כְּתוֹצָאָה מֵרְדִיפוֹת וּפְרָעוֹת. הַחִנּוּךְ הַיְּהוּדִי בָּאֵזוֹר סָבַל מאוד בִּתְקוּפָה זוֹ: מִסְפַּר הַיְשִׁיבוֹת קָטַן וְאִתּוֹ קָטַן גַּם מִסְפַּר הַיְּהוּדִים הַמְּלֻמָּדִים בַּתּוֹרָה. עִם הַזְּמַן וּבְהַשְׁפָּעַת הָאִכָּרִים הַגּוֹיִים שֶׁבַּסְּבִיבָה, אִמְּצוּ לְעַצְמָם היהודים כָּל מִינֵי מִנְהָגִים וֶאֱמוּנוֹת תְּפֵלוֹת.

רַבִּי יִשְׂרָאֵל בַּעַל שֵׁם טוֹב (הַבֶּעשְׁ"ט) נֶחְשָׁב לִמְיַסֵּד הַתְּנוּעָה הַחֲסִידִית. הוא נָדַד בֶּעָרִים וּבַכְּפָרִים וְעָשָׂה נִפְלָאוֹת: רִפֵּא חוֹלִים, גֵּרֵשׁ שֵׁדִים, ועשה קְמֵיעוֹת. יהודים רבים הֶאֱמִינוּ בּוֹ וְהָפְכוּ לִהְיוֹת חֲסִידָיו.

הִנֵּה כַּמָּה מֵהָעֶקְרוֹנוֹת שֶׁהוּא לִמֵּד את חֲסִידָיו:

- הָאָדָם יָכוֹל לְהִתְאַחֵד עִם אֱלֹהִים על יְדֵי הִתְלַהֲבוּת. לְהִתְלַהֲבוּת אפשר לְהַגִּיעַ בִּשְׁתֵּי דְּרָכִים: לִמּוּד תּוֹרָה וּתְפִלָּה.
- הַכַּוָּנָה, שֶׁהִיא הָרֶגֶשׁ הַדָּתִי הֶחָזָק וְהָרָצוֹן הָעָמֹק לְהִתְאַחֵד עִם אֱלֹהִים, חֲשׁוּבָה יוֹתֵר מִכֹּל.
- הַתְּפִלָּה עוֹמֶדֶת בְּמֶרְכַּז הַחַיִּים, כִּי היא אֶמְצָעִי לְאִחוּד עִם אֱלֹהִים לֹא רק בִּשְׁבִיל יהודים מְלֻמָּדִים, אֶלָּא גם בִּשְׁבִיל יהודים שֶׁאֵינָם מְבִינִים את פֵּרוּשׁ הַמִּלִּים בַּתְּפִלָּה!
- הַצַּדִּיק, מַנְהִיג החסידים, הוא אָדָם קָדוֹשׁ, שֶׁבִּזְכוּתוֹ שׁוֹמֵר אלוהים על החסידים. הַצַּדִּיק מְתַוֵּךְ בֵּין החסידים לאלוהים.

החסידות, שֶׁהִצִּיעָה אִחוּד עם אלוהים גם לַאֲנָשִׁים לא מְלֻמָּדִים בתורה, מָשְׁכָה את לִבָּם של יהודים פְּשׁוּטִים רַבִּים.

היהודים הַמָּסָרְתִּיִּים טָעֲנוּ שהזִלְזוּל של החסידים בְּלִמּוּד התורה והפֻּלְחָן סְבִיב הַצַּדִּיק נוֹגְדִים את רוּחַ הַיַּהֲדוּת. בְּלִיטָא -- מֶרְכַּז החיים האִנְטֶלֶקְטוּאָלִיִּים היהודיים, קָמָה קְבוּצָה בְּרָאשׁוּת הַגָּאוֹן אֱלִיָּהוּ מִוִּילְנָה, שֶׁהֶחֱלִיטָה לִבְלֹם את הִתְפַּשְּׁטוּת החסידות. בְּמֶשֶׁךְ שָׁנִים רבות נִמְשְׁכָה מְרִיבָה קָשָׁה בֵּין החסידים לְבֵין הלא-חסידים, הַנִּקְרָאִים עַד היום "מִתְנַגְּדִים".

פרושי מלים ובטויים

צֶמַח = גָּדַל וְהִתְפַּתֵּחַ

קְהִלָּה = קְבוּצַת אֲנָשִׁים בַּעֲלֵי אֱמוּנָה אַחַת מְסֻיֶּמֶת

מִתְפּוֹרֵר = נִשְׁבָּר לַחֲלָקִים קְטַנִּים מְאֹד; נֶהֱרָס

רְדִיפוֹת = מַעֲשִׂים שֶׁנַּעֲשִׂים כְּדֵי לִגְרֹם לְמִישֶׁהוּ סֵבֶל/כְּאֵב

פְּרָעוֹת = מַעֲשֵׂי הֶרֶס; פּוֹגְרוֹמִים

סָבַל = הִרְגִּישׁ צַעַר אוֹ כְּאֵב

יְשִׁיבָה = בֵּית סֵפֶר מָסָרְתִּי לְלִמּוּדֵי יַהֲדוּת

לְהַשְׁפִּיעַ = לִגְרֹם שֶׁמִּישֶׁהוּ אַחֵר יְשַׁנֶּה דֵּעָה

אִכָּר = אָדָם שֶׁעוֹבֵד אֶת הָאֲדָמָה

גּוֹי = לֹא יְהוּדִי

לְאַמֵּץ = לְקַבֵּל מַשֶּׁהוּ/מִישֶׁהוּ שֶׁל אַחֵר, וְלִנְהֹג בּוֹ כְּאִלּוּ אֵינֶנּוּ שֶׁל אַחֵר

אֱמוּנָה תְּפֵלָה = אֱמוּנָה חַסְרַת טַעַם; אֱמוּנָה מִתּוֹךְ פַּחַד פְּרִימִיטִיבִי

מְיַסֵּד = מַתְחִיל וּבוֹנֶה מַשֶּׁהוּ

נוֹדֵד = הוֹלֵךְ מִמָּקוֹם לְמָקוֹם

כְּפָר = יִשּׁוּב חַקְלָאִי קָטָן

שֵׁד = רוּחַ רָעָה וּמַזִּיקָה

קָמֵיעַ = מַשֶּׁהוּ כָּתוּב שֶׁיֵּשׁ בּוֹ כֹּחַ לִשְׁמֹר נֶגֶד מַזִּיקִים

הִתְלַהֲבוּת = הִתְפָּרְצוּת, הִתְרַגְּשׁוּת; אֶקְסְטָזָה

רֶגֶשׁ = מַה שֶּׁאָדָם מַרְגִּישׁ בַּלֵּב

אֶמְצָעִי = דֶּרֶךְ שֶׁבָּהּ אֶפְשָׁר לְהַגִּיעַ אֶל מַטָּרָה

מְלֻמָּד = אָדָם שֶׁלָּמַד וְיוֹדֵעַ הַרְבֵּה

בִּזְכוּת = בִּגְלַל מַעֲשֶׂה טוֹב שֶׁל-

מָשַׁךְ = הֶעֱבִיר מַשֶּׁהוּ מִמָּקוֹם לְמָקוֹם

זִלְזוּל = חֹסֶר כָּבוֹד; חֹסֶר הַעֲרָכָה

פֻּלְחָן = עֲבוֹדַת אֱלֹהִים

הִתְפַּשְּׁטוּת = הִתְרַחֲבוּת

מְרִיבָה = מִלְחָמָה (בְּלִי צָבָא)

סמן ב-x את ההצהרות הנכונות:

1.____ האנשים שנִמְשְׁכוּ אחרי הבעש"ט נקראו "חסידים".

2.____ החסידים הראשונים היו מלומדים בתורה.

3.____ המתנגדים האמינו שהכַּוונה חשובה יותר מלימוד התורה.

4.____ מֶרְכָּז המתנגדים היה בווילנה שבליטא.

5.____ החסידים הֶאֱמינו באֵל אחֵר מִזֶּה של המִתנגדים.

6.____ המתנגדים זִלזלו בחשיבות התפילות.

7.____ החסידים מתפללים בהתלהֲבות.

8.____ החסידים רואים בצדיק אדם רגיל.

9.____ אדם שמאמין בשֵׁדים ורוחות הוא בעל אֱמונות תְּפֵלות.

10.____ במאה ה-18, המתנגדים היו בדרך כלל יותר אִנטֶלֶקטואָליים מֵאֲשֶׁר החסידים.

==

מִשְׁפַּט לְוַאי

(adjectival clause)

מִשְׁפָּט טָפֵל, הַמְתָאֵר שֵׁם עֶצֶם בַּמִשְׁפָּט הָעִקָּרִי, נִקְרָא מִשְׁפַּט לְוַאי.

מִשְׁפַּט הַלְוַאי, כְּמוֹ הַתֹּאַר (adjective), בָּא אַחֲרֵי שֵׁם הָעֶצֶם שֶׁאוֹתוֹ הוּא מְתָאֵר:

כַּוָּנָה אֲמִתִּית חֲשׁוּבָה בְּיוֹתֵר.

כַּוָּנָה, הַיּוֹצֵאת מֵהַלֵּב, חֲשׁוּבָה בְּיוֹתֵר.

אֵיךְ מְחַבְּרִים שְׁנֵי מִשְׁפָּטִים לְמִשְׁפָּט מֻרְכָּב אֶחָד?

הָאִישׁ הוּא חָסִיד. הָאִישׁ דִּבֵּר.

1. הַמִשְׁפָּט הַשֵּׁנִי, לְלֹא הַנּוֹשֵׂא, יוֹפִיעַ אַחֲרֵי שֵׁם הָעֶצֶם שֶׁהוּא מְתָאֵר בַּמִשְׁפָּט הָרִאשׁוֹן:

* הָאִישׁ, (הָאִישׁ) דִּבֵּר, הוּא חָסִיד.

2. מִלּוֹת הַקִּשּׁוּר הֵן: **אֲשֶׁר** הָאִישׁ, **אֲשֶׁר** דִּבֵּר, הוּא חָסִיד.

שֶׁ - הָאִישׁ, **שֶׁ**דִּבֵּר, הוּא חָסִיד.

(רַק בְּהוֹוֶה) הַ- הָאִישׁ, הַמְדַבֵּר, הוּא חָסִיד.

==

חבר כל זוג משפטים למשפט מרכב אחד, לפי הדוגמה:

האנשים הם חסידים. האנשים מִתְפַּלְּלִים בְּהִתְלַהֲבוּת רבה.

האנשים, ~~(האנשים)~~ הַמתפללים בהתלהבות רבה, הם חסידים.

1. היהודים מתנגדים לחסידות. היהודים חיים בווילנה.

2. הפולחן נוגד את רוח היהדות. הפולחן נֶעֱרָךְ סְביב הצדיק.

3. אני אוהב את הסיפורים. הסיפורים נִכְתְּבוּ על חסידים.

4. תפילה היא אֶמְצָעִי לאיחוד עם אלהים. התפילה נַעֲשֵׂית מתוך כוונה.

5. האיש מִתְפַּלֵּל בכוונה רבה. האיש עומד באמצע החדר.

6. המַאֲמינים עושים קְמֵיעות. קמיעות שומרים מִפְּנֵי רוחות רעות.

7. אתם מְבינים את פרוש המילים? המילים כתובות בַּפֶּרֶק האחרון בספר.

הַמִּסְפָּרִים בִּסְמִיכוּת

לִפְנֵי שֵׁמוֹת מְיֻדָּעִים, יוֹפִיעוּ הַמִּסְפָּרִים 2 - 10 בִּסְמִיכוּת

זָכָר	נְקֵבָה
שְׁנֵי	שְׁתֵּי
שְׁלֹשֶׁת	שְׁלֹשׁ
אַרְבַּעַת	אַרְבַּע
חֲמֵשֶׁת	חֲמֵשׁ
שֵׁשֶׁת	שֵׁשׁ
שִׁבְעַת	שְׁבַע
שְׁמֹנַת	שְׁמֹנֶה
תִּשְׁעַת	תְּשַׁע
עֲשֶׂרֶת	עֶשֶׂר

	עִם שֵׁם בִּלְתִּי מְיֻדָּע	עִם שֵׁם מְיֻדָּע
זָכָר	יֵשׁ שְׁלֹשָׁה עִתּוֹנִים בְּחַדְרִי.	קָרָאתִי אֶת שְׁלֹשֶׁת הָעִתּוֹנִים.
נְקֵבָה	הָיוּ שָׁלֹשׁ סוּפוֹת בַּחֹרֶף.	שְׁלֹשׁ הַסּוּפוֹת הָיוּ קָשׁוֹת.

גַּם לִפְנֵי מֵאוֹת וַאֲלָפִים יוֹפִיעוּ הַמִּסְפָּרִים בִּסְמִיכוּת:

שִׁבְעַת אֲלָפִים — שְׁבַע מֵאוֹת

תִּשְׁעַת אֲלָפִים — תְּשַׁע מֵאוֹת

אמור בסמיכות מיודעת:

1. יש ארבע עונות עיקריות בשנה. ________ ________ הן: חורף, אביב, קייץ וסתיו.
2. אני אוהב לעשות שלושה דברים: ________ ________ הם: לאכול לישון ולשׂחק.
3. ארבעה חברים גרים איתי בדירה: ________ ________ לומדים באוניברסיטה.
4. חמישה עצים גְּדֵלים בגינה. אחי ואני נָטַעְנוּ את ________ ________.
5. שישה אנשים ביקרו אצלי הקייץ. ________ ________ הם קרובֵי משפחה.
6. ראינו שלוש הצגות בחודש שעבר. ________ ________ היו מצויינות.

קריאה לשמה

הַבְּחִינָה שֶׁלָּנוּ

_מאת מַרְטִין בּוּבֶּר, מתוך "הָאוֹר הַגָּנוּז"

אמר רַבִּי יַעֲקֹב יִצְחָק ("היהודי מִפְּשִׁיסְכָה"):

- כל דבר בעולם יש לו בחינה, שעל יָדֶיהָ נִבְחָן טיבוֹ. ומה היא הבחינה של אדם מישראל? זוהי אַהֲבַת ישראל. אם רואה הוא שאהבת ישראל גְּדֵלָה בלִבּוֹ מיום ליום, הֲרֵיהוּ יודע שהוא מִתְעַלֶּה בעבודת הַשֵּׁם.

שעור י"ג

י. ל. פֶּרֶץ
אִם לֹא לְמַעְלָה מִזֶּה
(חֵלֶק א)

בְּכָל יְמוֹת הַ"סְּלִיחוֹת", בַּבֹּקֶר-בַּבֹּקֶר, נֶעֱלָם הָרַבִּי מִנֶּמִירוֹב. בְּנֵי בֵּיתוֹ מַשְׁכִּימִים לְ"סְלִיחוֹת", יוֹצְאִים וְעוֹזְבִים אֶת הַדֶּלֶת פְּתוּחָה אַחֲרֵיהֶם: בְּלִי סָפֵק יוֹצֵא גַּם הוּא אַחֲרֵיהֶם בְּעַצְמוֹ. וּמֵעוֹלָם לֹא רָאָה אוֹתוֹ אִישׁ, לֹא בַּחוּץ וְלֹא בְּבֵית הַכְּנֶסֶת אוֹ בְּבֵית הַמִּדְרָשׁ, וְלֹא אֵצֶל הַמִּנְיָנִים.

וְהִנֵּה, מַה שֶּׁהַפֶּתַח פָּתוּחַ -- אֵין בְּכָךְ כְּלוּם; אֶל בֵּית הַצַּדִּיק לֹא יָבוֹאוּ גַּנָּבִים; יִגַּע אֶחָד מֵהֶם בְּכַף הַמַּנְעוּל וּמֻבְטָח אֲנִי שֶׁתִּיבַשׁ יָדוֹ. אַךְ אַיֵּה הָרַבִּי?

וְאוֹמְרִים: בְּלִי סָפֵק בַּמָּרוֹם! הַיָּמִים -- יָמִים נוֹרָאִים, צָרְכֵי עַם יִשְׂרָאֵל מְרֻבִּים, צְרִיכִים לְפַרְנָסָה, לִבְרִיאוּת, לְיִרְאַת שָׁמַיִם וְיִרְאַת חֵטְא . . . וְהוֹלֵךְ וְקָרֵב יוֹם-הַדִּין, וּמִי יַעֲמֹד בְּיוֹם צַר, אִם לֹא קְדוֹשׁ יִשְׂרָאֵל מִנֶּמִירוֹב?

בְּלִי סָפֵק הוּא עוֹלֶה לַמָּרוֹם וּמִשְׁתַּטֵּחַ לִפְנֵי כִּסֵּא כְּבוֹדוֹ, וּמִתְפַּלֵּל עַל עַם יִשְׂרָאֵל.

<u>פרושי מלים וּבטויים</u>

"סְלִיחוֹת" - תְּפִלּוֹת מְיֻחָדוֹת לַחֹדֶשׁ שֶׁלִּפְנֵי יוֹם כִּפּוּר

לְהַשְׁכִּים - לָקוּם מֻקְדָּם בַּבֹּקֶר

מֵעוֹלָם - אַף פַּעַם בֶּעָבָר

בֵּית מִדְרָשׁ - מָקוֹם שֶׁבּוֹ לוֹמְדִים תַּלְמוּד

מִנְיָן - קְבוּצָה בַּת 10 גְּבָרִים הַמִּתְפַּלְּלִים יַחַד

אֵין בְּכָךְ כְּלוּם - זֶה לֹא עִנְיָן חָשׁוּב

גַּנָּב - אָדָם שֶׁלּוֹקֵחַ דְּבָרִים שֶׁאֵינָם שַׁיָּכִים לוֹ לְלֹא רְשׁוּת

מַנְעוּל - הַחֵלֶק שֶׁסּוֹגֵר הֵיטֵב (נוֹעֵל) אֶת הַדֶּלֶת

מֻבְטָח אֲנִי = אֲנִי בָּטוּחַ; אֵין לִי סָפֵק

אַךְ = אֲבָל

אַיֵּה = אֵיפֹה

פַּרְנָסָה = אֶמְצָעֵי לְקִיּוּם (עֲבוֹדָה, כֶּסֶף)

יִרְאָה = פַּחַד (יִרְאַת שָׁמַיִם = שְׁמִירַת מִצְווֹת)

לַעֲמֹד בַּצַּר = לִשְׁמֹר עַל, לְהָגֵן עַל

מִשְׁתַּטֵּחַ = נוֹפֵל עַל פָּנָיו; שׁוֹכֵב

לְהִתְפַּלֵּל עַל = לְהִתְפַּלֵּל בִּשְׁבִיל, לְבַקֵּשׁ מֵאֱלֹהִים מַשֶּׁהוּ טוֹב בִּשְׁבִיל מִישֶׁהוּ

סמן ב-x את ההצהרות הנכונות:

1. ___ בימי ה"סליחות", יהודים משכימים לתפילות.
2. ___ הרבי מנמירוב מתפלל בבית המדרש בימי ה"סליחות".
3. ___ גנבים לא באים לבֵית הצדיק, מפני שהדלת נְעוּלָה.
4. ___ הרבי נֶעלָם בשעת התפילה.
5. ___ הרבי עולה למרום, כי הוא אדם קדוש.
6. ___ יום הדין הוא שֵׁם לראש השנה.
7. ___ יום צַר הוא יום מִבְחָן.
8. ___ "כיסא כבודו" הוא הכיסא הנוֹחַ של הצדיק.
9. ___ הימים הנוראים הם הימים שבֵּין ראש השנה ליום כיפור.
10. ___ הרבי מנמירוב מבקֵש פרנסה ובריאות בשביל היהודים.

ענה על השאלות:

1. מה השֵׁם המיוחד של התפילות לתקופה של יום כיפור?
2. איזה שֵׁם נוֹסָף אתה יודע ל"יום כיפור"?
3. מדוע בטוחים החסידים שהרבי מתפלל, ולא עושה משהו אחֵר?
4. מדוע לא יבואו גנבים לביתו של הצדיק?
5. מה יקרֶה לגנב אם הוא יִכָּנֵס לביתו של הצדיק?
6. מי עומד לחסידים בצַר בדרך כלל? אֵיךְ?
7. מהם הצְרָכִים של עם ישראל?
8. מדוע חשוב כל כך להתפלל על עם ישראל בימים הנוראים?

ה פ ּ ע ל

בִּנְיָן נִפְעַל - גִּזְרַת ל"ה

שם הפעל: לְהִקָּנוֹת •(לְהֵהָנוֹת) **/לְהֵעָשׂוֹת

הווה:	יחיד	נִקְנֶה	(נֶהֱנֶה)	/נַעֲשֶׂה
	יחידה	נִקְנֵית	(נֶהֱנֵית)	/נַעֲשֵׂית
	רבים	נִקְנִים	(נֶהֱנִים)	/נַעֲשִׂים
	רבות	נִקְנוֹת	(נֶהֱנוֹת)	/נַעֲשׂוֹת

עבר	אני	נִקְנֵיתִי	(נֶהֱנֵיתִי)	/נַעֲשֵׂיתִי	אנחנו	נִקְנֵינוּ	(נֶהֱנֵינוּ)	/נַעֲשֵׂינוּ
	אתה	נִקְנֵיתָ	(נֶהֱנֵיתָ)	/נַעֲשֵׂיתָ	אתם	נִקְנֵיתֶם	(נֶהֱנֵיתֶם)	/נַעֲשֵׂיתֶם
	את	נִקְנֵית	(נֶהֱנֵית)	/נַעֲשֵׂית				
	הוא	נִקְנָה	(נֶהֱנָה)	/נַעֲשָׂה	הם	נִקְנוּ	(נֶהֱנוּ)	/נַעֲשׂוּ
	היא	נִקְנְתָה	(נֶהֶנְתָה)	/ נַעַשְׂתָה				

עתיד	אני	אֶקָּנֶה	(אֵהָנֶה)	אנחנו	נִקָּנֶה	(נֵהָנֶה)
	אתה	תִּקָּנֶה	(תֵּהָנֶה)	אתם	תִּקָּנוּ	(תֵּהָנוּ)
	את	תִּקָּנִי	(תֵּהָנִי)			
	הוא	יִקָּנֶה	(יֵהָנֶה)	הם	יִקָּנוּ	(יֵהָנוּ)
	היא	תִּקָּנֶה	(תֵּהָנֶה)			

צווי:	(אתה)	הִקָּנֵה	(הֵהָנֵה)
	(את)	הִקָּנִי	(הֵהָנִי)
	(אתם)	הִקָּנוּ	(הֵהָנוּ)

* בשם הפועל, בעתיד ובצווי, הצורות נכונות לפעלי פ - גרונית או פ"ר.
בעבר ובעתיד, הצורות נכונות לפעלי פ"א, פ"ה ו - פ"ח.

** נכון לפעלי פ"ע

שם הפעולה: הִקָּנוּת, הֵעָשׂוּת

נְטִיַּת "עַל יְדֵי"

(אני)	עַל-יָדַי	(אנחנו)	עַל-יָדֵינוּ
(אתה)	עַל-יָדֶיךָ	(אתם)	עַל-יְדֵיכֶם
(את)	עַל-יָדַיִךְ	(אתן)	עַל-יְדֵיכֶן
(הוא)	עַל-יָדָיו	(הם)	עַל-יְדֵיהֶם
(היא)	עַל-יָדֶיהָ	(הן)	עַל-יְדֵיהֶן

הפוך מפעיל לסביל:

1. אני בונה בית.
2. אתה קונה דירה.
3. את שתית את החלב.
4. הוא בנה סירה.
5. היא קנתה ספרים.
6. אנחנו שותים מיץ.
7. אתם עֲשִׂיתם רעש.
8. הם עשׂו פעולה.

מצא את כל הסמיכויות בקטע הראשון ב"אם לא למעלה מזה", ופרק אותן (גם אם התוצאה איננה עברית טובה, כמו--למשל--"הבית של הספר"):

1. ______________________________
2. ______________________________
3. ______________________________
4. ______________________________

התכונן לספר את תוכן החלק הראשון בסיפור במילים מִשֶּׁלְּךָ.

שעור י"ד

סיכום חלק א ב"אם לא למעלה מזה"

ספר את תוכן החלק הראשון בסיפור מבלי להיעזר בטקסט.

מהן ה"סליחות"? מתי הן נאֱמרות?

הסבר בעברית את פרוש המילים:

מִנְיָן, בית מדרש, יראת שמיים, חֵטְא, יום הדין,

כיסא כבודו; להשכים, גנב, פרנסה

מי אומר ("ואומרים . . .") שהצדיק במרום?

אִם לֹא לְמַעְלָה מִזֶּה
(חלק ב)

וְהִנֵּה בָּא לְנֶמִירוֹב "מִתְנַגֵּד" מִלִּיטָא וַיִּמָּלֵא פִּיו צְחוֹק. וּמְצַחֵק הַלִּיטָאִי וּמַרְאֶה בְּאֶצְבַּע גְּמָרָא מְפֹרֶשֶׁת שֶׁגַּם משֶׁה רַבֵּינוּ, עָלָיו הַשָּׁלוֹם, לֹא עָלָה לַשָּׁמַיִם -- וְהַצַּדִּיק מִנֶּמִירוֹב לֹא כָּל שֶׁכֵּן.

"וְאִם כֵּן, אֵיפֹה הוּא הָרַבִּי בִּשְׁעַת סְלִיחוֹת?"

וְהַלִּיטָאִי אוֹמֵר שֶׁיֵּשׁ לוֹ עָלָיו שְׁאֵלוֹת קָשׁוֹת מִזּוֹ . . .

וּבְאוֹתוֹ רֶגַע הֶחֱלִיט לַחֲקֹר שֹׁרֶשׁ דָּבָר.

וְעוֹד בְּאוֹתוֹ יוֹם, בֵּין "מִנְחָה" לְ"מַעֲרִיב", הִתְגַּנֵּב הַלִּיטָאִי אֶל חֲדַר מִשְׁכָּבוֹ שֶׁל הַצַּדִּיק וַיִּשְׁכַּב תַּחַת מִטָּתוֹ . . . וְאֵינוֹ מִתְיָרֵא, הֲלֹא לִיטָאִי הוּא! בּוֹחֵר הוּא לוֹ אֵיזוֹ מַסֶּכֶת וְלוֹמֵד אוֹתָהּ בְּעַל-פֶּה. וְשָׁכַב כָּל הַלַּיְלָה וְלָמַד בְּעַל-פֶּה!

בְּשָׁעָה קֹדֶם שֶׁקָּרְאוּ לְ"סְלִיחוֹת", הִרְגִּישׁ הַלִּיטָאִי שֶׁהַצַּדִּיק מִתְהַפֵּךְ עַל מִשְׁכָּבוֹ, שֶׁהוּא נֶאֱנָח וְגוֹנֵחַ, גּוֹנֵחַ וְנֶאֱנָח. וְהִנֵּה יָדוּעַ, שֶׁאַנְחוֹתָיו שֶׁל הַצַּדִּיק מִנֶּמִירוֹב הָיוּ מְלֵאוֹת צַעַר וְכָל הַשּׁוֹמֵעַ הָיָה גּוֹעֶה מַמָּשׁ בִּבְכִי, וְזֶה אֵינוֹ מַפְסִיק מִלִּמּוּדוֹ בְּלַחַשׁ.

פרושי מלים ובטויים

מְלֵא פִּיו צְחוֹק = צָחַק בְּפֶה מָלֵא; צָחַק צְחוֹק גָּדוֹל

גְּמָרָא = חֵלֶק מֵהַתַּלְמוּד (הַתַּלְמוּד מֻרְכָּב מִמִּשְׁנָה וּגְמָרָא)

מְפֹרָשׁ = עִם פֵּרוּשׁ; בָּרוּר

עָלָיו הַשָּׁלוֹם = בִּטּוּי שֶׁאוֹמְרִים עַל אָדָם אָהוּב שֶׁמֵּת

לֹא כָּל שֶׁכֵּן = וַדַּאי וּוַדַּאי!

בְּאוֹתוֹ רֶגַע = בָּרֶגַע הַהוּא עַצְמוֹ

לַחֲקֹר = לִבְדֹּק, לְגַלּוֹת

שֹׁרֶשׁ דָּבָר = סִבָּה; מְקוֹר הַדָּבָר

מִתְיָרֵא, יָרֵא = פּוֹחֵד

מַסֶּכֶת = חֵלֶק (כְּמוֹ פֶּרֶק) בַּתַּלְמוּד, הָעוֹסֵק בְּנוֹשֵׂא עִקָּרִי מְיֻחָד

בְּעַל פֶּה = מֵהַזִּכָּרוֹן; לְלֹא קְרִיאָה

מִתְהַפֵּךְ = מִסְתּוֹבֵב מִצַּד אֶל צַד

גּוֹנֵחַ = נֶאֱנָח אֲנָחָה עֲמֻקָּה

גּוֹעֶה = פּוֹרֵץ בְּקוֹל (בְּכִי, צְחוֹק)

מַמָּשׁ = בֶּאֱמֶת

סמן ב-x את ההצהרות הנכונות:

1. ___ המתנגד צחק כשאמרו לו שהצדיק עלה למרום.
2. ___ המתנגד צחק כשאמרו לו שמשה רבינו עלה למרום.
3. ___ הליטאי אמר שמשה רבינו היה צדיק יותר מהרבי מנמירוב.
4. ___ הליטאי רצה לדבר עם הרבי ולשאול אותו שאלות קשות.
5. ___ הליטאי נכנס לבית הצדיק ללא רְשוּת.
6. ___ המתנגד שכב במיטתו של הצדיק.
7. ___ המתנגד קרא בתלמוד במשך הלילה.
8. ___ המתנגד נאנח, כי לא היה לו נוח בִּמְקוֹם משכבו.
9. ___ כל השומע את אנחות הצדיק היה בוכה.
10. ___ הליטאי התרגש מאוד כשהוא שמע את אנחות הצדיק.

ענה על השאלות:

1. מדוע צחק הליטאי לחסידים?
2. האם הליטאי היה מלומד בתורה? נַמֵּק את תשובתך.
3. מדוע לא פחד הליטאי להתגנב אל בית הצדיק?
4. מדוע למד המתנגד כל הלילה?
5. מדוע הוא למד בלחש?
6. מדוע נאנח הצדיק בִּשְׁנָתוֹ?

+*

וו הַהִפּוּךְ

(conversive Vav)

בְּעִבְרִית שֶׁל הַתַּנַ"ךְ (עִבְרִית תַּנַכִ"ית), וו הַהִפּוּךְ הוֹפֶכֶת עָבָר לְעָתִיד, וְעָתִיד לְעָבָר:

עָבָר לְעָתִיד: וְדִבַּרְתָּ = אַתָּה תְּדַבֵּר

עָתִיד לְעָבָר: וַיִּשְׁכַּב = הוּא שָׁכַב

הַפֹּעַל בָּא לִפְנֵי הַנּוֹשֵׂא:

הָאִישׁ **שָׁכַב** בַּמִּטָּה = **וַיִּשְׁכַּב** הָאִישׁ בַּמִּטָּה

הָאִשָּׁה **הָלְכָה** לְבֵיתָהּ = **וַ תֵּלֶךְ** הָאִשָּׁה לְבֵיתָהּ

אַחֲרֵי וו הַהִפּוּךְ מֵעָתִיד לְעָבָר בָּא דָּגֵשׁ חָזָק: וַנְּדַבֵּר

לִפְנֵי **א**, בָּא תַּשְׁלוּם דָּגֵשׁ: **וָ**אֲדַבֵּר

+*

אמור בעזרת וו ההיפוך (1):

1. הצדיק עָלָה למרום.
2. החֲכמים יָצאו מבית המדרש.
3. קָדוש ישראל קם ל"סליחות".
4. הגנב נגע במנעול.
5. הליטאי עמד בפֶּתח הבית.

* *

מְעַט נִקּוּד

בְּ, לְ, כְּ הוֹפְכוֹת לְ-בִּ, לִ, כִּ לִפְנֵי שְׁוָא:

בִּקְבוּצָה, לִקְבוּצָה, כִּקְבוּצָה

-- יְ בְּרֹאשׁ מִלָּה מְאַבֶּדֶת אֶת הַשְּׁוָא:

בִּיהוּדָה, לִיהוּדָה, כִּיהוּדָה

בְּ, לְ, כְּ מְקַבְּלוֹת אֶת תְּנוּעַת הַחֲטָף לִפְנֵי חֲטָף:

בַּעֲבוֹדָה, בֶּאֱמֶת, בָּחֳדָשִׁים

לַעֲבוֹדָה, לֶאֱמֶת, לָחֳדָשִׁים

כַּעֲבוֹדָה, כֶּאֱמֶת, כָּחֳדָשִׁים

אַחֲרֵי מִ-, יְ אֵינָהּ מְקַבֶּלֶת דָּגֵשׁ וּמְאַבֶּדֶת

אֶת הַשְּׁוָא:

מִירוּשָׁלַיִם, מִימִינוֹ

* *

השלם את הניקוד החסר:

1. בחֳדָשִׁים אֵלֶּה אֲנַחְנוּ עֲסוּקִים בּרִיצָה מִישִׁיבָה אַחַת לשְׁנִיָּה.
2. המֶּרְחָק מירִיחוֹ לירוּשָׁלַיִם קָטָן יוֹתֵר מהמֶּרְחָק מירוּשָׁלַיִם לעֲפוּלָה.
3. הֵם מַאֲמִינִים בּכָל לֵב ובאֱמוּנָה שְׁלֵמָה בקְדוּשַּׁת הרַבִּי.

התבונן לספר את תוכן החלק השני בסיפור במילים משלך.

שעור ט"ו

סיכום חלק ב ב"אם לא למעלה מזה"

ספר את תוכן החלק השני בסיפור.

מתי מתפללים "מִנחה"? מתי מתפללים "מעריב"?

איך נכנַס הליטאי לבית הצדיק?

הסבר בעברית את הביטויים:

מְלא פיו צחוק, לא כל שֶׁכֵּן, בְּעל-פֶּה

אִם לֹא לְמַעְלָה מִזֶּה

(חֵלֶק ג)

וּשְׁנֵיהֶם שׁוֹכְבִים: הָרַבִּי עַל הַמִּטָּה, וְהַלִּיטָאִי תַּחַת הַמִּטָּה.

כְּשֶׁקָּרְאוּ לִ"סְלִיחוֹת", שָׁמַע הַלִּיטָאִי וְהִנֵּה רַבְּתָה הַתְּנוּעָה בַּחֲדָרִים הַסְּמוּכִים. בְּנֵי הַבַּיִת יוֹרְדִים מִמִּטּוֹתֵיהֶם, מַעֲלִים הֵם נֵרוֹת וְנוֹטְלִים אֶת יְדֵיהֶם, וּמִתְלַבְּשִׁים, וְהוֹלְכִים, וּפוֹתְחִים אֶת הַדְּלָתוֹת . . . וְאַחֲרֵי כֵן שָׁב הַכֹּל לִמְנוּחָתוֹ, וְהָאוֹר שֶׁנִּזְרַע מִן הַחֲדָרִים הַסְּמוּכִים דָּעַךְ, וְהוּא נִשְׁאַר לְבַדּוֹ עִם הָרַבִּי בַּבַּיִת.

אַחֲרֵי כֵן הוֹדָה וְלֹא בוֹשׁ שֶׁבְּאוֹתוֹ הָרֶגַע נָפְלָה עָלָיו אֵימָה גְדוֹלָה. כִּי לֹא דָּבָר רֵיק הוּא לְהִתְבּוֹדֵד עִם הַצַּדִּיק בִּשְׁעַת "סְלִיחוֹת"! אֲבָל הַלִּיטָאִי עַקְשָׁן הוּא -- רוֹעֵד בְּכָל גּוּפוֹ וְשׁוֹכֵב! . .

בֵּינְתַיִם קָם הַצַּדִּיק מִמִּשְׁכָּבוֹ.

וְקָם וְעָשָׂה מַה שֶּׁעָשָׂה, וְנִגַּשׁ אֶל אֲרוֹן הַבְּגָדִים, וְהוֹצִיא מִשָּׁם חֲבִילַת בְּגָדִים שׁוֹנִים: מִכְנְסֵי בַּד לְבָנִים רְחָבִים וּקְצָרִים, מַגָּפַיִם גְּדוֹלִים, אַדֶּרֶת שֵׂעָר עָבָה, וּמִצְנֶפֶת שֵׂעָר גְּבוֹהָה, וַחֲגוֹרַת עוֹר -- בִּגְדֵי אִכָּר!

וּבְאוֹתָם בְּגָדִים הִתְלַבֵּשׁ הַצַּדִּיק, וּמִכִּיס אַדַּרְתּוֹ יָצָא קְצֵה חֶבֶל עָבֶה . . . וְהַלִּיטָאִי אֵינוֹ מַאֲמִין לְמַרְאֵה עֵינָיו, וְהוּא חוֹשֵׁב שֶׁנִּרְדַּם בַּלַּיְלָה וְרוֹאֶה חֲלוֹם . . .

וְהָרַבִּי יוֹצֵא מֵחַדְרוֹ, וְהַלִּיטָאִי קָם בַּלָּאט וְהוֹלֵךְ אַחֲרָיו, כְּאוֹתוֹ הַצֵּל הַהוֹלֵךְ אַחֲרֵי הָאָדָם.

וְהָרַבִּי עוֹבֵר מֵחֶדֶר לְחֶדֶר וּבָא לַחֲדַר הַבִּשּׁוּל, וְכוֹפֵף רֹאשׁוֹ מִתַּחַת לְמִטַּת הַמְּבַשֶּׁלֶת, וּמוֹצִיא גַּרְזֶן וְתוֹקֵעַ אוֹתוֹ לְתוֹךְ אֵזוֹרוֹ וְיוֹצֵא אֶת הַבַּיִת.

וְהַלִּיטָאִי אַחֲרָיו, אַף כִּי כְּבָר עָלָה עַל לִבּוֹ דְּבַר בְּלִיַּעַל, כִּי הָרַבִּי צַדִּיק הוּא בַּיּוֹם וְגַזְלָן בַּלַּיְלָה . . .

<u>פרושי מלים ובטויים</u>

סָמוּךְ = קָרוֹב

נָטַל יָדַיִם = רָחַץ יָדַיִם; עָשָׂה "נְטִילַת יָדַיִם"

זָרַע = פִּזֵּר; שָׂם זְרָעִים בָּאֲדָמָה כְּדֵי שֶׁיִּגְדְּלוּ צְמָחִים חֲדָשִׁים

דָּעַךְ = נֶחֱלַשׁ מְאֹד

הוֹדָה וְלֹא בוֹשׁ = סִפֵּר אֶת הָאֱמֶת (לַמְרוֹת שֶׁלֹּא הָיָה לוֹ נָעִים לְסַפֵּר)

אֵימָה = פַּחַד גָּדוֹל

דָּבָר רֵיק = דָּבָר חֲסַר חֲשִׁיבוּת

הִתְבּוֹדֵד = הָיָה לְבַד

עַקְשָׁן = לֹא מְשַׁנֶּה אֶת דַּעְתּוֹ; לֹא מְוַתֵּר

בַּד = חֹמֶר שֶׁמִּמֶּנּוּ תּוֹפְרִים בְּגָדִים, עוֹשִׂים מִפְרָשִׂים, וְעוֹד

אַדֶּרֶת = מְעִיל עָבֶה וְחַם

מִצְנֶפֶת = כּוֹבַע

כִּיס = מָדוֹר בַּלְּבוּשׁ שֶׁאֶפְשָׁר לָשִׂים בּוֹ כֶּסֶף, מַפְתְּחוֹת, וְעוֹד

בַּלָּאט = בְּשֶׁקֶט, בְּסֵתֶר

בִּשּׁוּל = הֲכָנַת אֹכֶל בְּמַיִם חַמִּים אוֹ בְּתַנּוּר

כּוֹפֵף = הוֹרִיד

אֵזוֹר = חֲגוֹרָה

אַף כִּי = לַמְרוֹת שֶׁ-

דְּבַר בְּלִיַּעַל = דָּבָר לֹא טוֹב; רַעְיוֹן שֶׁל רֹעַ לֵב

סמן ב-x את ההצהרות הנכונות:

1. ____ הצדיק והליטאי שכבו במיטה.

2. ____ קראו ל"סליחות", עוד לפני שהשמש זרחה.

___ 3. הליטאי פחד כשהוא נשאר לבדו עם הצדיק.

___ 4. הליטאי רעד מקור.

___ 5. הצדיק הדליק נרות.

___ 6. הליטאי לא ברח מבית הצדיק, כי הוא היה עקשן.

___ 7. הצדיק לבש בִּגְדֵי איכרים.

___ 8. הצדיק קשר את הליטאי בחבל עבָה.

___ 9. הליטאי נרדם וראה חלום.

___ 10. הליטאי מצא גרזן מתחת למיטת הצדיק.

השלם בגלל, מפני ש-, למרות או למרות ש-:

1. למרות שהצדיק נאנח ___________________

2. לא היה אפשר לשמוע דבר, ___________ הרַעַשׁ מהבתים הסמוכים.

3. ודאי הרבי מתפלל, ___________ איש לא רואה אותו.

4. הליטאי רועד , ___________ הוא פוחד להתבודד עם הרבי.

5. הצדיק גנח ונאנח, ___________ הדאגה שלו לעם ישראל.

6. הליטאי לא בכה, ___________ הצער הרב שמִלֵא את אנחות הצדיק.

7. החסידים מאמינים שהרבי בשמיים, ___________ הוא צדיק.

8. ___________ הליטאי היה איש דתי, הוא לא האמין שהרבי במרום.

9. אם ידו של הגנב תיבַשׁ, זה יהיה ___________ חֶטְאו נגד אדם קדוש.

10. הרבי נעלם מבית הכנסת, ___________ חשיבות התפילות בימים הנוראים.

ענה על השאלות:

1. מי עשה רעש בחדרים הסמוכים לחדרו של הצדיק?
2. מדוע נעשה פתאום שֶׁקט?
3. מה קרה לאור מהחדרים הסמוכים?
4. מדוע רעד הליטאי בכל גופו?
5. מהם בגדי האיכר, שהצדיק לבש?
6. מדוע חשב הליטאי שהוא חולם?
7. איך קוראים לחדר בישול מודרני?
8. מה היתה המחשבה הרעה שעלתה בלֵב הליטאי?

ה פֹ ע ל

בִּנְיָן נִפְעַל - גִּזְרַת ל״א

שם פעל		לְהִמָּצֵא		
הווה	יחיד	נִמְצָא		
	יחידה	נִמְצֵאת		
	רבים	נִמְצָאִים		
	רבות	נִמְצָאוֹת		
עבר	אני	נִמְצֵאתִי	אנחנו	נִמְצֵאנוּ
	אתה	נִמְצֵאתָ	אתם/ן	נִמְצֵאתֶם/ן
	את	נִמְצֵאת		
	הוא	נִמְצָא	הם	נִמְצְאוּ
	היא	נִמְצְאָה		
עתיד	אני	אֶמָּצֵא	אנחנו	נִמָּצֵא
	אתה	תִּמָּצֵא	אתם/ן	תִּמָּצְאוּ
	את	תִּמָּצְאִי		
	הוא	יִמָּצֵא	הם	יִמָּצְאוּ
	היא	תִּמָּצֵא		
צווי	(אתה)	הִמָּצֵא		
	(את)	הִמָּצְאִי		
	(אתם)	הִמָּצְאוּ		

שם הפעולה: הִמָּצְאוּת

הפוך לסביל:

1. אני קורא ספר.
2. את מוצאת דירה.
3. הוא יקרא את העיתון.
4. נמצא את הילדה.
5. קוראים לתפילות האלה "סליחות".

התבונן לספר את החלק השלישי בסיפור במילים משלך.

שעור ט"ז

סיכום חלק ג ב"אם לא למעלה מזה"

ספר את תוכן החלק השלישי בסיפור.
מהם הקטעים המצחיקים במיוחד בחלק ג?
מהם הקטעים המפחידים בחלק ג?
הסבר בעברית את הביטויים:
הודה ולא בוש, נפלה עליו אימה, לא דבר ריק הוא
דבר בליעל

אִם לֹא לְמַעְלָה מִזֶּה
(חֵלֶק ד)

וְהוֹלֵךְ הָרַבִּי בַּלָּאט וּבְצִדֵּי הָרְחוֹבוֹת, וְאֵימַת הַ"יָּמִים הַנּוֹרָאִים" מְרַחֶפֶת בַּחוּץ, וּפַעַם בְּפַעַם יוֹצֵאת מֵאֵיזֶה בַּיִת אַנְחַת חוֹלֶה אוֹ פִּזְמוֹן שֶׁל "סְלִיחוֹת", וְהָרַבִּי צוֹלֵל בְּצִלְלֵי הַבָּתִּים וְיוֹצֵא לְאוֹר הַלְּבָנָה בֵּין בַּיִת לְבַיִת, וְהַלִּיטָאִי אַחֲרָיו . . . וְלִבּוֹ דוֹפֵק כְּהֵד לְכָל פְּסִיעָה וּפְסִיעָה שֶׁל הַצַּדִּיק. וְהִנֵּה הָרַבִּי יָצָא אֶת הָעִיר. וְסָמוּךְ לָעִיר -- יַעַר. וְהַצַּדִּיק נִכְנַס לְתוֹךְ הַיַּעַר, וּפָסַע כִּשְׁלֹשִׁים-אַרְבָּעִים פְּסִיעוֹת בְּתוֹךְ הַיַּעַר, וְנִגַּשׁ אֶל אִלָּן רַךְ, וְהוֹצִיא אֶת הַגַּרְזֶן מֵאֲזוֹרוֹ וְהֵנִיפוֹ, וַיַּךְ בָּעֵץ פַּעַם, פַּעֲמַיִם וְשָׁלֹשׁ, עַד כִּי נָפַל הָעֵץ . . .

וְהַלִּיטָאִי עוֹמֵד מֵרָחוֹק וְרוֹאֶה אֵיךְ שֶׁהַצַּדִּיק חוֹטֵב אֶת הָעֵץ לִגְזָרִים, וְשֶׁהוּא מוֹצִיא מִכִּיס אַדַּרְתּוֹ חֶבֶל אָרֹךְ, וְעוֹשֶׂה מֵהֶם חֲבִילָה, וְתוֹקֵעַ אֶת הַגַּרְזֶן בַּאֲזוֹרוֹ, וּמַעֲמִיס אֶת הַחֲבִילָה עַל כְּתֵפָיו, וְיוֹצֵא אֶת הַיַּעַר וְשָׁב הָעִירָה.

כָּפוּף הוֹלֵךְ הָרַבִּי תַּחַת מַשָּׂאוֹ, וְהַלִּיטָאִי אַחֲרָיו.

"הַאִם לֹא יָצָא הַזָּקֵן מִדַּעְתּוֹ?"

וְהַצַּדִּיק עוֹשֶׂה אֶת דַּרְכּוֹ בַּלָּאט, וּבָא לְאֵיזוֹ סִמְטָה חֲשׁוּכָה, וְנִגָּשׁ אֶל בַּיִת קָטָן וְרָעוּעַ וַיַּעֲמֹד מֵאַחֲרֵי הַחַלּוֹן וַיִּדְפֹּק בְּשִׁמְשׁוֹתָיו בַּלָּאט.

וְהַלִּיטָאִי שׁוֹמֵעַ, שֶׁמִּתּוֹךְ הַבַּיִת קוֹרֵא קוֹל אִשָּׁה חוֹלָנִית:

"מִי שָׁם?"

וְשֶׁהַצַּדִּיק עוֹנֶה בִּלְשׁוֹן נָכְרִים:

"יָאוּ!" (אֲנִי)

"קְטוֹ יָא?" (מִי אֲנִי?)

וְהַצַּדִּיק עוֹנֶה:

"וַסִיל."

וְהַצַּדִּיק אוֹמֵר לָהּ, וְהַכֹּל בִּלְשׁוֹן אִכָּרִים, שֶׁיֵּשׁ לוֹ חֲבִילַת עֵצִים לִמְכִירָה, וְשֶׁיִּמְכֹּר לָהּ בְּזוֹל.

וְאֵינוֹ מְחַכֶּה לְמַעֲנֵה הָאִשָּׁה, וְעוֹבֵר אֶל הַדֶּלֶת, וּפוֹתֵחַ אוֹתָהּ, וְנִכְנָס לַבַּיִת. וְהַלִּיטָאִי מִתְגַּנֵּב אַחֲרָיו.

<u>פרושי מלים ובטויים</u>

רִחֵף = עָף לְאַט בָּאֲוִיר

פַּעַם בְּפַעַם = מִדֵּי פַּעַם, מִפַּעַם לְפַעַם, לִפְעָמִים

פִּזְמוֹן = תְּפִלָּה שֶׁיֵּשׁ בָּהּ חֲלָקִים שֶׁחוֹזְרִים עַל עַצְמָם; שִׁיר

צָלַל = יָרַד לָעֹמֶק (אֶל מִתַּחַת לַמַּיִם)

לְבָנָה = יָרֵחַ

פְּסִיעָה = צַעַד

יַעַר = מָקוֹם שֶׁגְּדֵלִים בּוֹ עֵצִים

אַלּוֹן = מִין עֵץ

רַךְ = צָעִיר, קָטָן

הֵנִיף (נוף) = הֵרִים בָּאֲוִיר

וַיַּךְ = הִכָּה = פָּגַע קָשֶׁה; דָּפַק

חָטַב = שָׁבַר בְּגַרְזֶן

גֶּזֶר, גְּזָרִים = חֵלֶק קָטָן, חֲתִיכָה

הֶעֱמִיס = שָׂם מַשֶּׁהוּ כָּבֵד עַל (מַשֶּׁהוּ/מִישֶׁהוּ)

כָּתֵף, כְּתֵפַיִם = הַחֵלֶק הָרָחָב בַּגּוּף, בֵּין הַצַּוָּאר וְהַגַּב

מַשָּׂא = דָּבָר כָּבֵד, שֶׁמַּעֲבִירִים מִמָּקוֹם לְמָקוֹם

יָצָא מִדַּעְתּוֹ = הִשְׁתַּגֵּעַ

סִמְטָה = רְחוֹב צַר

רָעוּעַ = עוֹמֵד לִנְפֹּל, יָשָׁן וְלֹא חָזָק

שִׁמְשָׁה = זְכוּכִית בְּדֶלֶת אוֹ חַלּוֹן

לָשׁוֹן = שָׂפָה

נָכְרִים = לֹא יְהוּדִים

מַעֲנֶה = תְּשׁוּבָה

סמן ב-x את ההצהרות הנכונות:

___ 1. הרבי והליטאי הולכים בחושך.

___ 2. הרחובות ריקים ושקטים.

___ 3. לב הליטאי דופק כהֵד לכל צעד של הצדיק.

___ 4. החולים שָׁרים פִּזמונים.

___ 5. הלבָנה נותנת אור ביום.

___ 6. הרבי יצא מן העיר ובא אל שָׂדֶה גדול.

___ 7. יהודים תמיד אהבו לטייל ביער בלילה.

___ 8. הצדיק חטב את האלון לגזרים.

___ 9. הרבי קשר את הגזרים בחבל.

___ 10. הרבי העמיס את חבילת העצים על כִּתְפֵי הליטאי.

___ 11. הליטאי חשב שהצדיק השתגע.

___ 12. הצדיק הגיע לאזור עני מאוד.

___ 13. הצדיק דפק על דלת ביתה של אישה.

___ 14. הצדיק דיבר באוקראינית או בפולנית.

___ 15. וסיל הוא שם לא יהודי.

מִשְׁפַּט תְּנַאי מַמָּשִׁי

(real condition)

מִשְׁפָּט בּוֹ הַתְּנַאי כְּבָר הִתְמַמֵּשׁ אוֹ יָכוֹל לְהִתְמַמֵּשׁ נִקְרָא מִשְׁפַּט תְּנַאי מַמָּשִׁי.

א. מִלַּת הַקֶּשֶׁר הִיא **אִם**

ב. כְּשֶׁעָתִיד מוֹפִיעַ בַּמִּשְׁפָּט הַטָּפֵל, יוֹפִיעַ עָתִיד גַּם בַּמִּשְׁפָּט הָעִקָּרִי:

אִם תִּלְמַד, תֵּדַע.

השלם את משפטי התנאי הבאים:

1. אם הרבי ילך לבית המדרש, (אנחנו) __________ אותו.
2. אם הרבי ילך להתפלל, הוא וודאי __________ מהבית אחרי אישתו.
3. אם גנב יגע בידית דלתו של הצדיק, אין לי ספק שידו __________.
4. אם לא נקים צבא חזק, מי __________ לנו בזמן מלחמה?
5. אם ביתך יהיה פתוח בערב, __________ גנבים!
6. אם אנחנו לא נעשה משהו, שום דבר לא __________.

השלם את המילים החסרות:

בימים שלפני יום הכיפורים, כל יהודי העיר משכימים ל"סליחות". הם יוצאים מ______ יהם בשעדיין חושך בחוץ; אבל __________ אינו יודע היכן הרבי בשעות המוקדמות של היום, כי הרבי __________ החסידים רואים ברבי איש ______, ולכן אין להם סָפֵק שהוא עושה את מה שדרוש בימים ה______ ומה חשוב לעשות בימים אלה? __________, במובן. אבל הרבי איננו בשום מניין, ולכן החסידים מאמינים שהוא ב______ הוא לא רק מתפלל, אלא ממש __________ לפני __________ ומבקש ממנו לָתֵת לעם ישראל שלום, בריאות, ו__________.

+

וַו הַהִפּוּךְ מֵעָבָר לֶעָתִיד

נִקּוּד וַו הַהִפּוּךְ מֵעָבָר לֶעָתִיד זֵהֶה לְנִקּוּד וַו הַחִבּוּר:

וְ בְּדֶרֶךְ כְּלָל, חוּץ מֵאֲשֶׁר:

וּ לִפְנֵי **ב, ו, מ, פ, ושוא**

וִ לִפְנֵי **י** (הַ-י מְאַבֶּדֶת אֶת הַשְּׁוָא)

וַ לִפְנֵי **חֲטַף פַּתָּח**

וֶ לִפְנֵי **חֲטַף סֶגּוֹל**

וָ לִפְנֵי **חֲטַף קָמָץ**

**+*

אמור בעזרת וו ההפוך:

1. אשמע את אנחתכם.
2. תשמרו את יום השבת.
3. תעשו את מצוות אלהים.
4. תדעו כי אני אדוני אלוהיכם.

התכונן לספר את החלק הרביעי בסיפור במילים משלך.

שעור י"ז

סיכום חלק ד ב"אם לא למעלה מזה"

ספר את תוכן החלק הרביעי בסיפור.
הסבר בעברית את הביטויים:

אֵימה מרחפת בחוץ, יצא מדעתו

ספור את הפעלים המיוחסים לצדיק בקטע ד ______, למתנגד ______
איך מחַזֵק מספר הפעלים את הרושם שהליטאי נוהג כ"צל", ושליבו דופק כ"הד"?

אִם לֹא לְמַעְלָה מִזֶּה
(סוֹף)

לְאוֹר הַלְּבָנָה רוֹאֶה הוּא חֶדֶר קָטָן וְנָמוּךְ, שִׁבְרֵי כְּלֵי בַּיִת, וּבַמִּטָּה -- אִשָּׁה חוֹלָנִית מְכֻסָּה בִּבְלוֹיֵי סְחָבוֹת.

וְהַחוֹלָנִית שׁוֹאֶלֶת בַּאֲנָחָה:

"אֲבָל בַּמֶּה אֶקְנֶה, וַסִּיל? אֵין כֶּסֶף לְאַלְמָנָה עֲנִיָּה!"

וְהַצַּדִּיק הַמִּתְחַפֵּשׂ עוֹנֶה, שֶׁיִּתֵּן לָהּ בְּהַקָּפָה; וְשֶׁבְּכֶסֶף-הַכֹּל מְבַקֵּשׁ הוּא שֵׁשׁ אֲגוֹרוֹת.

אֲבָל הָאִשָּׁה אוֹמֶרֶת שֶׁאֵינָהּ יְכוֹלָה לְקַבֵּל בְּהַקָּפָה, שֶׁאֵין לָהּ שׁוּם תִּקְוָה לְהַשִּׂיג מָעוֹת וּלְשַׁלֵּם.

"מֵאַיִן יָבוֹא עֶזְרִי?" נֶאֶנְחָה הָאִשָּׁה.

וְהַצַּדִּיק, שֶׁהֵנִּיחַ כְּבָר אֶת הַחֲבִילָה עַל הָאָרֶץ, מִתְקַצֵּף עָלֶיהָ:

"הוֹי יְהוּדִיָּה פְּתַיָּה! אַתְּ אִשָּׁה קְטַנָּה וְחוֹלָנִית וְיָמַיִךְ סְפוּרִים, וַאֲנִי בּוֹטֵחַ בָּךְ, וְנוֹתֵן לָךְ בְּהַקָּפָה שֵׁשׁ אֲגוֹרוֹת! וְלָךְ אֵל גָּדוֹל וְרַחֲמָן וְחַי לְעוֹלָמִים, וְאֵינֵךְ בּוֹטַחַת בּוֹ שֶׁיַּמְצִיא לָךְ שֵׁשׁ אֲגוֹרוֹת?"

"וּמִי יַסִּיק לִי בַּתַּנּוּר?" נֶאֶנְחַת הָאִשָּׁה. "מִי יוֹדֵעַ מָתַי יָשׁוּב בְּנִי מֵעֲבוֹדָתוֹ בַּלַּיְלָה?"

וְהַצַּדִּיק עוֹנֶה, שֶׁהוּא יַסִּיק לָהּ . . .

וְהוּא אוֹמֵר וְעוֹשֶׂה . . .

וּבְשָׁעָה שֶׁהִכְנִיס אֶת הָעֵצִים לְתוֹךְ הַתַּנּוּר, זִמֵּר בְּלַחַשׁ אֶת הַפִּזְמוֹן הָרִאשׁוֹן מִ"סְּלִיחוֹת" הַיּוֹם . . .

וּבְהַבְעִירוֹ אֶת הָעֵצִים אָמַר אֶת הַפִּזְמוֹן הַשֵּׁנִי . . . וְאֶת הַפִּזְמוֹן הַשְּׁלִישִׁי אָמַר כַּאֲשֶׁר סָתַם אֶת פִּי הַתַּנּוּר.

וְהַלִּיטָאִי נֶהֱפַךְ לִבּוֹ לֶאֱהֹב אֶת הַצַּדִּיק וּלְהַאֲמִין בּוֹ, וּמֵאָז הָיָה נוֹסֵעַ אֵלָיו פַּעֲמַיִם מִדֵּי שָׁנָה בְּשָׁנָה.

וּכְשֶׁהָיָה שׁוֹמֵעַ מְסַפְּרִים, שֶׁהַצַּדִּיק עוֹלֶה בִּימוֹת הַ"סְּלִיחוֹת" לְמַעְלָה, לֹא צָחַק עוֹד וְהָיָה אוֹמֵר:

"מִי יוֹדֵעַ אִם לֹא לְמַעְלָה מִזֶּה!"

<u>פרושי מלים ובטויים</u>

מְכֻסֶּה = שֶׁיֵּשׁ עָלָיו

בְּלוֹיֵי סְחָבוֹת = בְּגָדִים יְשָׁנִים וּקְרוּעִים

אַלְמָנָה = אִשָּׁה שֶׁבַּעְלָהּ מֵת

הִתְחַפֵּשׂ = שִׁנָּה אֶת מַרְאֵהוּ כְּדֵי שֶׁלֹּא יַכִּירוּ אוֹתוֹ

לִמְכֹּר בְּהַקָּפָה = לִמְכֹּר, וּלְקַבֵּל אֶת הַכֶּסֶף מְאֻחָר יוֹתֵר

בְּסַךְ הַכֹּל = בְּסִכּוּם; רַק

מָעוֹת = מַטְבְּעוֹת; כֶּסֶף

הִתְקַצֵּף = כָּעַס מְאֹד

פֶּתִי (פְּתַיָּה) = לֹא חָכָם, חֲסַר דַּעַת, טִפֵּשׁ

הִסִּיק = הִדְלִיק עֵצִים אוֹ דֶּלֶק אַחֵר כְּדֵי לְחַמֵּם

זִמֵּר = שָׁר

הִבְעִיר = הִדְלִיק (אֵשׁ)

סָתַם = סָגַר הֵיטֵב

סמן ב-x את ההצהרות הנכונות:

___ 1. הצדיק ניסה למכור לאישה עצים בזול.

___ 2. האישה היתה מכוסה בשברי כלי בית.

___ 3. רק נֵרות האירו את חדר האישה.

___ 4. הצדיק התחפש לאיכר.

___ 5. לאישה החולנית אין בעל.

___ 6. הצדיק רצה לקנות מהאישה בהקפה.

___ 7. ימי האישה ספורים, אבל אלהים חי לעולמים

___ 8. האישה פתייה, כי אין לה אימון ברחמי אלהים.

___ 9. בנה של האישה הסיק את התנור.

___ 10. הצדיק זימר "סליחות" יחד עם האישה.

___ 11. הצדיק המתחפש פעל כנציג "האל הגדול והרחמן".

___ 12. הליטאי אמר שהצדיק עולה למקום יותרגבוה מאשר למרום.

___ 13. הליטאי היה נוסע לבקר אצל הצדיק פעם בשנתיים.

ענה על השאלות:

1. היכן גרה האישה החולנית?
2. למה הצדיק, הלבוש כאיכר, בא אל בית האישה?
3. מי הוא וסיל?
4. מאיין חבילת העצים של הצדיק?
5. מה רואה הליטאי בחדר האישה?
6. באיזו שפה דיברו ביניהם החסידים בנמירוב?
7. באיזו שפה דיבר הצדיק עם האישה? מדוע?

ה פ ֹ ע ל
בִּנְיַן נִפְעַל - גִּזְרַת פ"י

שם הפעל לְהִוָּלֵד /לְהִוָּדַע/

הווה יחיד נוֹלָד
יחידה נוֹלֶדֶת /נוֹדַעַת/
רבים נוֹלָדִים
רבות נוֹלָדוֹת

עבר: אני	נוֹלַדְתִּי	אנחנו	נוֹלַדְנוּ
אתה	נוֹלַדְתָּ	אתם	נוֹלַדְתֶּם
את	נוֹלַדְתְּ		
הוא	נוֹלַד	הם	נוֹלְדוּ
היא	נוֹלְדָה		

עתיד: אני	אִוָּלֵד /אִוָּדַע/	אנחנו	נִוָּלֵד
אתה	תִּוָּלֵד	אתם	תִּוָּלְדוּ
את	תִּוָּלְדִי		
הוא	יִוָּלֵד	הם	יִוָּלְדוּ
היא	תִּוָּלֵד		

צווי: (אתה) הִוָּלֵד /הִוָּדַע/
(את) הִוָּלְדִי
(אתם) הִוָּלְדוּ

שים לב: בעֲמִדַת שוא (הווה ועבר), ה-י הופכת לחולם **מלא**
בעמדת תנועה (שם פעל, עתיד, צווי), ה-י הופכת לָעיצור **וו**.

שם הפעולה: הִוָּלְדוּת, הִוָּדְעוּת

אמור בעתיד:

1. היא נולדה בישראל
2. הסיפור נודע לנו בצהרים.
3. התנועות נוסדות על ידי המפלגות.
4. נוכחתי שהוא צודק.

שים לב:

פְּעָלִים מְסֻיָּמִים בנִפְעַל מקבלים **"ל-"** לפני המושׂא, ולא **"על ידי"**:

נוֹדַע לָהֶם העניין נודע להם באיחור.

נוֹלַד לָהּ נולד לה תינוק חמוד.

הפעלים **ראה** ו**שמע** בנפעל מקַבלים

על ידי כְּדֵי לְהַרְאוֹת שהפעולה נֶעֶשְׂתָה על-ידי המושׂא:

הרעש נשמע על ידי כל השְׁכֵנים.

ההצגה נראתה על ידי אלפֵי אנשים.

ל- כְּדֵי לְתָאֵר את הדיעה של המושׂא על הנושׂא:

הסיפור **נִשְׁמָע לִי** מְשֻׁנֶּה.

הרעיון **נִרְאָה לָנוּ** טוב.

הפוך מפעיל לסביל:

1. הם יָדעו את התוצאות יומיים אחרי הבחינות.
2. היא ילדה שני בנים ובת.
3. כל הישראלים שומעים את חדשות הרדיו.
4. תושבי מוסקבה כמעט לא רואים סִרְטֵי הַסְבָּרָה אמריקניים.
5. אנחנו רואים את תוכנית השלום כחשובה.
6. שמענו את החדשות האחרונות (וחשבנו שהן) מְשַׂמְּחוֹת.

שעור י"ח

שיחת סיכום על "אם לא למעלה מזה"

1. מה הטון של המספר (רציני? מצחיק? גם זה וגם זה?)
2. האם הסופר אוהב את החסידים? נמק.
3. האם הסופר אוהב את המתנגד? נמק.
4. אלמנטים של אירוניה והומור:

א. גנבים לא יעזו להיכנס = אדם זר, לא רצוי, יִפָּגַע (אמונת החסידים);
והנה, הליטאי (שאיננו מאמין בכך) מת גנב ללא עונש! . . . ובכל זאת חל שינוי בליטאי כתוצאה מההתגנבות; אם לא לרעה, וודאי לא לטובת עניין המתנגדים! . . .

ב. תדמית החסידים התמימים לעומת המתנגד הפיקח, הממולח:
- "ואם כן, איפה הרבי?" . . . השאלה איננה כל כך תמימה בסופו של דבר, כי אפילו המתנגד מגיע למסקנה שהרבי נמצא אף "למעלה מזה".
- "מראה באצבע גמרא מפורשת". המתנגד אינו סומך על שמועות או על אמונה עוורת. תלמיד חכם יודע למצוא הוכחות במקורות!
- המתנגד מחליט "לחקר שורש דבר". האינטלקטואליות, הסקרנות, הצד המדעי מסבירים את נכונותו לעשות כל מאמץ כדי ללמוד ולהווכח באמת בעצמו, למרות אי-הנוחיות והפחד. התמדה מעוררת כבוד ("רועד בכל גופו ושוכב! . . . ")
- לעומת החסידים התמימים באמונתם, מפגין המתנגד שנינות וקור רוח. הוא איננו מתרגש לקול אנחות הצדיק; איננו נפחד בקלות ("הלא ליטאי הוא!"); הוא יוצר ומבטל דיעה, לפי הנתונים המשתנים: לרגע הוא מוכן להאמין שהרבי גזלן בלילה, או שהוא יצא מדעתו. וכשהוא נוכח בצדקת הרבי, "נהפך ליבו לאהוב את הצדיק ולהאמין בו".

5. משחקי מלים וסגנון:

א. יראת שמים = דבקות באלהים
יראת חטא = התרחקות מחטא
ביחד = שמירת מצוות, קיום דרך חיים של יהודי מאמין. (ראה "אֹהֲבֵי יְהוָה שִׂנְאוּ רָע . . . " (תהילים צז:י)

ב. צולל בצללי הבתים = אליטרציה

6. רמזים המתייחסים למקורות:

א. השווה את "האור שנזרע מהחדרים הסמוכים" עם "אוֹר זָרֻעַ לַצַּדִּיק וּלְיִשְׁרֵי-לֵב שִׂמְחָה." (תהילים צז:יא)
האור לא נזרע להנאתו של המתנגד; ואכן כשהנר דועך, רועד הליטאי בכל גופו . . הצדיק שָׁלֵו, כי האור שנזרע לו אינו אור הנר! אנחנו עוקבים אחרי מעשיו בחושך, ונראה שהחושך אינו מפריע לו כלל! . . .

ב. השווה "אימת הימים הנוראים מרחפת בחוץ" עם "וְהָאָרֶץ הָיְתָה תֹהוּ וָבֹהוּ וְחֹשֶׁךְ עַל פְּנֵי תְהוֹם, וְרוּחַ אֱלֹהִים מְרַחֶפֶת עַל-פְּנֵי הַמָּיִם." (בראשית א:ב)
- "אימה" - לגבי הליטאי זו אימה כפולה: הימים הנוראים והעיקוב אחרי הצדיק.
- תהו ובהו - עולמו של הליטאי מבולבל מאד ("לאמאמין למראה עיניו"; איננו מבין את פשר הטיול הלילי; מפוחד. . .)

ג. השווה "מאין יבוא עזרי?" עם "שִׁיר הַמַּעֲלוֹת אֶשָּׂא עֵינַי אֶל-הֶהָרִים מֵאַיִן יָבֹא עֶזְרִי. עֶזְרִי מֵעִם יְהוָה עֹשֵׂה שָׁמַיִם וָאָרֶץ." (תהילים קכא:א-ב)
שירה אופטימית: המזמר יודע מי הוא עוזרו, ומאיין הוא יבוא; ואילו האישה החולנית איננה מכירה את מיטיבה ובשליחות מי הוא בא, למרות שהוא עומד לפניה! . . .
אבל הליטאי, הבקיא במקורות (!) והחוזה בנעשה בגניבה, מתחיל להבין . . .

7. היחס בין הצדיק לבין הליטאי:

א. "הרבי על המיטה והליטאי תחת המיטה." (מצחיק)
- הרבי מעל, ולמרות שאיננו לומד, קרוב יותר אל אלהים בדאגתו לעם ישראל. הליטאי מתחת למיטה, ולמרות עיסוקו בתורה, רחוק יותר מאלהים מבחינה רוחנית. הקרבה היחסית של השניים לשמיים תואמת גם מבחינה פיזית וגם מבחינה רוחנית.

- הצדיק איננו חושב על עצמו, איננו עֵר לצרכיו שלו; הליטאי מרגל וער לישות הצדיק יותר מאשר הצדיק עצמו. לכן, שניהם יודעים מה מעליהם (או, מי מעליהם), שניהם יודעים את מקומם . . . (מעל לצדיק - אלוהים; מעל לליטאי - אלוהים והצדיק).

ב. המתנגד, למרות שהוא עוקב אחרי הרבי, אינו מתואר כפעיל, אלא כנישא אחרי הצדיק, צופה ומאזין <u>ללא פעלים</u> כמעט (כמו, "והליטאי אחריו"). הוא עוקב כ<u>צל</u> (חסר ישות עצמית); ליבו דופק כ<u>הד</u> (חסר עצמאות) לפסיעות הצדיק. <u>בזכות ל"ו צדיקים העולם עומד</u>. ללא הצדיקים, אין קיום ליתר!

ג. על שלושה דברים העולם עומד: תורה (המתנגד), עבודה (המתנגד והצדיק), וגמילות חסדים (הצדיק). בזכות השניים העולם עומד. מה יהיה, אם כן, "גזר הדין" ביום הכיפורים? האם הסיפור נגמר בנימה אופטימית?

ח ז ר ה

קרא את המשפטים הבאים בקול:

1. (2) ________ סגני ראש הממשלה הם חברים במפלגת הליכוד.

2. ב-(3) ________ החדשים האחרונים, המחירים עלו ב(5) ________ אחוזים.

3. (5) ________ אלפים עולים הגיעו ארצה בשנה שעברה.

4. ל-(2) ________ ממדינות ערב יש קשרים דיפלומטיים עם ישראל.

5. הנשיא חתם על (6) ________ מתוך (10) ________ החוקים החדשים. על (4) ________ הנותרים הוא יחתום בשבוע הבא.

משפט לואי

חבר כל זוג משפטים למשפט מורכב אחד:

1. האדם הוא מליטא.   האדם מתגנב אל בית הצדיק.

2. הסיפור נכתב על חסידים.   הסיפור מדבר על יפי האמונה.

3. האור דועך.   האור מגיע מהחדרים הסמוכים.

4. הרבי העמיס על גבו את החבילה.   החבילה עשויה מעצים.

5. הליטאי לומד לאהוב את הצדיק.   הצדיק מתפלל בדרכו המיוחדת.

תנאי ממשי

השלם את משפטי התנאי הבאים:

1. אם נתפלל מתוך כוונה, _____

2. אם ירדו הרבה גשמים, _____

3. אם נגמור את הספר מחר, _____

4. אם נלמד לבחינה (וגם נתפלל קצת), _____

5. אם לא נקבל ציון גבוה בבחינה, _____ בבכי.

וו ההיפוך   מעתיד לעבר ומעבר לעתיד

אמור מחדש בעזרת וו ההיפוך (שים לב לזמן):

1. האיש הלך לדרכו.

2. האנשים ילכו וידברו.

3. קראתי אל אלוהים.

4. תשמעו בקולי.

5. תחשבו עָלַי רָעָה.

6. תֵּשְׁבוּ בארץ אשר נתתי לכם.

ס מ י כ ו ת

פרק את הסמיכויות:

1. הוא מתפלל למען שלום עם ישראל.
2. אימת יום הדין מרחפת בחוץ.
3. הוא משתטח לפני כסא כבודו.
4. הצדיק דפק על שמשת החלון.
5. יהודי נמירוב והסביבה האמינו בְּקֳדוּשַׁת הרבי.

פ ע י ל ל ס ב י ל

הפוך מפעיל לסביל:

1. אלוהים יזרע אור לצדיקים.

___

2. תקעתם את הגרזן באדמה.

___

3. הם עשו חבילה מהגזרים.

___

4. היא תקנה את העצים בהקפה.

___

5. אתה קורא את המסכת בלחש.

___

6. אלוהים ברא אותנו בצלמו.

___

7. הבעש"ט יסד את תנועת החסידות.

___

8. שרה ילדה את יצחק, כשהיא היתה בת 90 שנה.

___

תַּשְׁבֵּץ "יָמִים נוֹרָאִים"

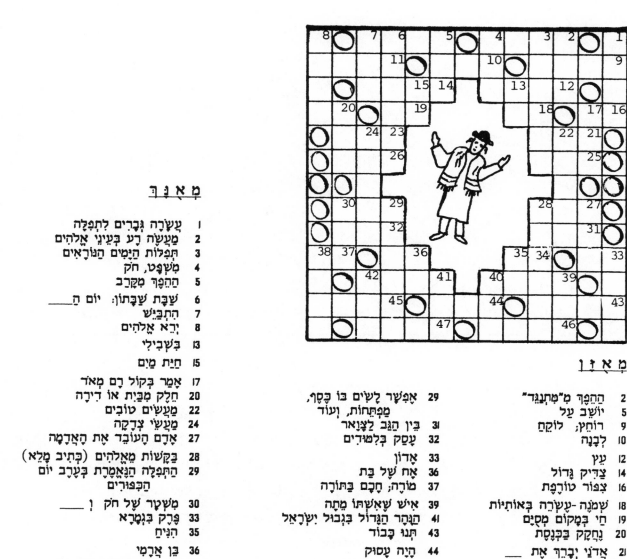

מְאֻזָּן

2 הֶהָפֶךְ מִ"מִתְנַגֵּד"
5 יוֹשֵׁב עַל
9 רוֹחֵץ; לוֹקֵחַ
10 לְבָנָה
12 עֵץ
14 צַדִּיק גָּדוֹל
16 צִפּוֹר טוֹרֶפֶת
18 שְׁמֹנֶה-עֶשְׂרֵה בְּאוֹתִיּוֹת
19 חַי בְּמָקוֹם מְסֻיָּם
20 נֶחְקַק בַּכְּנֶסֶת
21 אֲדֹנָי יְבָרֵךְ אֶת ___ בַּשָּׁלוֹם
23 לֹא לְבַד
25 מְעַט
26 נָתַן לְמִישֶׁהוּ אַחֵר
27 חֵלֶק מֵהָאָלֶפְבֵּית הָעִבְרִי
29 אֶפְשָׁר לָשִׂים בּוֹ כֶּסֶף, מַפְתֵּחוֹת, וְעוֹד
31 בֵּין הַגַּב לַצַּוָּאר
32 עָסַק בְּלִמּוּדִים
33 אָדוֹן
36 אָח שֶׁל בַּת
37 מוֹרֶה; חָכָם בַּתּוֹרָה
39 אִישׁ שֶׁאִשְׁתּוֹ מֵתָה
41 הַנָּהָר הַגָּדוֹל בִּגְבוּל יִשְׂרָאֵל
43 תְּנוּ כָּבוֹד
44 הָיָה עָסוּק
45 אֵל ___ וְחַנּוּן
46 דָּבָר שֶׁנּוֹתְנִים לְלֹא תַּשְׁלוּם
47 חַסְרַת כֶּסֶף

מְאֻנָּךְ

1 עֲשָׂרָה גְּבָרִים לִתְפִלָּה
2 מַעֲשֶׂה רָע בְּעֵינֵי אֱלֹהִים
3 תְּפִלּוֹת הַיָּמִים הַנּוֹרָאִים
4 מִשְׁפָּט, חֹק
5 הֶהָפֶךְ מִקָּרֵב
6 שַׁבַּת שַׁבָּתוֹן: יוֹם הַ____
7 הִתְבַּיֵּשׁ
8 יְרֵא אֱלֹהִים
13 בִּשְׁבִילִי
15 חַיַּת מַיִם
17 אָמַר בְּקוֹל רָם מְאֹד
20 חֵלֶק מִבַּיִת אוֹ דִירָה
22 מַעֲשִׂים טוֹבִים
24 מַעֲשֵׂי צְדָקָה
27 אָדָם הָעוֹבֵד אֶת הָאֲדָמָה
28 בַּקָּשׁוֹת מֵאֱלֹהִים (כְּתִיב מָלֵא)
29 הַתְּפִלָּה הַנֶּאֱמֶרֶת בְּעֶרֶב יוֹם הַכִּפּוּרִים
30 מִשְׁטָר שֶׁל חֹק וְ____
33 פֶּרֶק בַּגְּמָרָא
35 הִנִּיחַ
36 בֵּן אֲרַמִּי
38 חֵלֶק מִבֵּית הַכְּנֶסֶת שֶׁבּוֹ קוֹרְאִים בַּתּוֹרָה
39 אִישׁ
40 זָזָה
41 הִכִּיר, הֵבִין
42 שְׁקֵטָה, לֹא עָבְדָה

שעור י"ט

תְּנוּעַת הַהַשְׂכָּלָה וּתְחִיַּת הַשָּׂפָה הָעִבְרִית

בְּסוֹף הַמֵּאָה הַשְּׁמוֹנֶה עֶשְׂרֵה קָמָה תְּנוּעַת הַהַשְׂכָּלָה הַיְּהוּדִית, תְּחִילָה בְּמַעֲרַב אֵירוֹפָּה, וּמְאֻחָר יוֹתֵר בַּמִּזְרָח. מַטְּרָתָהּ הָיְתָה לְחַנֵּךְ אֶת הֲמוֹנֵי הַיְּהוּדִים בְּנוֹשְׂאִים חִלּוֹנִיִּים: הִסְטוֹרְיָה, פִילוֹסוֹפְיָה, סִפְרוּת וּמַדָּעֵי הַטֶּבַע. בְּדֶרֶךְ זוֹ חָשְׁבוּ מַנְהִיגֵי הַתְּנוּעָה לְקָרֵב אֶת יְהוּדֵי אֵירוֹפָּה אֶל הָעוֹלָם הַמּוֹדֶרְנִי, לַהֲפֹךְ אוֹתָם לְחֵלֶק אוֹרְגָנִי מִיֶּתֶר הָעַמִּים, וְכָךְ לִפְתֹּר אֶת בְּעָיַת הַגּוֹלָה.

רֹב יְהוּדֵי אֵירוֹפָּה נִבְדְּלוּ מִשְּׁכֵנֵיהֶם הַנּוֹצְרִים: הֵם חָיוּ בְּגֶטָאוֹת וְדִבְּרוּ יִידִישׁ. שְׁלִיטָתָם בַּשָּׂפוֹת הָאֵירוֹפִּיּוֹת הָיְתָה פְּחוּתָה מִשְּׁלִיטָתָם בְּעִבְרִית, אֲשֶׁר בָּהּ הֵם לָמְדוּ אֶת כִּתְבֵי הַקֹּדֶשׁ, וַאֲשֶׁר בָּהּ הִתְפַּלְּלוּ. הַמַּשְׂכִּילִים הֶחְלִיטוּ, לָכֵן, לְהִשְׁתַּמֵּשׁ בַּשָּׂפָה הָעִבְרִית כְּדֵי לְהָבִיא אֶת תַּרְבּוּת אֵירוֹפָּה לְתוֹדָעַת הַיְּהוּדִים. הֵם תִּרְגְּמוּ לְעִבְרִית סְפָרִים בְּנוֹשְׂאִים שׁוֹנִים, וְכָתְבוּ סְפָרִים מִשֶּׁלָּהֶם. כָּךְ הִתְחִיל תַּהֲלִיךְ הַתְחָיַאת הַשָּׂפָה הָעִבְרִית.

הַמַּשְׂכִּילִים בָּחֲרוּ לִכְתֹּב בִּשְׂפַת הַתַּנַ"ךְ, מִפְּנֵי שֶׁזּוֹ נִלְמְדָה אֲפִלּוּ בְּאוּנִיבֶרְסִיטָאוֹת, וְנֶחְשְׁבָה לְנוֹשֵׂא לִמּוּד מְכֻבָּד. אוּלָם שְׂפַת הַתַּנַךְ לֹא הָיְתָה עֲשִׁירָה דַּיָּהּ כְּדֵי לְהִתְמוֹדֵד עִם הָעוֹלָם הַמּוֹדֶרְנִי הַחִלּוֹנִי. חָסְרוּ בָּהּ מִלִּים רַבּוֹת. וְכָךְ, לַמְרוֹת מַאֲמַצֵּי הַמַּשְׂכִּילִים, נִשְׁאֲרָה הַסִּפְרוּת הָעִבְרִית דַּלָּה מֶשֶׁךְ שָׁנִים רַבּוֹת.

בְּסוֹף הַמֵּאָה הַתְּשַׁע עֶשְׂרֵה, עִם צְמִיחַת הַתְּנוּעוֹת הַלְּאֻמִּיּוֹת בְּאֵירוֹפָּה, נִתְּנָה לַסִּפְרוּת הָעִבְרִית דְּחִיפָה מְחֻדֶּשֶׁת, וְהַפַּעַם בְּמִזְרַח אֵירוֹפָּה. הַיְּהוּדִים, שֶׁהִתְאַכְזְבוּ מֵהַתִּקְוָה שֶׁעַמֵּי אֵירוֹפָּה יְקַבְּלוּ אוֹתָם בְּקִרְבָּם כְּשָׁוִים, חָדְלוּ לְהִשְׁתַּמֵּשׁ בְּעִבְרִית כְּאֶמְצָעִי לְלִמּוּד תַּרְבּוּת עַמֵּי אֵירוֹפָּה. בִּמְקוֹם זֶה הֵם הִתְחִילוּ לִכְתֹּב בָּהּ סִפְרוּת לְאֻמִּית וְצִיּוֹנִית. הֵם הִרְחִיבוּ אֶת אוֹצַר הַמִּלִּים וְכָלְלוּ בּוֹ מֻנָּחִים מִכָּל הַמְּקוֹרוֹת וּמִכָּל הַתְּקוּפוֹת, וְאַף יָצְרוּ מִלִּים וּבִטּוּיִים חֲדָשִׁים.

בְּרֵאשִׁית הַמֵּאָה הָעֶשְׂרִים, עָלוּ כַּמָּה מֵהַסּוֹפְרִים הָעִבְרִיִּים הַחֲשׁוּבִים אַרְצָה, וְאִתָּם עָבַר מֶרְכַּז הַסִּפְרוּת הָעִבְרִית מֵאֵירוֹפָּה לְאֶרֶץ יִשְׂרָאֵל. הַחְיָאַת הַשָּׂפָה הָעִבְרִית כִּשְׂפַת דִּבּוּר בְּאֶרֶץ יִשְׂרָאֵל נֶעֶזְרָה לְלֹא סָפֵק בְּחִדּוּשֵׁי הַלָּשׁוֹן בַּסִּפְרוּת, וְעִם הַזְּמַן תָּרְמָה לְהִתְפַּתְּחוּתָהּ שֶׁל הַסִּפְרוּת הָעִבְרִית בְּמֶרְכָּזָהּ הֶחָדָשׁ.

<u>פרושי מלים ובטויים</u>

תְּחִיָּה = שִׁיבָה לְחַיִּים

מַטָּרָה = מָקוֹם אוֹ דָּבָר שֶׁרוֹצִים לְהַגִּיעַ אֵלָיו

הָמוֹן, הֲמוֹנִים = אֲנָשִׁים רַבִּים וּפְשׁוּטִים

חִלּוֹנִי = לֹא דָּתִי

לְהִבָּדֵל = לִהְיוֹת שׁוֹנֶה, לִהְיוֹת נִפְרָד

שָׁכֵן = אָדָם הַגָּר בְּקִרְבַת מָקוֹם אֶל מִישֶׁהוּ

לְהִשְׁתַּמֵּשׁ בְּ- = לְהֵעָזֵר בְּ-

תּוֹדָעָה = הַכָּרָה, יְדִיעָה

דַּי = מַסְפִּיק

לְהִתְמוֹדֵד עִם = לְהִתְחָרוֹת, לִהְיוֹת מַסְפִּיק (טוֹב, גָּדוֹל, חָזָק)

דַּל = עָנִי

דְּחִיפָה = כֹּחַ שֶׁמֵּבִיא לִתְנוּעָה

לְהִתְאַכְזֵב = לְאַבֵּד אֵמוּן אוֹ תִקְוָה

בְּקֶרֶב = בְּתוֹךְ

שָׁוֶה = חֲסַר הֶבְדֵּל בְּעֶרְכּוֹ

לִכְלֹל = לְהַכְנִיס לְתוֹךְ יֶתֶר הַדְּבָרִים

מֻנָּח = שֵׁם לְדָבָר אוֹ לְרַעְיוֹן

לִתְרֹם = לָתֵת מַשֶּׁהוּ בַּעַל עֵרֶךְ

סמן ב-x את ההצהרות הנכונות:

1. ___ תנועת ההשכלה היהודית קמה במאה השמונה עשרה.
2. ___ מטרת התנועה היתה לחנך את היהודים בלימודי היהדות.
3. ___ רוב יהודי אירופה נֶהֱנוּ משִׁוְיוֹן עִם עמי אירופה.
4. ___ רוב יהודי אירופה דיברו בשפות השונות של אירופה.
5. ___ המשכילים רצו שהיהודים יכירו את תרבות עמי אירופה.
6. ___ העבריתהתנ"כית מתאימה לכתיבת ספרות מודרנית חילונית.
7. ___ היהודים במזרח אירופה חדלו לכתוב בעברית בסוף המאה התשע עשרה.
8. ___ הסופרים העבריים באירופה לא השתמשו בעברית כשפת דיבור.
9. ___ במזרח אירופה נכתבה ספרות עברית לאומית וציונית.
10. ___ מרכז הספרות העברית עבר במאה העשרים ממערב למזרח אירופה.

ענה על השאלות:

1. מה היה מצבם של יהודי אירופה במאה השמונה עשרה?
2. מה היתה מטרת תנועת ההשכלה היהודית?
3. מדוע בחרו המשכילים לכתוב בעברית ולא בשפות אירופיות?
4. מה היה הקושי בכתיבת ספרות מודרנית בשפת התנ"ך?
5. מה גרם לספרות העברית במזרח אירופה להתפתח בכיוון חדש?
6. איך הצליחו הסופרים העבריים במזרח אירופה להעשיר את העברית?
7. מה היו הנושאים החדשים של הספרות העברית בסוף המאה התשע עשרה?
8. לאן עבר מרכז התרבות העברית בתחילת המאה העשרים?

==

מִשְׁפָּט לְוַאי (ב)

כַּאֲשֶׁר הַ **מֻשָּׂא** בְּמִשְׁפָּט אֶחָד מְתָאֵר שֵׁם עֶצֶם בְּמִשְׁפָּט אַחֵר, אֶפְשָׁר לְחַבֵּר אֶת שְׁנֵי הַמִּשְׁפָּטִים לְמִשְׁפָּט מֻרְכָּב בְּדֶרֶךְ זוֹ:

1. הַמִּשְׁפָּט, הַכּוֹלֵל אֶת הַמֻּשָּׂא הַמְּתָאֵר, יִהְיֶה מִשְׁפָּט לְוַאי, וְיוֹפִיעַ אַחֲרֵי שֵׁם הָעֶצֶם שֶׁהוּא מְתָאֵר בַּמִּשְׁפָּט הָעִקָּרִי.

2. בְּמִשְׁפַּט הַלְּוַאי,

   א. בִּמְקוֹם הַמֻּשָּׂא, יָבוֹא **כִּנּוּי הַגּוּף**:

   עִם הֶחָבֵר ---← עִמּוֹ = אִתּוֹ

   ב. הַפֹּעַל יָבוֹא אַחֲרֵי מִלַּת הַיַּחַס + כִּנּוּי הַגּוּף:

   טִיַּלְתִּי אִתּוֹ ---← אִתּוֹ טִיַּלְתִּי

   ג. סֵדֶר הַמִּלִּים בְּמִשְׁפַּט הַלְּוַאי יִהְיֶה:

   מִלַּת יַחַס + כִּנּוּי גּוּף, פֹּעַל, הַיֶּתֶר

3. מִלּוֹת הַקִּשּׁוּר הֵן: **אֲשֶׁר** הֶחָבֵר, אֲשֶׁר אִתּוֹ טִיַּלְתִּי . . .

   שֶׁ הֶחָבֵר, שֶׁאִתּוֹ טִיַּלְתִּי . . .

   ∅ הֶחָבֵר, אִתּוֹ טִיַּלְתִּי . . .

דֻּגְמָה: הֶחָבֵר בִּקֵּר אֶצְלִי אֶתְמוֹל. טִיַּלְתִּי עִם הֶחָבֵר בְּיִשְׂרָאֵל.

טִיַּלְתִּי אִתּוֹ בְּיִשְׂרָאֵל.

אִתּוֹ טִיַּלְתִּי בְּיִשְׂרָאֵל.

הֶחָבֵר, (שֶׁ/אֲשֶׁר) אִתּוֹ טִיַּלְתִּי בְּיִשְׂרָאֵל, בִּקֵּר אֶצְלִי אֶתְמוֹל.

==

אמור קודם בשני משפטים, ואחר -כך במשפט אחד, לפי הדוגמה:

ה‍ספר מעניין מאד.   כתבת לי על הספר.

ה‍ספר מעניין מאד.   כתבת לי עליו

ה‍ספר, עליו כתבת לי,   מעניין מאד.

1. שם העיר הוא נמירוב.   הצדיק חי בעיר.

2. העיר נקראה "ירושלים של ליטא".   המתנגד בא מהעיר.

3. ה‍סמטה היתה חשוכה.   הצדיק בא אל הסמטה

4. ה‍אישה החולנית לא קוותה לעזרה מאלוהים.   הצדיק כעס על האישה

5. ה‍חסידים האמינו ברב.   הליטאי לעג לחסידים

6. ה‍אישה לא הכירה את הרב המתחפש.   הרב חטב עצים בשביל האישה

7. ה‍סיפור מצא חן בעינינו.   י. ל. פרץ כתב את הסיפור.

מִבְחַר מִלּוֹת יַחַס בִּנְטִיָּה

אֶל	אֵלַי, אֵלֶיךָ, אֵלַיִךְ, אֵלָיו, אֵלֶיהָ, אֵלֵינוּ, אֲלֵיכֶם, אֲלֵיהֶם
אֵצֶל	אֶצְלִי, אֶצְלְךָ, אֶצְלֵךְ, אֶצְלוֹ, אֶצְלָהּ, אֶצְלֵנוּ, אֶצְלְכֶם, אֶצְלָם
אֶת	אוֹתִי, אוֹתְךָ, אוֹתָךְ, אוֹתוֹ, אוֹתָהּ, אוֹתָנוּ, אֶתְכֶם, אוֹתָם
בְּ-	בִּי, בְּךָ, בָּךְ, בּוֹ, בָּהּ, בָּנוּ, בָּכֶם, בָּהֶם
בִּשְׁבִיל	בִּשְׁבִילִי, בִּשְׁבִילְךָ, בִּשְׁבִילֵךְ, בִּשְׁבִילוֹ, בִּשְׁבִילָהּ, בִּשְׁבִילֵנוּ, בִּשְׁבִילְכֶם, בִּשְׁבִילָם
לְ-	לִי, לְךָ, לָךְ, לוֹ, לָהּ, לָנוּ, לָכֶם, לָהֶם
לִפְנֵי	לְפָנַי, לְפָנֶיךָ, לְפָנַיִךְ, לְפָנָיו, לְפָנֶיהָ, לְפָנֵינוּ, לִפְנֵיכֶם, לִפְנֵיהֶם
מִן	מִמֶּנִּי, מִמְּךָ, מִמֵּךְ, מִמֶּנּוּ, מִמֶּנָּה, מִמֶּנּוּ, מִכֶּם, מֵהֶם
עַל	עָלַי, עָלֶיךָ, עָלַיִךְ, עָלָיו, עָלֶיהָ, עָלֵינוּ, עֲלֵיכֶם, עֲלֵיהֶם
עַל יַד	עַל יָדִי, עַל יָדְךָ, עַל יָדֵךְ, עַל יָדוֹ, עַל יָדָהּ, עַל יָדֵנוּ, עַל יֶדְכֶם, עַל יָדָם
עַל יְדֵי	עַל יָדַי, עַל יָדֶיךָ, עַל יָדַיִךְ, עַל יָדָיו, עַל יָדֶיהָ, עַל יָדֵינוּ, עַל יְדֵיכֶם, עַל יְדֵיהֶם

שעור כ

חַיִּים נַחְמָן בְּיָאלִיק, הַמְּשׁוֹרֵר הַלְּאֻמִּי

מִבֵּין הַמְּשׁוֹרְרִים הָעִבְרִיִּים שֶׁקָּמוּ לְאַחַר תְּקוּפַת הַהַשְׂכָּלָה, הֶחָשׁוּב וְהָאָהוּב בְּיוֹתֵר הָיָה חַיִּים נַחְמָן בְּיָאלִיק (1873-1934).

שְׁנוֹת יַלְדוּתוֹ שֶׁל בְּיָאלִיק בְּאֵזוֹר ווֹלִין שֶׁבְּרוּסְיָה הָיוּ שָׁנִים שֶׁל עֶצֶב וְעֹנִי. הוּא הִתְיַתֵּם מֵאָבִיו בְּגִיל שֶׁבַע, וְרָאָה אֶת אִמּוֹ הָאַלְמָנָה מְכַלָּה אֶת כֹּחוֹתֶיהָ בְּמַאֲמָץ לְפַרְנֵס אֶת יְלָדֶיהָ הַקְּטַנִּים. זְמַן קָצָר לְאַחַר מוֹת אָבִיו, עָבַר בְּיָאלִיק לָגוּר בְּבֵית סָבוֹ, וְשָׁם קִבֵּל חִנּוּךְ יְהוּדִי מָסָרְתִּי. אַהֲבַת הַקְּרִיאָה שֶׁלּוֹ לֹא יָדְעָה גְּבוּל: עַד גִּיל שְׁמוֹנֶה עֶשְׂרֵה הוּא לָמַד מִכָּל מְקוֹרוֹת הַיַּהֲדוּת, וְקָרָא גַּם מִסִּפְרוּת הַהַשְׂכָּלָה. הוּא קִוָּה לְהִשְׁתַּלֵּם בְּלִמּוּדִים חִלּוֹנִיִּים בְּאוּנִיבֶרְסִיטַת בֶּרְלִין אוֹ בְּאוֹדֶסָה, אַךְ מְבֻקָּשׁוֹ לֹא נִתַּן לוֹ.

שִׁירוֹ הָרִאשׁוֹן, "אֶל הַצִּפּוֹר"--שִׁיר גַּעְגּוּעִים אֶל אֶרֶץ יִשְׂרָאֵל-- הִתְפַּרְסֵם בְּאוֹדֶסָה בְּ-1892 וְזָכָה לְהַעֲרָכָה רַבָּה גַּם בְּשֶׁל הַסִּגְנוֹן וְגַם בְּשֶׁל הַתֹּכֶן, שֶׁשִּׁקֵּף אֶת חֲלוֹם הָעָם הַיְּהוּדִי בַּגּוֹלָה. בְּיָאלִיק הִמְשִׁיךְ לִכְתֹּב וּלְפַרְסֵם שִׁירִים וְסִפּוּרִים בְּמֶשֶׁךְ שָׁנִים רַבּוֹת, וְאֵלֶּה--כְּמוֹ שִׁירוֹ הָרִאשׁוֹן--מָצְאוּ תָּמִיד הֵד חָזָק בְּלִבּוֹת קוֹרְאָיו, כִּי הֵם נָגְעוּ תָּמִיד בְּגוֹרָלוֹ שֶׁל הָעָם: בְּשִׂמְחוֹתָיו, בְּסִבְלוֹ, בְּגַעְגּוּעָיו וּבְתִקְווֹתָיו. אֲפִלּוּ שִׁירָיו הָאִישִׁיִּים וְהַלִּירִיִּים בְּיוֹתֵר הִתְפָּרְשׁוּ מֶשֶׁךְ שָׁנִים רַבּוֹת כְּבִטּוּי לְרִגְשׁוֹת הָעָם כֻּלּוֹ.

בְּ-1932, עָלָה בְּיָאלִיק אַרְצָה וְהִתְיַשֵּׁב בְּתֵל-אָבִיב. בְּמֶשֶׁךְ לְמַעְלָה מֵעֶשֶׂר שָׁנִים הוּא שִׁמֵּשׁ מַנְהִיג וְסֵמֶל לִתְחִיַּת הַתַּרְבּוּת הָעִבְרִית בְּמֶרְכָּזָהּ הֶחָדָשׁ - אֶרֶץ יִשְׂרָאֵל.

<u>פרושי מלים ובטויים</u>

מְשׁוֹרֵר = אָדָם שֶׁכּוֹתֵב שִׁירִים

לְהִתְיַתֵּם = לְאַבֵּד אָב אוֹ אֵם

לְכַלּוֹת = לִגְמֹר; לַהֲרֹס

לְהִשְׁתַּלֵּם = לְהִתְקַדֵּם וּלְהַגִּיעַ לִשְׁלֵמוּת

מְבֻקָּשׁוֹ = רְצוֹנוֹ

גַּעְגּוּעִים = רָצוֹן חָזָק לִרְאוֹת מִישֶׁהוּ/מַשֶּׁהוּ אוֹ לִהְיוֹת אִתּוֹ

סִגְנוֹן = דֶּרֶךְ שֶׁל דִּבּוּר בְּעַל פֶּה אוֹ שֶׁל כְּתִיבָה

תֹּכֶן = מַה שֶּׁיֵּשׁ בִּפְנִים, בְּתוֹךְ מַשֶּׁהוּ

לְשַׁקֵּף = לְהַרְאוֹת אֶת הַתְּמוּנָה הָאֲמִתִּית

גּוֹרָל = ; מַזָּל, דָּבָר חִצוֹנִי שֶׁקּוֹבֵעַ אֶת הֶעָתִיד

בִּטּוּי = גִּלּוּי דְּבָרִים; דָּבָר שֶׁמְּשַׁקֵּף דֵּעוֹת אוֹ רְגָשׁוֹת

רֶגֶשׁ, רְגָשׁוֹת (ז) = מַה שֶּׁמַּרְגִּישִׁים בַּלֵּב (שִׂמְחָה, צַעַר, וכו')

לְשַׁמֵּשׁ = לְמַלֵּא תַּפְקִיד, לַעֲזֹר

סֵמֶל = סִימְבּוֹל

סמן ב-x את ההצהרות הנכונות:

1. ____ חיים נחמן ביאליק כתב שירים בעברית.
2. ____ ביאליק כתב בתחילת תקופת ההשכלה.
3. ____ ביאליק התייתם מאימו בהיותו ילד קטן.
4. ____ אימו של ביאליק פִּרְנְסָה את ילדיה הקטנים בקושי רב.
5. ____ לביאליק היתה ילדות שמחה.
6. ____ ביאליק הצעיר אהב ללמוד.
7. ____ ביאליק נחשב למשורר לאומי, מפני שהוא פרסם שירים רבים.
8. ____ שירו של ביאליק "אל הציפור" נכתב בארץ ישראל.
9. ____ ביאליק בִּיטֵא בשיריו את רגשות העם בגולה.
10. ____ ביאליק חי את שנותיו האחרונות בארץ ישראל.

ענה על השאלות:

1. בן כמה היה ביאליק כשאביו מת?
2. איזה חינוך קיבל ביאליק בבית סבו?
3. איך למד ביאליק עברית?
4. מה למד ביאליק באוניברסיטה?
5. לאיזה רגש נתן שירו הראשון של ביאליק ביטוי?
6. מדוע זכו שיריו של ביאליק להערכה כֹּה גדולה בקרב העם?
7. מדוע, לדעתך, התגעגעו היהודים באירופה אל ארץ ישראל?

נְטִיַּת **צָרִיךְ** וְ**יָכוֹל** בְּכָל הַזְּמַנִּים

שם פעל:		לְהִצְטָרֵךְ	---
הווה:	יחיד	צָרִיךְ	יָכוֹל
	יחידה	צְרִיכָה	יְכוֹלָה
	רבים	צְרִיכִים	יְכוֹלִים
	רבות	צְרִיכוֹת	יְכוֹלוֹת
עבר:	אני	הִצְטָרַכְתִּי	יָכֹלְתִּי
	אתה	הִצְטָרַכְתָּ	יָכֹלְתָּ
	את	הִצְטָרַכְתְּ	יָכֹלְתְּ
	הוא	הִצְטָרֵךְ	יָכֹל
	היא	הִצְטָרְכָה	יָכְלָה
	אנחנו	הִצְטָרַכְנוּ	יָכֹלְנוּ
	אתם/ן	הִצְטָרַכְתֶּם/ן	**יְכָלְתֶּם/ן**
	הם	הִצְטָרְכוּ	יָכְלוּ
עתיד:	אני	אֶצְטָרֵךְ	אוּכַל
	אתה	תִּצְטָרֵךְ	תּוּכַל
	את	תִּצְטָרְכִי	תּוּכְלִי
	הוא	יִצְטָרֵךְ	יוּכַל
	היא	תִּצְטָרֵךְ	תּוּכַל
	אנחנו	נִצְטָרֵךְ	נוּכַל
	אתם/ן	תִּצְטָרְכוּ	תּוּכְלוּ
	הם/ן	יִצְטָרְכוּ	יוּכְלוּ
צווי:	(אתה)	הִצְטָרֵךְ	---
	(את)	הִצְטָרְכִי	---
	(אתם)	הִצְטָרְכוּ	---

אמור מחדש עם צורות של יכול-כפועל עזר:

דוגמה: בעתיד נדע את התוצאות. בעתיד נוכל לָדַעַת את התוצאות

1. אחוז הקוראים יָרד באֹפֶן נִכָּר.
2. אין להם עניין ברכילות.
3. אמרתם להם שתבואו הערב.
4. היא היתה כתבת עיתון "הארץ".
5. מדוע הם לא נהנו ממוסף "מעריב"?
6. שלחת את הירחון בדואר אוויר.
7. נכנסנו לחדר בדלת צְדָדִית.

אמור מחדש עם צורות של צריך-כפועל עזר:

1. הוא יכתוב על המצב הכלכלי בישראל.
2. נושאים בטחוניים עומדים בראש הרשימה.
3. הלכתם לעבודה השכֵּם בבוקר.
4. הם מילאו את העיתון בחדשות מקומיות.
5. אָפנה אינה תופסת מקום חשוב בתכניות הרדיו.
6. גרתי בשכונה היקרה ביותר בעיר.
7. תצאו מהמשרד לפני הצהריים.
8. הן מגיעות בשש בערב.

* *

מְעַט נִקּוּד

כְּלָלֵי הַנִּקּוּד בַּשֵּׁמוֹת

הֲבָרָה היא צֵרוּף שֶׁל עִצּוּר+ תְּנוּעָה: מִי, פֹּה

אוֹ צֵרוּף שֶׁל עִצּוּר + תְּנוּעָה + עִצּוּר: עוֹד, שֶׁל

A Syllable is a combination of a consonant + vowel
or of consonant + vowel + consonant

הֲבָרָה פְּתוּחָה מִסְתַּיֶּמֶת בִּתְנוּעָה: לוֹ, זֶה, מַה

הֲבָרָה סְגוּרָה מִסְתַּיֶּמֶת בְּעִצּוּר: טוֹב, קַר, אִישׁ

* *

חלק להברות, וצין אם הן פתוחות או סגורות, לפי הדוגמה:

עַכְשָׁו יוֹרֵד גֶּשֶׁם.   עַכְ-שָׁו יוֹ-רֵד גֶּ-שֶׁם.

1. דָּוִד קָרָא סֵפֶר חָשׁוּב.
2. הָיוּ שָׁם נָשִׁים יָפוֹת.
3. אֵין לָנוּ מוֹרָה טוֹבָה.
4. שֵׁב קָרוֹב אֶל יִצְחָק.

קרא מאמר בעיתון למתחילים

ספר בקצרה את תוכן המאמר

ח. נ. ביאליק
לְבַדִּי

כֻּלָּם נָשָׂא הָרוּחַ, כֻּלָּם סָחַף הָאוֹר,
שִׁירָה חֲדָשָׁה אֶת-בֹּקֶר חַיֵּיהֶם הִרְנִינָה;
וַאֲנִי, גּוֹזָל רַךְ, נִשְׁתַּכַּחְתִּי מִלֵּב,
תַּחַת כַּנְפֵי הַשְּׁכִינָה.

בָּדָד, בָּדָד נִשְׁאַרְתִּי, וְהַשְּׁכִינָה אַף-הִיא
כְּנַף יְמִינָהּ הַשְּׁבוּרָה עַל-רֹאשִׁי הִרְעִידָה.
יָדַע לִבִּי אֶת-לִבָּהּ: חָרֹד חָרְדָה עָלַי,
עַל-בְּנָהּ, עַל יְחִידָהּ.

כְּבָר נִתְגָּרְשָׁה מִכָּל הַזָּוִיּוֹת, רַק-עוֹד
פִּנַּת סֵתֶר שׁוֹמֵמָה וּקְטַנָּה נִשְׁאָרָה -
בֵּית הַמִּדְרָשׁ - וַתִּתְכַּס בַּצֵּל, וָאֱהִי
עִמָּהּ יַחַד בַּצָּרָה.

וּכְשֶׁכָּלָה לְבָבִי לַחַלּוֹן, לָאוֹר,
וּכְשֶׁצַּר לִי הַמָּקוֹם מִתַּחַת לִכְנָפָהּ -
כָּבְשָׁה רֹאשָׁהּ בִּכְתֵפִי, וְדִמְעָתָהּ עַל-דַּף
גְּמָרָתִי נָטָפָה.

חֶרֶשׁ בָּכְתָה עָלַי וַתִּתְרַפֵּק עָלַי,
וּכְמוֹ שָׂכָה בִּכְנָפָהּ הַשְּׁבוּרָה בַּעֲדִי:
"כֻּלָּם נָשָׂא הָרוּחַ, כֻּלָּם פָּרְחוּ לָהֶם,
וָאִוָּתֵר לְבַדִּי, לְבַדִּי . . ."

וּכְעֵין סִיּוּם שֶׁל קִינָה עַתִּיקָה מְאֹד,
וּכְעֵין תְּפִלָּה, בַּקָּשָׁה וַחֲרָדָה כְּאַחַת,
שָׁמְעָה אָזְנִי בַּבְּכִיָּה הַחֲרִישִׁית הַהִיא
וּבַדִּמְעָה הַהִיא הָרוֹתַחַת -

פרושי מלים ובטויים

נָשָׂא (לָשֵׂאת) = לָקַח אִתּוֹ; הֶעֱבִיר מִמָּקוֹם לְמָקוֹם

סָחַף = מָשַׁךְ וְלָקַח אִתּוֹ

לְהַרְנִין = לְמַלֵּא בְּשִׁיר וּבְשִׂמְחָה

גּוֹזָל = בֵּן שֶׁל צִפּוֹר; צִפּוֹר צְעִירָה

כָּנָף, כְּנָפַיִם (נ) = "יָד" הַצִּפּוֹר, בְּאֶמְצָעוּתָהּ הִיא עָפָה

שְׁכִינָה= רוּחַ הַקֹּדֶשׁ; הָאַסְפֶּקְט הָאוֹהֵב וְהָאִמָּהִי שֶׁל אֱלֹהִים. הַשְּׁכִינָה מְלַוָּה אֶת הַיְּהוּדִים בַּגּוֹלָה

בָּדָד = לְבַד, לְלֹא חֶבְרָה

לְהַרְעִיד = לִגְרֹם לְמִישֶׁהוּ/מַשֶּׁהוּ לִרְעֹד

יָדַע לִבִּי אֶת לִבָּהּ = הֵבַנְתִּי אֶת רִגְשׁוֹתֶיהָ

לַחֲרֹד עַל = לִדְאֹג לִשְׁלוֹם אוֹ לְגוֹרַל מִישֶׁהוּ/מַשֶּׁהוּ

חָרֹד = (הַמָּקוֹר הַנִּפְרָד). לִפְנֵי פֹּעַל בִּנְטִיָּה, מַדְגִּישׁ הַמָּקוֹר הַנִּפְרָד אֶת הַפְּעוּלָה: "חָרֹד חָרְדָה" = "חָרְדָה מְאֹד"

לְגָרֵשׁ = לְהַרְחִיק, לְהוֹצִיא

זָוִית = פִּנָּה; מָקוֹם קָטָן וּמְצֻמְצָם

פִּנָּה = מָקוֹם שֶׁבּוֹ נִפְגָּשִׁים שְׁנֵי קִירוֹת; קָצֶה; מָקוֹם צַר

שׁוֹמֵם = רֵיק מֵאָדָם, עָזוּב; שֶׁלֹּא חַיִּים בּוֹ

לְהִתְכַּסּוֹת = לְהִתְעַטֵּף; לִהְיוֹת מְכֻסֶּה

כָּלָה לְבָבִי לְ- = הִתְגַּעְגַּעְתִּי מְאֹד אֶל

לִכְבֹּשׁ = לְהַסְתִּיר; לִלְחֹץ

דִּמְעָה = טִפָּה שֶׁיּוֹרֶדֶת מִן הָעַיִן כְּשֶׁבּוֹכִים

לִנְטֹף = לְטַפְטֵף, לָרֶדֶת טִפּוֹת-טִפּוֹת

נָטָפָה = צוּרָה אֲרֻכָּה יוֹתֵר שֶׁל "נָטְפָה", יְכוֹלָה לָבוֹא בְּסוֹף מִשְׁפָּט

חֶרֶשׁ = בְּשֶׁקֶט, לְלֹא קוֹל

לְהִתְרַפֵּק עַל = לְחַבֵּק מִתּוֹךְ אַהֲבָה וְגַעְגּוּעִים

שָׂךְ (לָשׂוּךְ) עַל = לִשְׁמֹר עַל

בְּעַד = 1. בִּשְׁבִיל, לְטוֹבַת

2. (עִם פְּעָלִים כְּמוֹ "לַעֲצֹר") לֹא לְאַפְשֵׁר לַעֲבֹר

לִפְרֹחַ = 1. לָעוּף

2. לִהְיוֹת לְפֶרַח, לְהִתְפַּתֵּחַ

לְהִוָּתֵר = לְהִשָּׁאֵר

כְּעֵין = כְּמוֹ מִין (עֵין = מַרְאֶה, צוּרָה)

סִיּוּם = סוֹף

קִינָה = שִׁיר צַעַר עַל מִישֶׁהוּ שֶׁמֵּת, עַל חֻרְבָּן אוֹ עַל צָרָה

כְּאַחַת = בְּיַחַד

בְּכִיָּה = בְּכִי = שְׁפִיכַת דְּמָעוֹת

רוֹתֵחַ = חַם בְּיוֹתֵר; סוֹעֵר, כּוֹעֵס

סמן ב-x את ההצהרות הנכונות:

(בית ראשון)

___ 1. המדבר בשיר הוא גוזל.

___ 2. יתר הגוזלים יצאו לעולם הרחב.

___ 3. השכינה סחפה את כולם.

___ 4. שתי השורות הראשונות בשיר עצובות.

___ 5. בוקר החיים הוא תחילת החיים.

___ 6. השכינה מופיעה בשיר בדמות ציפור.

___ 7. הגוזל נשאר עם השכינה.

___ 8. כנפי השכינה מכסות את הגוזל.

___ 9. "נשתכחתי מלב", פרושו "נשארתי בודד".

(בית שני)

___ 1. השכינה נשארה בודדה.

___ 2. הכנף הימנית של השכינה שבורה.

___ 3. הימין מסמל כוח.

___ 4. ראש הגוזל רועד מפחד.

___ 5. פרוש המילה "יְמִינָהּ" הוא "הימין שלה".

___ 6. השכינה חרדה על בנה היחיד, שנישא ברוח.

___ 7. הגוזל מבין את רגשות השכינה.

___ 8. הבן היחיד שבר את כנף השכינה.

ענה על השאלות:

1. איפה נמצאת השכינה בדרך כלל?

2. אם הגוזל נשאר לבדו עם השכינה, לאן עפו יתר הגוזלים?

3. מה, לדעתך, מסמלים הרוח והאור?

4. האם מתאים לומר על מי שנשאר עם השכינה, שהוא נשאר בודד?

5. מדוע, לדעתך, אומר המשורר שהוא בודד, למרות שהוא עם השכינה?

6. השכינה מלווה את היהודים לכל מקום.   מדוע היא לא יצאה איתם לאור?

7. מה מסמלת הכנף השבורה של השכינה?

8. מדוע חרדה השכינה על הגוזל?

9. מהי מילת היחס, המבטאת את יחס השכינה אל הגוזל?   כמה פעמים היא מופיעה   בבית השני?

ה פּ ע ל

בִּנְיָן נִפְעַל - גִּזְרַת פ"נ

שם הפעל: לְהִנָּטֵל/•לְהִנָּטַע ••(לְהִנָּעֵל)

הווה:	יחיד	נִטָּל	(נִנְעָל)
	יחידה	נִטֶּלֶת/נִטַּעַת	(נִנְעֶלֶת)
	רבים	נִטָּלִים	
	רבות	נִטָּלוֹת	

עבר:	אני	נִטַּלְתִּי/נִטַּעְתִּי	(נִנְעַלְתִּי)	אנחנו	נִטַּלְנוּ/נִטַּעְנוּ	(נִנְעַלְנוּ)
	אתה	נִטַּלְתָּ		אתם/ן	נִטַּלְתֶּם/ן	
	את	נִטַּלְתְּ				
	הוא	נִטַּל		הם	נִטְּלוּ	(נִנְעֲלוּ)
	היא	נִטְּלָה	(נִנְעֲלָה)			

עתיד:	אני	אֶנָּטֵל/אֶנָּטַע	(אֶנָּעֵל)	אנחנו	נִנָּטֵל/נִנָּטַע	(נִנָּעֵל)
	אתה	תִּנָּטֵל		אתם/ן	תִּנָּטְלוּ	(תִּנָּעֲלוּ)
	את	תִּנָּטְלִי	(תִּנָּעֲלִי)			
	הוא	יִנָּטֵל		הם/ן	יִנָּטְלוּ	(יִנָּעֲלוּ)
	היא	תִּנָּטֵל				

צווי:	(אתה)	הִנָּטֵל/הִנָּטַע	(הִנָּעֵל)
	(את)	הִנָּטְלִי	(הִנָּעֲלִי)
	(אתם)	הִנָּטְלוּ	(הִנָּעֲלוּ)

* נכון לפעלים בעלי ל"ח או ל"ע.

** כש-ע' הפעל גרונית, ה-נ איננה נושרת בהווה ובעבר.

!!! הדגש בהווה ובעבר מְצַיֵּן את ה-נ של השורש (נפל); בשם הפעל, בעתיד ובצווי, הוא מציין את ה-נ של הבנין (נפעל).

שם הפעולה: הִנָּטְלוּת

אמור בעתיד:

1. מבוקשו ניתן לו.
2. היא נישאה ברות.
3. ניתנו לנו הבטחות.
4. ננעלתי בחדרי.
5. הפרחים ניזקו בכפור.
6. עץ ניטע ביער.

. . . . מִלִּים . . . מִלִּים . . . מִלִּים . . . .

לְבַדִּי ≠ בְּעַצְמִי

לְבַדִּי = לְלֹא חֶבְרַת אֲחֵרִים (unaccompanied; all alone)

בְּעַצְמִי = לְלֹא עֶזְרַת אֲחֵרִים (unassisted; all by myself)

לְבַדִּי	בְּעַצְמִי
לְבַדְּךָ	בְּעַצְמְךָ
לְבַדֵּךְ	בְּעַצְמֵךְ
לְבַדּוֹ	בְּעַצְמוֹ
לְבַדָּהּ	בְּעַצְמָהּ
לְבַדֵּנוּ	בְּעַצְמֵנוּ
לְבַדְּכֶם/ן	בְּעַצְמְכֶם/ן
לְבַדָּם/ן	בְּעַצְמָם/ן

. . . .

בְּעַצְמוֹ

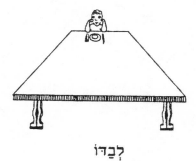

לְבַדּוֹ

מחק את המילה הבלתי מתאימה:

1. הליטאי נשאר (לבדו/בעצמו) עם הצדיק.

2. לא עזרתי לה: היא כתבה את החיבור (לבדה/בעצמה)

3. ההורים ראו איך הילד סידר את המיטה (לבדו/בעצמו)

4. ההורים הלכו לקונצרט, והילדים נשארו (לבדם/בעצמם) בבית.

5. אנחנו מזמינים אורחים, כי איננו אוהבים לאכול (לבדנו/בעצמנו).

קרא מאמר בעיתון למתחילים, וסכם את תוכנו

שעור כ"ב

ש י ח ת ה כ נ ה

חרוז וטעם

קרא בקול את הבית הראשון ב"לבדי". האם החרוז "הרנינה - השכינה" נשמע טוב?

ביאליק כתב שירה בהברה אשכנזית, שבה בטאו את המילה השנייה "שכ̆ינה".

עכשיו, קרא את הבית הראשון מחדש, והטעם את ההברות המסומנות ב->:

כֻּלָּם נָשָׂא הָרוּחַ, כֻּלָּם סָחַף הָאוֹר,
שִׁירָה חֲדָשָׁה אֶת-בֹּקֶר חַיֵּיהֶם הִרְנִינָה
וַאֲנִי, גּוֹזָל רַךְ, נִשְׁתַּכַּחְתִּי מִלֵּב,
תַּחַת כַּנְפֵי הַשְּׁכִינָה.

" נִתְפַּעַל"

המילה "נִשְׁתַּכַּחְתִּי" היא צרוף של נִפעל (נִשְׁכַּחְתִּי) והתפעל (הִשְׁתַּכַּחְתִּי). צורות של נתפעל קיימות רק בזמן עבר.

שאלות מנחות:

1. מוֹקֵד הבית הראשון הוא האור והרוח שנושבת בחוץ. לאן עובר המוקד בבית השני?
2. השכינה בודדה ועצובה. מה מסמל את כְּאֵבָהּ?
3. האם הגוזל מִזְדַּהֶה עם השכינה? נַמֵּק.
4. "חרד חרדה" מְבַטֵּא דאגה עמוקה. מה עוד, בבית השני, מדגיש את אהבתה של השכינה לגוזל?
5. מה מזכירות לך המילים "בְּנָהּ יְחִידָהּ"? (רְאֵה בראשית כ"ב)
6. איפה, לדעתך, נשארו השכינה והגוזל, לאחר ש"כולם" עזבו?

ח. נ. ביאליק

לְבַדִּי

כֻּלָּם נָשָׂא הָרוּחַ, כֻּלָּם סָחַף הָאוֹר,
שִׁירָה חֲדָשָׁה אֶת-בֹּקֶר חַיֵּיהֶם הִרְנִינָה;
וַאֲנִי, גּוֹזָל רַךְ, נִשְׁתַּכַּחְתִּי מִלֵּב,
תַּחַת כַּנְפֵי הַשְּׁכִינָה.

בָּדָד, בָּדָד נִשְׁאַרְתִּי, וְהַשְּׁכִינָה אַף-הִיא
כְּנַף יְמִינָהּ הַשְּׁבוּרָה עַל-רֹאשִׁי הִרְעִידָה.
יָדַע לִבִּי אֶת-לִבָּהּ: חָרֹד חָרְדָה עָלַי,
עַל-בְּנָהּ, עַל יְחִידָהּ.

כְּבָר נִתְגָּרְשָׁה מִכָּל הַזָּוִיּוֹת, רַק-עוֹד
פִּנַּת סֵתֶר שׁוֹמֵמָה וּקְטַנָּה נִשְׁאָרָה -
בֵּית הַמִּדְרָשׁ - וַתִּתְכַּס בַּצֵּל, וָאֱהִי
עִמָּהּ יַחַד בַּצָּרָה.

וּכְשֶׁכָּלָה לְבָבִי לַחַלּוֹן, לָאוֹר,
וּכְשֶׁצַּר לִי הַמָּקוֹם מִתַּחַת לִכְנָפָהּ -
כָּבְשָׁה ראשה בִּכְתֵפִי, וְדִמְעָתָהּ עַל-דַּף
גְּמָרָתִי נָטָפָה.

חֶרֶשׁ בָּכְתָה עָלַי וַתִּתְרַפֵּק עָלַי,
וּכְמוֹ שָׂכָה בִּכְנָפָהּ הַשְּׁבוּרָה בַּעֲדִי:
"כֻּלָּם נָשָׂא הָרוּחַ, כֻּלָּם פָּרְחוּ לָהֶם,
וָאִוָּתֵר לְבַדִּי, לְבַדִּי . . ."

וּכְעֵין סִיּוּם שֶׁל קִינָה עַתִּיקָה מְאֹד,
וּכְעֵין תְּפִלָּה, בַּקָּשָׁה וַחֲרָדָה כְּאַחַת,
שָׁמְעָה אָזְנִי בַּבְּכִיָּה הַחֲרִישִׁית הַהִיא
וּבַדִּמְעָה הַהִיא הָרוֹתַחַת -

פרושי מלים ובטויים

לְגָרֵשׁ = לְהַרְחִיק, לְהוֹצִיא

זָוִית = פִּנָּה; מָקוֹם קָטָן וּמְצֻמְצָם

פִּנָּה = מָקוֹם שֶׁבּוֹ נִפְגָּשִׁים שְׁנֵי קִירוֹת; קָצֶה; מָקוֹם צַר

שׁוֹמֵם = רֵיק מֵאָדָם, עָזוּב; שֶׁלֹּא חַיִּים בּוֹ

לְהִתְכַּסּוֹת = לְהִתְעַטֵּף; לִהְיוֹת מְכֻסֶּה

כָּלָה לְבָבִי לְ- = הִתְגַּעְגַּעְתִּי מְאֹד אֶל

לִכְבֹּשׁ = לְהַסְתִּיר; לִלְחֹץ

דִּמְעָה = טִפָּה שֶׁיּוֹרֶדֶת מִן הָעַיִן כְּשֶׁבּוֹכִים

לִנְטֹף = לְטַפְטֵף, לָרֶדֶת טִפּוֹת-טִפּוֹת

נָטְפָה = צוּרָה אֲרֻכָּה יוֹתֵר שֶׁל "נָטְפָה", יְכוֹלָה לָבוֹא בְּסוֹף מִשְׁפָּט

חֶרֶשׁ = בְּשֶׁקֶט, לְלֹא קוֹל

לְהִתְרַפֵּק עַל = לְחַבֵּק מִתּוֹךְ אַהֲבָה וְגַעְגּוּעִים

שָׂךְ (לָשׂוּךְ) עַל = לִשְׁמֹר עַל

בְּעַד = 1. בִּשְׁבִיל, לְטוֹבַת

2. (עִם פְּעָלִים כְּמוֹ "לַעֲצֹר") לֹא לְאַפְשֵׁר לַעֲבֹר

לִפְרֹחַ = 1. לָעוּף

2. לִהְיוֹת לְפֶרַח, לְהִתְפַּתֵּחַ

לְהִוָּתֵר = לְהִשָּׁאֵר

כְּעֵין = כְּמוֹ מִין (עֵין = מַרְאֶה, צוּרָה)

סִיּוּם = סוֹף

קִינָה = שִׁיר צַעַר עַל מִישֶׁהוּ שֶׁמֵּת, עַל חֻרְבָּן אוֹ עַל צָרָה

כְּאַחַת = בְּיַחַד

בְּכִיָּה = בֶּכִי = שְׁפִיכַת דְּמָעוֹת

רוֹתֵחַ = חַם בְּיוֹתֵר; סוֹעֵר, כּוֹעֵס

סמן ב-x את ההצהרות הנכונות:

(בית שלישי)

___ 1. זווית היא פינה.

___ 2. השכינה נמצֵאת בכל מקום בו נמצאים יהודים שומרֵי מסורת.

___ 3. הגויים גרשו את השכינה מכל הזוויות.

___ 4. כשהעולם היהודי מִצְטַמְצֵם, נוֹכְחוּת השכינה מצטמצמת.

___ 5. השכינה מכַסה את היהודים בצֵל.

___ 6. בית המדרש שומם, כי איש לא לומד בו.

(בית רביעי)

___ 1. הגוזל רוצה לעוף החוצה.

___ 2. הגוזל לומד גמרא בבית המדרש.

___ 3. דמעת השכינה נופלת על ראש הגוזל.

___ 4. הגמרא נוטפת.

ענה על השאלות:

1. הסבר את הצורה "נתגרשה".
2. מה המַשמָעוּת של "נתגרשה": "גֵרְשׁוּ אותה", או "היא גֵרְשָׁה את עצמה"?
3. מאיין "נתגרשה" השכינה?
4. מדוע לא נֶעלמה השכינה מבית המדרש?
5. מדוע התכסתה השכינה בצלָ?
6. "צָרָה", פרושה "עניין רע", "מצב קשָׁה"; מה מִשְׂחַק המילים שאפשר לראות בבית השלישי עם המילה "צַר"?
7. מה עושה הגוזל בבית המדרש?
8. מדוע צר לגוזל המקום תחת כְּנַף השכינה?
9. מדוע כובשת השכינה את ראשה בכתֵפו של הגוזל?
10. לאן נושרת דמעת השכינה?

ה פ ּע ל

בִּנְיַן הִפְעִיל - שְׁלֵמִים

שם פעל: לְהַרְעִיד/•לְהַשְׁפִּיעַ ••(לְהַאֲמִין)

הווה:	יחיד	מַרְעִיד/מַשְׁפִּיעַ	(מַאֲמִין)			
	יחידה	מַרְעִידָה	(מַאֲמִינָה)			
	רבים	מַרְעִידִים	(מַאֲמִינִים)			
	רבות	מַרְעִידוֹת	(מַאֲמִינוֹת)			

עבר:	אני	הִרְעַדְתִּי/הִשְׁפַּעְתִּי	(הֶאֱמַנְתִּי)	אנחנו	הִרְעַדְנוּ/הִשְׁפַּעְנוּ	(הֶאֱמַנּוּ)
	אתה	הִרְעַדְתָּ	(הֶאֱמַנְתָּ)	אתם/ן	הִרְעַדְתֶּם/ן	(הֶאֱמַנְתֶּם/ן)
	את	הִרְעַדְתְּ	(הֶאֱמַנְתְּ)			
	הוא	הִרְעִיד/הִשְׁפִּיעַ	(הֶאֱמִין)	הם/ן	הִרְעִידוּ	(הֶאֱמִינוּ)
	היא	הִרְעִידָה	(הֶאֱמִינָה)			

עתיד:	אני	אַרְעִיד/אַשְׁפִּיעַ	(אַאֲמִין)	אנחנו	נַרְעִיד/נַשְׁפִּיעַ	(נַאֲמִין)
	אתה	תַּרְעִיד/תַּשְׁפִּיעַ	(תַּאֲמִין)	אתם/ן	תַּרְעִידוּ	(תַּאֲמִינוּ)
	את	תַּרְעִידִי	(תַּאֲמִינִי)			
	הוא	יַרְעִיד/יַשְׁפִּיעַ	(יַאֲמִין)	הם/ן	יַרְעִידוּ	(יַאֲמִינוּ)
	היא	תַּרְעִיד/תַּשְׁפִּיעַ	(תַּאֲמִין)			

צווי:	(אתה)	הַרְעֵד/הַשְׁפַּע	(הַאֲמֵן)
	(את)	הַרְעִידִי/הַשְׁפִּיעִי	(הַאֲמִינִי)
	(אתם)	הַרְעִידוּ/הַשְׁפִּיעוּ	(הַאֲמִינוּ)

* נכון לפעלים בעלי ל"ח או ל"ע.

** נכון לכל הפעלים בעלי פ"גרונית.

שם הפעולה: הַרְעָדָה, הַשְׁפָּעָה

אמור בעבר ובעתיד:

1. אני מתחיל להבין.
2. אתה משפיע על הקוראים.
3. את מסבירה את התוכן.
4. הגוזל מרגיש את עצבות השכינה.
5. השכינה מרעידה את הכנף.
6. אנחנו מעריכים את השיר.
7. אתם מעשירים את השפה.
8. הגוזלים מחליטים לצאת לאור.

*+

צורות הֶעָתִיד הַמְּקֻצָּר

בְּעִבְרִית תַּנָ"כִית, מוֹפִיעוֹת לִפְעָמִים צורות מְקֻצָּרוֹת שֶׁל עָתִיד ל"ה,
בְּעִקָּר עִם וָו הַהִפּוּךְ.

בַּצּוּרוֹת הַמִּסְתַּיְּמוֹת בֶּעָתִיד בְּ-ה, חָלִים הַשִּׁנּוּיִים הַבָּאִים:

1. הַ-**ה** הַסּוֹפִית נוֹשֶׁרֶת
2. הַ **טַעַם** זָז לְאָחוֹר
3. הַ **נִּקּוּד** מִשְׁתַּנֶּה

דֻּגְמָאוֹת: וַיַּעֲלֶה ———← וַיַּעַל (= הוּא עָלָה)

וָאֶרְאֶה ———← וָאֵרֶא (= רָאִיתִי)

+**+

אמור בעברית מודרנית:

1. וַיִּבֶן המלך את החומות.
2. וַתַּעַל תפילתו למרום.
3. וַנֵּרֶא את המקום.
4. וַתֵּשְׁתְּ את כל היין.

קרא מאמר בעיתון למתחילים

ספר את תוכן המאמר בקיצור

שעור כ"ג

ש י ח ת   ה כ נ ה

האווירה בבית השלישי שונה מאד מזו שבבית הראשון. קרא מחדש את שני הבתים, והראה איך תורמים הגורמים הבאים לאוירות השונות:

1. טיב הפעלים
2. שמות העצם
3. שמות התואר

כֻּלָּם נָשָׂא הָרוּחַ, כֻּלָּם סָחַף הָאוֹר,
שִׁירָה חֲדָשָׁה אֶת-בֹּקֶר חַיֵּיהֶם הִרְנִינָה;
וַאֲנִי, גּוֹזָל רַךְ, נִשְׁתַּכַּחְתִּי מִלֵּב,
תַּחַת כַּנְפֵי הַשְּׁכִינָה.

\- - - - - - - - - - - - - - - - - -

כְּבָר נִתְגָּרְשָׁה מִכָּל הַזָּוִיּוֹת, רַק-עוֹד
פִּנַּת סֵתֶר שׁוֹמֵמָה וּקְטַנָּה נִשְׁאָרָה -
בֵּית הַמִּדְרָשׁ - וַתִּתְכַּס בַּצֵּל, וָאֱהִי
עִמָּהּ יַחַד בַּצָּרָה.

גוזל, שאיננו מכיר את העולם, טבעי שירצה להצמיח כנפים ולעוף. טבעי גם שאימו תעודד אותו בכך. מדוע אין הציפור-שכינה מעודדת את גוזלה לעוף אל האור?

מדוע בחר ביאליק לתאר את השכינה בדמות ציפור?

דמעה היא אחד הסממנים החשובים בשירת ביאליק. הוא משתמש בה כדי לתאר את צערה של אימו האלמנה, את מכאוביו ואת מכאובי העם. בשיר "לבדי", הוא מדבר על דמעת השכינה - על צערה של הדמות המביאה שמחה ואור ליהודים בגולה.

ח. נ. ביאליק

לְבַדִּי

כֻּלָּם נָשָׂא הָרוּחַ, כֻּלָּם סָחַף הָאוֹר,
שִׁירָה חֲדָשָׁה אֶת-בֹּקֶר חַיֵּיהֶם הִרְנִינָה;
וַאֲנִי, גּוֹזָל רַךְ, נִשְׁתַּכַּחְתִּי מִלֵּב,
תַּחַת כַּנְפֵי הַשְּׁכִינָה.

בָּדָד, בָּדָד נִשְׁאַרְתִּי, וְהַשְּׁכִינָה אַף-הִיא
כְּנַף יְמִינָהּ הַשְּׁבוּרָה עַל-רֹאשִׁי הִרְעִידָה.
יָדַע לִבִּי אֶת-לִבָּהּ: חָרֹד חָרְדָה עָלַי,
עַל-בְּנָהּ, עַל יְחִידָהּ.

כְּבָר נִתְגָּרְשָׁה מִכָּל הַזָּוִיּוֹת, רַק-עוֹד
פִּנַּת סֵתֶר שׁוֹמֵמָה וּקְטַנָּה נִשְׁאָרָה -
בֵּית הַמִּדְרָשׁ - וַתִּתְכַּס בַּצֵּל, וָאֱהִי
עִמָּהּ יַחַד בַּצָּרָה.

וּכְשֶׁכָּלָה לְבָבִי לַחַלּוֹן, לָאוֹר,
וּכְשֶׁצַּר לִי הַמָּקוֹם מִתַּחַת לִכְנָפָהּ -
כָּבְשָׁה רֹאשָׁהּ בִּכְתֵפִי, וְדִמְעָתָהּ עַל-דַּף
גְּמָרָתִי נָטָפָה.

חֶרֶשׁ בָּכְתָה עָלַי וַתִּתְרַפֵּק עָלַי,
וּכְמוֹ שָׂכָה בִּכְנָפָהּ הַשְּׁבוּרָה בַּעֲדִי:
"כֻּלָּם נָשָׂא הָרוּחַ, כֻּלָּם פָּרְחוּ לָהֶם,
וָאִוָּתֵר לְבַדִּי, לְבַדִּי . . ."

וּכְעֵין סִיּוּם שֶׁל קִינָה עַתִּיקָה מְאֹד,
וּכְעֵין תְּפִלָּה, בַּקָּשָׁה וַחֲרָדָה כְּאַחַת,
שָׁמְעָה אָזְנִי בַּבְּכִיָּה הַחֲרִישִׁית הַהִיא
וּבַדִּמְעָה הַהִיא הָרוֹתַחַת -

<u>פרושי מלים ובטויים</u>

חָרֵשׁ = בְּשֶׁקֶט, לְלֹא קוֹל

לְהִתְרַפֵּק עַל = לְחַבֵּק מִתּוֹךְ אַהֲבָה וְגַעְגּוּעִים

שָׂךְ (לָשׂוּךְ) עַל = לִשְׁמֹר עַל

בְּעַד = 1. בִּשְׁבִיל, לְטוֹבַת

2. (עִם פְּעָלִים כְּמוֹ "לַעֲצֹר") לֹא לְאַפְשֵׁר לַעֲבֹר

לִפְרֹחַ = 1. לָעוּף

2. לִהְיוֹת לְפֶרַח, לְהִתְפַּתֵּחַ

לְהִוָּתֵר = לְהִשָּׁאֵר

כְּעֵין = כְּמוֹ מִין (עַיִן = מַרְאֶה, צוּרָה)

סִיּוּם = סוֹף

קִינָה = שִׁיר צַעַר עַל מִישֶׁהוּ שֶׁמֵּת, עַל חֻרְבָּן אוֹ עַל צָרָה

כְּאַחַת = בְּיַחַד

בְּכִיָּה = בְּכִי = שְׁפִיכַת דְּמָעוֹת

רוֹתֵחַ = חַם בְּיוֹתֵר; סוֹעֵר, כּוֹעֵס

סמן ב-x את ההצהרות הנכונות:

___ 1. השכינה פוחדת פֶּן הגוזל יעזוב אותה.

___ 2. השכינה בוכה, כי היא איננה יכולה לעוף אל האור.

___ 3. השכינה אומרת שהיא נשארה לבדה.

___ 4. הגוזל מתפלל בחרדה.

___ 5. הגוזל שומע בכי חרישי.

___ 6. הבכי נשמע כמו קינה.

___ 7. הבכי נשמע כמו בקשה.

___ 8. הדמעה נופלת על הגוזל.

___ 9. הדמעה חמה מאד.

ענה על השאלות:

1. אפשר לפרש את המילים "שָׁכָה בַּעֲדוֹ" בשתי צורות. מהן?
2. למילה "פרחו" יש שני פירושים שונים. מהם?
3. איזה משני הפירושים של "לפרוח" מְשַׁקֵּף את יחס הגוזל ליציאה אל העולם החיצוני?
4. מה שומע הגוזל בבְכִית השכינה?
5. כולם פרחו כבר בבית הראשון; מדוע בוכה השכינה רק בבתים האחרונים?
6. מדוע יש בבְכִי השכינה משהו מעין תפילה וּבַקָּשָׁה?
7. מדוע רותחת דמעת השכינה?
8. השיר איננו מסתיים בנקודה. מה יקרה בסוף? האם הגוזל יחליט להישאר עם השכינה, או לעוף החוצה? נמק.
9. את בְּדִידוּתוֹ של מי מְתָאֵר השיר "לבדי"? את בדידות המשורר או את בדידות השכינה?
10. האם, לדעתך, "לבדי" הוא דוגמה של שירה אישית או לאומית? נמק.

מחק את המשלים הבלתי מתאים:

1. בשיר "לבדי", האור שבחוץ מסמל
   - א. את הרעיונות הנְאוֹרִים של אירופה החילונית.
   - ב. את תקוות המשכילים, שהיהודים יוכלו לחיות כשווים בין הגויים.
   - ג. את אור התורה.

2. השכינה איננה מעודדת את הגוזל לצאת החוצה, מפני ש-
   - א. היא יודעת שהאור בחוץ מַכְזִיב.
   - ב. כנפָּהּ שבורה, והיא איננה יכולה לעזור לו.
   - ג. היא רוצה שהוא ימשיך לחיות כיהודי.

3. השכינה מצטמצמת בבית המדרש הקטן, מפני ש-
   - א. זה המקום היחיד, בו מתקיימת היהדות בִּמְלוֹאָהּ.
   - ב. מספר היהודים, השומרים על מסורת, הצטמצם.
   - ג. היא אוהבת להתכַּסות בצל.

4. השכינה בוכה, מפני ש-
   - א. אין מי שישמור עליה.
   - ב. החיים היהודיים מתפוררים.
   - ג. הגוזל האחרון רוצה לעזוב את בית המדרש.

ה פ ע ל

בִּנְיַן הִפְעִיל - גִּזְרַת ל״ה

שם הפעל:		לְהַקְנוֹת	*(לְהַעֲלוֹת)			
הווה:	יחיד	מַקְנֶה	(מַעֲלֶה)			
	יחידה	מַקְנָה	(מַעֲלָה)			
	רבים	מַקְנִים	(מַעֲלִים)			
	רבות	מַקְנוֹת	(מַעֲלוֹת)			
עבר:	אני	הִקְנֵיתִי	(הֶעֱלֵיתִי)	אנחנו	הִקְנֵינוּ	(הֶעֱלֵינוּ)
	אתה	הִקְנֵיתָ	(הֶעֱלֵיתָ)	אתם/ן	הִקְנֵיתֶם/ן	(הֶעֱלֵיתֶם/ן)
	את	הִקְנֵית	(הֶעֱלֵית)			
	הוא	הִקְנָה	(הֶעֱלָה)	הם/ן	הִקְנוּ	(הֶעֱלוּ)
	היא	הִקְנְתָה	(הֶעֶלְתָה)			
עתיד	אני	אַקְנֶה	(אַעֲלֶה)	אנחנו	נַקְנֶה	(נַעֲלֶה)
	אתה	תַּקְנֶה	(תַּעֲלֶה)	אתם/ן	תַּקְנוּ	(תַּעֲלוּ)
	את	תַּקְנִי	(תַּעֲלִי)			
	הוא	יַקְנֶה	(יַעֲלֶה)	הם/ן	יַקְנוּ	(יַעֲלוּ)
	היא	תַּקְנֶה	(תַּעֲלֶה)			
צווי:	(אתה)	הַקְנֵה	(הַעֲלֵה)			
	(את)	הַקְנִי	(הַעֲלִי)			
	(אתם)	הַקְנוּ	(הַעֲלוּ)			

• **שים לב:** בעתיד, כל הצורות בסגריים חוץ מ״אני״ זהות לצורות העתיד בפעל. רק מהתוכן אפשר לקבוע אם המילה ״תַּעֲלֶה״ מופיעה בפעל או ב הפעיל:

א. מתי תעלה לישראל? (פעל)
ב. מתי תעלה את זה לדירה? (הפעיל)

שם הפעולה: הַקְנָיָה, הַעֲלָאָה

אמור בעבר ובעתיד:

1. הוא מרצה על תקופת ההשכלה.
2. אני מפנֶה תלמידים לספרייה.
3. את מַשְׁוָה את שני הבתים בשיר.
4. אנחנו מַשְׁקים את העֲציצים.
5. היא מראה לנו את הסביבה.
6. אתם מעלים רעיון מעניין.
7. אתה מקנה להם יֶדַע רב.

הַמִּסְפָּרִים הַסִּדּוּרִיִּים (Ordinal Numbers)

הַמִּסְפָּר, הַמְּצַיֵּן אֶת סֵדֶר הָעֲצָמִים, נִקְרָא מִסְפָּר סִדּוּרִי.

1. הַמִּסְפָּר הַסִּדּוּרִי נוֹהֵג כְּשֵׁם תֹּאַר:
   א. מוֹפִיעַ אַחֲרֵי שֵׁם הָעֶצֶם, אוֹתוֹ הוּא מְתָאֵר;
   ב. מְקַבֵּל ה-הַיְּדוּעַ, אִם שֵׁם הָעֶצֶם מְיֻדָּע.
2. מֵ-1 עַד 10, צוּרוֹת הַמִּסְפָּרִים הַסִּדּוּרִיִּים שׁוֹנוֹת מִצּוּרוֹת הַמִּסְפָּרִים הַיְסוֹדִיִּים; מֵ-11 הֵן זֵהוֹת:

זָכָר	נְקֵבָה
רִאשׁוֹן (רִאשׁוֹנִים)	רִאשׁוֹנָה (רִאשׁוֹנוֹת)
שֵׁנִי (שְׁנִיִּים)	שְׁנִיָּה (שְׁנִיּוֹת)
שְׁלִישִׁי (שְׁלִישִׁיִּים)	שְׁלִישִׁית (שְׁלִישִׁיּוֹת)
רְבִיעִי	רְבִיעִית
חֲמִישִׁי	חֲמִישִׁית
שִׁשִּׁי	שִׁשִּׁית
שְׁבִיעִי	שְׁבִיעִית
שְׁמִינִי	שְׁמִינִית
תְּשִׁיעִי	תְּשִׁיעִית
עֲשִׂירִי	עֲשִׂירִית
אַחַד-עָשָׂר	אַחַת-עֶשְׂרֵה

דוגמאות: אני גר בבית השני-מימין.

זאת הבחינה ה שתים-עשרה בעברית השנה.

זאת אפשרות אחת; קיימת גם אפשרות שנית

קרא בקול ורשום בשוליים את המספרים (יסודיים או סידוריים):

1. אלוהים ברא את העולם ב(6) ימים, וביום ה(7) שבת. __________ __________

2. (2) השירים ה(1) ארוכים, וה(3) קצר. __________ __________ __________

3. זאת השנה ה(10) שהוא מלמד באוניברסיטה. __________

4. מדינת ישראל חגגה את יום העצמאות ה(35) ב-1983. __________ __________

5. בכיתה ה(2), הם קראו את (4) המאמרים ביום אחד. __________ __________

קרא מאמר בעיתון למתחילים

הרצה את תוכנו בקצרה

שעור כ"ד

ש י ח ה

מבלי לקרוא מהכתב, ספר לכיתה מה כתבת על דמות השכינה בשיר "לבדי".
(בקש ממספר תלמידים לספר את תוכן חיבוריהם)

האם השיר מסתיים בנימה של תקווה או יֵאוּשׁ?

מגילת "אֵיכָה", שהיא קינה על חֻרְבַּן בית המִקדש, פותחת במילים המְהַדְהֲדות בשיר, והן "אֵיכָה יָשְׁבָה בָּדָד". גם את השיר "לבדי" אפשר לאפין כקינה. קינה על מה?

בבתים הראשונים של השיר, מִזְדַּהֶה הגוזל עם השכינה ("יָדַע לִבִּי אֶת לִבָּהּ"; "וָאֱהִי עִמָּהּ יַחַד בַּצָּרָה"). מהם הביטויים המצביעים על חוסר ההִזְדַּהוּת של הגוזל בבתים המאוחרים? איפה, בדיוק, חָל המִפְנֶה בעֶמדת הגוזל?

אפשר, אם כן, לחלק את השיר לשני חלקים, בהתאם ליחסו של הגוזל אל השכינה. בעמוד הבא, קרא את השיר בשלמותו, ומצא ניגודים ברורים בין החלק הראשון לשני. למָשָׁל,

בבית הראשון:	שירה חדשה; הרנינה
בבית האחרון:	קינה עתיקה; בכיה

בנוסף למילים בודדות, הראה את הניגודים

1. באווירה
2. ביַחֲסֵי התְּלוּת בין השכינה לגוזל
3. בהבנה ביניהם

ח. נ. ביאליק

לְבַדִּי

כֻּלָּם נָשָׂא הָרוּחַ, כֻּלָּם סָחַף הָאוֹר,
שִׁירָה חֲדָשָׁה אֶת-בֹּקֶר חַיֵּיהֶם הִרְנִינָה;
וַאֲנִי, גּוֹזָל רַךְ, נִשְׁתַּכַּחְתִּי מִלֵּב,
תַּחַת כַּנְפֵי הַשְּׁכִינָה.

בָּדָד, בָּדָד נִשְׁאַרְתִּי, וְהַשְּׁכִינָה אַף-הִיא
כְּנַף יְמִינָהּ הַשְּׁבוּרָה עַל-רֹאשִׁי הִרְעִידָה.
יָדַע לִבִּי אֶת-לִבָּהּ: חָרֹד חָרְדָה עָלַי,
עַל-בְּנָהּ, עַל יְחִידָהּ.

כְּבָר נִתְגָּרְשָׁה מִכָּל הַזָּוִיּוֹת, רַק-עוֹד
פִּנַּת סֵתֶר שׁוֹמֵמָה וּקְטַנָּה נִשְׁאָרָה -
בֵּית הַמִּדְרָשׁ - וַתִּתְכַּס בַּצֵּל, וָאֱהִי
עִמָּהּ יַחַד בַּצָּרָה.

וּכְשֶׁכָּלָה לְבָבִי לַחַלּוֹן, לָאוֹר,
וּכְשֶׁצַּר לִי הַמָּקוֹם מִתַּחַת לִכְנָפָהּ -
כָּבְשָׁה רֹאשָׁהּ בִּכְתֵפִי, וְדִמְעָתָהּ עַל-דַּף
גְּמָרָתִי נָטָפָה.

חֶרֶשׁ בָּכְתָה עָלַי וַתִּתְרַפֵּק עָלַי,
וּכְמוֹ שָׂכָה בִּכְנָפָהּ הַשְּׁבוּרָה בַּעֲדִי:
"כֻּלָּם נָשָׂא הָרוּחַ, כֻּלָּם פָּרְחוּ לָהֶם,
וָאִוָּתֵר לְבַדִּי, לְבַדִּי . . ."

וּכְעֵין סִיּוּם שֶׁל קִינָה עַתִּיקָה מְאֹד,
וּכְעֵין תְּפִלָּה, בַּקָּשָׁה וַחֲרָדָה כְּאַחַת,
שָׁמְעָה אָזְנִי בַּבְּכִיָּה הַחֲרִישִׁית הַהִיא
וּבַדִּמְעָה הַהִיא הָרוֹתַחַת -

ה פּ ע ל

בִּנְיַן הִפְעִיל - גִּזְרַת ע"ו-ע"י

שרש: בין (כון)

שם פעל: לְהָבִין (לְהָכִין)

הווה:	יחיד	מֵבִין	(מֵכִין)
	יחידה	מְבִינָה	(מְכִינָה)
	רבים	מְבִינִים	(מְכִינִים)
	רבות	מְבִינוֹת	(מְכִינוֹת)

עבר:	אני	הֵבַנְתִּי	(הֵכַנְתִּי)	אנחנו	הֵבַנּוּ	(הֵכַנּוּ)
	אתה	הֵבַנְתָּ	(הֵכַנְתָּ)	אתם/ן	הֵבַנְתֶּם/ן	(הֵכַנְתֶּם/ן)
	את	הֵבַנְתְּ	(הֵכַנְתְּ)			
	הוא	הֵבִין	(הֵכִין)	הם/ן	הֵבִינוּ	(הֵכִינוּ)
	היא	הֵבִינָה	(הֵכִינָה)			

עתיד:	אני	אָבִין	(אָכִין)	אנחנו	נָבִין	(נָכִין)
	אתה	תָּבִין	(תָּכִין)	אתם/ן	תָּבִינוּ	(תָּכִינוּ)
	את	תָּבִינִי	(תָּכִינִי)			
	הוא	יָבִין	(יָכִין)	הם/ן	יָבִינוּ	(יָכִינוּ)
	היא	תָּבִין	(תָּכִין)			

צווי:	(אתה)	הָבֵן	(הָכֵן)
	(את)	הָבִינִי	(הָכִינִי)
	(אתם)	הָבִינוּ	(הָכִינוּ)

שם הפעולה: הֲבָנָה, הֲכָנָה

אמור בעבר ובעתיד:

1. אני מֵקים אותם השכם בבוקר.
2. הם מְביאים לנו חדשות מישראל.
3. אתה מֵריץ את החניכים מסביב למחנה.

4. אנחנו משיבים את הספרים לספרייה.
5. הערב, הוא מכין לנו ארוחה.
6. את מבינה את פירוש המילה.
7. הרוח מעיפה את הכובעים.
8. אתם משיטים סירות באגם.

מִשְׁפַּט תְּנַאי בָּטֵל
(Contrary-to -fact conditional sentence)

מִשְׁפָּט, בּוֹ הַתְּנַאי אֵינֶנּוּ יָכוֹל לְהִתְמַמֵּשׁ, נִקְרָא מִשְׁפַּט תְּנַאי בָּטֵל.

הַפֹּעַל בַּמִּשְׁפָּט הַטָּפֵל מוֹפִיעַ בִּזְמַן עָבָר: **נוֹלַדְתִּי**

הַפֹּעַל בַּמִּשְׁפָּט הָעִקָּרִי מֻרְכָּב מֵ-
עָבָר שֶׁל הָיָה + פֹּעַל עִקָּרִי בְּהֹוֶה: **הָיִיתִי מְדַבֵּר**

בְּחִיּוּב, מִלַּת הַקִּשּׁוּר הִיא אִלּוּ אוֹ לוּ; בִּשְׁלִילָה: לוּלֵא.

דֻּגְמָאוֹת:

אִלּוּ **נוֹלַדְתִּי** בְּיִשְׂרָאֵל, **הָיִיתִי מְדַבֵּר** עִבְרִית רְהוּטָה.
לוּ **יָדַעְתָּ** כַּמָּה דָּאַגְתִּי, לֹא **הָיִיתָ חוֹזֵר** הַבַּיְתָה כָּל כָּךְ מְאֻחָר.
לוּלֵא **קָרָאנוּ** עַל הַהַשְׂכָּלָה, לֹא **הָיִינוּ מְבִינִים** אֶת הַשִּׁיר.

בחר בזוג פעלים מהשוליים, והשלם כל משפט:

1. אילו ________ אותי בזמן, ________ למסיבה. (להשאר, לבבות)
2. אילו ________ עשיר, ________ מטייל בכל העולם. (לפרוח, להינשא)
3. לו היהודים ________ בבית המדרש, השכינה לא ________ (להזמין, לבוא)
4. לולא היהודים ________ עם הרוח החדשה, השכינה לא ________ לבדה. (להיות, לטייל)
5. לו הגוזל ________ החוצה, הוא ________ ברוח. (להיסחף, להיוותר)

* *

מְעַט נִקּוּד

הַתְּנוּעוֹת הַגְּדוֹלוֹת		הַתְּנוּעוֹת הַקְּטַנּוֹת	
Δָ	(קָמָץ)	Δַ	(פַּתָּח)
Δֵ	(צֵירֶה)	Δֶ	(סֶגּוֹל)
Δִי	(חִירִיק מָלֵא)	Δִ	(חִירִיק חָסֵר)
Δוֹ	(חוֹלָם מָלֵא)	Δָ	(קָמָץ קָטָן)
Δֹ	(חוֹלָם חָסֵר)		
Δוּ	(שׁוּרוּק)	Δֻ	(קֻבּוּץ)

כְּלָלֵי הַנִּקּוּד בַּשֵּׁמוֹת

כְּלָל 1: בַּהֲבָרָה פְּתוּחָה, תְּנוּעָה גְּדוֹלָה: מָ-קוֹם, סָ-גוֹר

כְּלָל 2: בַּהֲבָרָה סְגוּרָה, תְּנוּעָה קְטַנָּה: יַלְ-דָּה, מִשְׁ-רָד

כְּלָל 3: בַּהֲבָרָה פְּתוּחָה מְטֻעֶמֶת, תְּנוּעָה קְטַנָּה: עַ-יִן, חֶ-דֶר

כְּלָל 4: בַּהֲבָרָה סְגוּרָה מְטֻעֶמֶת, תְּנוּעָה גְּדוֹלָה: מָ-קוֹם, מִשְׂ-רָד

* *

חלק להברות, ציין אם הן פתוחות או סגורות, סמן את הטעם ונקד.

דוגמה: חֶ-דֶר נָ-עוּל

1. שלג לבן ________________
2. בנות יפות ________________
3. פרח כחל ________________
4. קיץ ארך ________________
5. בטן כואבת ________________
6. מרק טעים ________________

שעור כ"ה

שנים-שלושה תלמידים מרצים לפני הכיתה (לא מן הכתב) את ממצאי ההשוואה בין הבית הראשון לאחרון ב"לבדי". אחרי כל הרצאה, המורה מתייחס לשגיאות אפייניות.

המורה קורא לפני הכיתה חיבור או שניים (בעילום שם). אם יש שגיאות הוא מבקש את עזרת הכיתה באיתורן ובתיקונן.

מחק את המשלים הבלתי מתאים:

1. השכינה מופיעה בדמות ציפור, מפני ש-
   א. ציפרים הן דמויות שְׁמֵימִיּוֹת.
   ב. כמו ציפור, היא מלמדת את גוזליה לעוף בכוחות עצמם.
   ג. השכינה עפה ונודֶדֶת עם היהודים, הנודדים בגולה.

2. הכנף השבורה ב"לבדי" מְסַמֶּלֶת
   א. סכנה לכל מי שחי באוויר.
   ב. אָבְדַן האמונה היהודית.
   ג. מֻגְבָּלוֹת היהודים בגולה, בניגוד ליתר העמים.

3. הגוזל אומר, "צר לי המקום", כי
   א. הוא יחד עם השכינה ב **צרת**
   ב. לימוד היהדות אינו מספיק לו עוד.
   ג. הוא רוצה לצאת לעולם הרחב.

4. השכינה כובשת את ראשה בִּכְתֵפוֹ, כדי
   א. להסתיר את בִּכְיָהּ.
   ב. לבכות על כתפו.
   ג. לנוח מעט.

5. דמעת השכינה

א. איננה נופלת על ליבו של הגוזל, אלא על הדף.

ב. מַפְרִיעָה לגוזל ללמוד.

ג. רותחת מעֶלְבּוֹן וכאב.

שאלות על בתים ב ו-ה ב"לבדי" (הטקסט מופיע שוב בעמוד הבא):

1. שני הבתים מתארים את בדידות הגוזל והשכינה. מי חלש יותר וזקוק יותר לשני(ה) בבית השני? מה מצביע על כך?
2. מי חלש יותר וזקוק יותר לשני(ה) בבית החמישי? מה מצביע על כך?
3. מי מדבר בבית השני? מי מדבר בבית החמישי?
4. מה, במבנה הבתים, מדגיש את הניגוד המושלם ביניהם?
5. מה מבין הגוזל בבית השני? מה מבינה השכינה בבית החמישי?
6. מדוע מכסה השכינה בכנפה השבורה על הגוזל בבית השני? מדוע היא שכה בעדו בבית החמישי?

שאלות על בתים ג ו-ד:

1. הבתים המרכזיים מתארים את המקלט האחרון שנותר לשכינה. מהן המילים המתארות את דלות המקום? מהן המילים המתארות את יהדותו?

2. מהי המילה המראה שהעולם החיצוני חודר ומְסַכֵּן את מִקְלָטָהּ האחרון של השכינה?

3. ביצד מסבירות שתי השורות הראשונות בבית הרביעי את שתי השורות הראשונות בבית השלישי?

ח. נ. ביאליק

לְבַדִּי

כֻּלָּם נָשָׂא הָרוּחַ, כֻּלָּם סָחַף הָאוֹר,
שִׁירָה חֲדָשָׁה אֶת-בֹּקֶר חַיֵּיהֶם הִרְנִינָה;
וַאֲנִי, גּוֹזָל רַךְ, נִשְׁתַּכַּחְתִּי מִלֵּב,
תַּחַת כַּנְפֵי הַשְּׁכִינָה.

בָּדָד, בָּדָד נִשְׁאַרְתִּי, וְהַשְּׁכִינָה אַף-הִיא
כְּנַף יְמִינָהּ הַשְּׁבוּרָה עַל-רֹאשִׁי הִרְעִידָה.
יָדַע לִבִּי אֶת-לִבָּהּ: חָרֹד חָרְדָה עָלַי,
עַל-בְּנָהּ, עַל-יְחִידָהּ.

כְּבָר נִתְגָּרְשָׁה מִכָּל הַזָּוִיּוֹת, רַק-עוֹד
פִּנַּת סֵתֶר שׁוֹמֵמָה וּקְטַנָּה נִשְׁאָרָה -
בֵּית הַמִּדְרָשׁ - וַתִּתְכַּס בַּצֵּל, וָאֱהִי
עִמָּהּ יַחַד בַּצָּרָה.

וּכְשֶׁכָּלָה לְבָבִי לַחַלּוֹן, לָאוֹר,
וּכְשֶׁצַּר לִי הַמָּקוֹם מִתַּחַת לִכְנָפָהּ -
כָּבְשָׁה רֹאשָׁהּ בִּכְתֵפִי, וְדִמְעָתָהּ עַל-דַּף
גְּמָרָתִי נָטָפָה.

חֶרֶשׁ בָּכְתָה עָלַי וַתִּתְרַפֵּק עָלַי,
וּכְמוֹ שָׂכָה בִּכְנָפָהּ הַשְּׁבוּרָה בַּעֲדִי:
"כֻּלָּם נָשָׂא הָרוּחַ, כֻּלָּם פָּרְחוּ לָהֶם,
וָאִוָּתֵר לְבַדִּי, לְבַדִּי... "

וּכְעֵין סִיּוּם שֶׁל קִינָה עַתִּיקָה מְאֹד,
וּכְעֵין תְּפִלָּה, בַּקָּשָׁה וַחֲרָדָה כְּאַחַת,
שָׁמְעָה אָזְנִי בַּבְּכִיָּה הַחֲרִישִׁית הַהִיא
וּבַדִּמְעָה הַהִיא הָרוֹתַחַת -

ה פ ׳ ע ל

בִּנְיַן הִפְעִיל - גִּזְרַת ל״א

שם הפעל: לְהַמְצִיא (לְהַחֲטִיא)

הווה:	יחיד	מַמְצִיא	(מַחֲטִיא)			
	יחידה	מַמְצִיאָה	(מַחֲטִיאָה)			
	רבים	מַמְצִיאִים	(מַחֲטִיאִים)			
	רבות	מַמְצִיאוֹת	(מַחֲטִיאוֹת)			
עבר:	אני	הִמְצֵאתִי	(הֶחֱטֵאתִי)	אנחנו	הִמְצֵאנוּ	(הֶחֱטֵאנוּ)
	אתה	הִמְצֵאתָ	(הֶחֱטֵאתָ)	אתם/ן	הִמְצֵאתֶם/ן	(הֶחֱטֵאתֶם/ן)
	את	הִמְצֵאת	(הֶחֱטֵאת)			
	הוא	הִמְצִיא	(הֶחֱטִיא)	הם/ן	הִמְצִיאוּ	(הֶחֱטִיאוּ)
	היא	הִמְצִיאָה	(הֶחֱטִיאָה)			
עתיד:	אני	אַמְצִיא	(אַחֲטִיא)	אנחנו	נַמְצִיא	(נַחֲטִיא)
	אתה	תַּמְצִיא	(תַּחֲטִיא)	אתם/ן	תַּמְצִיאוּ	(תַּחֲטִיאוּ)
	את	תַּמְצִיאִי	(תַּחֲטִיאִי)			
	הוא	יַמְצִיא	(יַחֲטִיא)	הם/ן	יַמְצִיאוּ	(יַחֲטִיאוּ)
	היא	תַּמְצִיא	(תַּחֲטִיא)			
צווי:	(אתה)	הַמְצֵא	(הַחֲטֵא)			
	(את)	הַמְצִיאִי	(הַחֲטִיאִי)			
	(אתם)	הַמְצִיאוּ	(הַחֲטִיאוּ)			

שם הפעולה: הַמְצָאָה, הַחֲטָאָה

אמור בעבר ובעתיד:

1. הוא ממציא לאישה שש אגורות.
2. אתה מחטיא את המטרה.
3. אנחנו מקפיאים את הבשר במקרר.
4. הסיפור מפליא את כולם.
5. היא מבריאה מהמחלה.
6. את מביאה כרטיסים להצגה.

* *

מְעַט נִקּוּד

הֲבָרָה חֲטוּפָה מִצְטָרֶפֶת אֶל הַהֲבָרָה שֶׁאַחֲרֶיהָ: **כְּ/מוֹ, בְּ/אֵר**

בַּהֲבָרָה חֲטוּפָה בָּא **שְׁוָא נָע**: יְ/לָ-דִים

בַּגְּרוֹנִיּוֹת, שְׁוָא נָע הוֹפֵךְ לַ **חֲטַף**: אֲ/בָ-נִים, אֱ/מוּ-נָה
עֲ/בָ-דִים
חֲ/דָ-רִים, חֲ/דָ-שִׁים
הֲ/בָ-לִים

* *

חלק להברות, ציין אם הן פתוחות או סגורות, סמן את הטעם ונקד:
(במילות יחס אין טעם)

1. ילדים שובבים לא רוצים ללכת לישון מקדם.

____

2. הוא יבוא לישראל בעוד מספר חדשים.

____

3. הם גרים על-יד יוסף.

____

קרא מאמר בעיתון למתחילים, והרצה את תוכנו.

שעור כ"ו

ח. נ. ביאליק
הַכְנִיסִינִי תַּחַת כְּנָפֵךְ

הַכְנִיסִינִי תַּחַת כְּנָפֵךְ,
וַהֲיִי לִי אֵם וְאָחוֹת,
וִיהִי חֵיקֵךְ מִקְלַט רֹאשִׁי,
קַן-תְּפִלּוֹתַי הַנִּדָּחוֹת.

וּבְעֵת רַחֲמִים, בֵּין-הַשְּׁמָשׁוֹת,
שְׁחִי וַאֲגַל לָךְ סוֹד יִסּוּרָי:
אוֹמְרִים, יֵשׁ בָּעוֹלָם נְעוּרִים --
הֵיכָן נְעוּרָי?

וְעוֹד רָז אֶחָד לָךְ אֶתְוַדֶּה:
נַפְשִׁי נִשְׂרְפָה בְלַהֲבָהּ;
אוֹמְרִים, אַהֲבָה יֵשׁ בָּעוֹלָם --
מַה-זֹּאת אַהֲבָה?

הַכּוֹכָבִים רִמּוּ אוֹתִי,
הָיָה חֲלוֹם -- אַךְ גַּם הוּא עָבָר;
עַתָּה אֵין לִי כְלוּם בָּעוֹלָם --
אֵין לִי דָבָר.

הַכְנִיסִינִי תַּחַת כְּנָפֵךְ,
וַהֲיִי לִי אֵם וְאָחוֹת,
וִיהִי חֵיקֵךְ מִקְלַט רֹאשִׁי,
קַן-תְּפִלּוֹתַי הַנִּדָּחוֹת.

<u>פרושי מלים ובטויים</u>

הַכְנִיסִינִי = הַכְנִיסִי אוֹתִי

חֵיק = הַשֶּׁטַח בֵּין הֶחָזֶה וּבֵין הַיָּדַיִם, כְּשֶׁמְּחַבְּקִים מַשֶּׁהוּ

מִקְלָט = מָקוֹם לְהִסְתַּתֵּר בּוֹ מִסַּכָּנָה; מָקוֹם מִבְטָחִים

קֵן (בִּסְמִיכוּת, קַן) = בֵּית הַצִּפּוֹר

נִדָּח = אוֹבֵד; שֶׁגֵּרְשׁוּ אוֹתוֹ לְמָקוֹם רָחוֹק

רַחֲמִים = רֶגֶשׁ שֶׁל דְּאָגָה וְהִשְׁתַּתְּפוּת בְּצַעַר

בֵּין הַשְּׁמָשׁוֹת = הַזְּמָן בֵּין שְׁקִיעַת הַשֶּׁמֶשׁ לְהוֹפָעַת הַכּוֹכָבִים בַּשָּׁמַיִם

שׁוֹחֶה (לִשְׁחוֹת) = לְהִתְכּוֹפֵף

לְגַלּוֹת = לְהוֹדִיעַ; לְפַרְסֵם; הַהֵפֶךְ מִ"לְהַסְתִּיר, לְכַסּוֹת"

סוֹד = דְּבַר סֵתֶר; דָּבָר שֶׁשּׁוֹמְרִים בַּלֵּב

יִסּוּרִים (רַק בְּרַבִּים) = מַכְאוֹב, סֵבֶל, צַעַר

נְעוּרִים (רַק בְּרַבִּים) = גִּיל צָעִיר; הַתְּקוּפָה בֵּין יַלְדוּת לְבַגְרוּת

רָז = סוֹד

לְהִתְוַדּוֹת = לְגַלּוֹת אֶת הָאֱמֶת שֶׁבַּלֵּב

נֶפֶשׁ = רוּחַ חַיִּים; נְשָׁמָה

לַהַב = לְשׁוֹן אֵשׁ בּוֹעֶרֶת; בָּרָק; הַחֵלֶק הַחַד שֶׁל הַסַּכִּין

כּוֹכָב = גּוּף שְׁמֵימִי, הַנִּרְאֶה כִּנְקוּדַת אוֹר בַּלַּיְלָה

לְרַמּוֹת = לְשַׁקֵּר; לְהַבְטִיחַ מִתּוֹךְ כַּוָּנָה שֶׁלֹּא לְקַיֵּם

סמן ב-x את ההצהרות הנכונות:

(הבית הראשון)

1. ___ המשורר פונה בשיר אל דמות נָשִׁית.

2. ___ המשורר מבקש מהדמות להיות לו לכנף.

3. ___ הוא רוצה להסתיר את ראשו בחֵיקָהּ.

4. ___ הוא רוצה לשכוח את תפילותיו.

5. ___ קן הוא מקום בו מתפללים.

___ 6. המשורר מחפש מקום לשמור בו את תפילותיו.

___ 7. חֵיק מְסַמֵּל אהבה והֲגָנָה.

___ 8. תפילות נידחות הן תפילות שלא נַעֲנוּ.

(יתר הבתים)

___ 1. בין השמשות הוא הזמן בין יום ללילה.

___ 2. נעורים הם תקופת הילדות.

___ 3. סוד שומרים בלב.

___ 4. סוד יסוריו של המשוררהוא, שלא היו לו נעורים.

___ 5. אחרי שמגלים סוד, הוא הופך לרָז.

___ 6. אדם שמִתְוַדֶּה מגלֶה את סודותיו.

___ 7. נפשו של המשורר נִשְׂרְפָה באהבה.

___ 8. הכוכבים והירח מְרַמִּים בלילה בהיר.

___ 9. הבית הראשון בשיר "הכניסיני" זֵהֶה לבית האחרון.

___ 10. בדרך כלל, מְרַחֲמִים על אדם שָׂמֵח.

___ 11. לפי השיר, בין השמשות היא שעה טובה לתפילה.

___ 12. המשורר מְגַלֶּה את סודותיו לדמות בעלת הכנף.

שאלות לשיחה:

1. מה מגלה המשורר בכל אחד משלושת הבתים המרכזיים?
2. איזו שורה בכל אחד מהבתים ב-ד מסבירה את יִסּוּרֵי המשורר?
3. האם אפשר לראות התקדמות הֶגְיוֹנִית מהניסיון בבית ב לזה בבית ד? מהי?
4. מהי חשיבות המילה "עולם" בבתים ב, ג, ו-ד בשיר?
5. מה מבקש המשורר בבָתֵּי הַמִּסְגֶּרֶת (א ו-ה)? מדוע?

ה פּ ע ל

בִּנְיַן הִפְעִיל - גִּזְרַת פ״נ

שרש:		נכר	(נגע)			
שם הפעל:		לְהַכִּיר	(לְהַגִּיעַ)			
הווה:	יחיד	מַכִּיר	(מַגִּיעַ)			
	יחידה	מַכִּירָה	(מַגִּיעָה)			
	רבים	מַכִּירִים	(מַגִּיעִים)			
	רבות	מַכִּירוֹת	(מַגִּיעוֹת)			
עבר:	אני	הִכַּרְתִּי	(הִגַּעְתִּי)	אנחנו	הִכַּרְנוּ	(הִגַּעְנוּ)
	אתה	הִכַּרְתָּ	(הִגַּעְתָּ)	אתם/ן	הִכַּרְתֶּם/ן	(הִגַּעְתֶּם/ן)
	את	הִכַּרְתְּ	(הִגַּעְתְּ)			
	הוא	הִכִּיר	(הִגִּיעַ)	הם/ן	הִכִּירוּ	(הִגִּיעוּ)
	היא	הִכִּירָה	(הִגִּיעָה)			
צווי:	(אתה)	הַכֵּר	(הַגַּע)			
	(את)	הַכִּירִי	(הַגִּיעִי)			
	(אתם)	הַכִּירוּ	(הַגִּיעוּ)			

שים לב: בפעלים בעלי ע גרונית, ה-נ איננה נשמטת:

שם הפעל:	לְהַנְהִיג, לְהַנְעִים
הווה:	מַנְהִיג, מַנְעִים
עבר:	הִנְהַגְתִּי, הִנְעַמְתִּי
עתיד:	אַנְהִיג, אַנְעִים
צווי:	הַנְהֵג, הַנְעֵם

שם הפעולה: הַכָּרָה, הַגָּעָה, הַנְהָגָה

אמור בעבר ובעתיד:

1. אני מכיר את הפזמון.
2. אתה מגיע בזמן.
3. את מפילה את העיתון מהשולחן.
4. הוא מסיע אותי הביתה.
5. היא מלבישה ומנעילה אותם.
6. אנחנו מדיחים אותם מִדֶּרֶךְ הַיָּשָׁר.
7. אתם מביעים צער עמוק.
8. הם מנהיגים את העם.

+*+

כִּנּוּיֵי הַמֻּשָּׂא
(Direct-object suffixes)

לִפְעָמִים מִצְטָרְפוֹת אֶל צוּרוֹת הַפֹּעַל סִיּוֹמוֹת הַמֻּשָּׂא הַיָּשִׁיר. אֵלֶּה נִקְרָאוֹת כִּנּוּיֵי הַמֻּשָּׂא.

כנויי המשא בצווי הם:

	הַכְנֵס	הַכְנִיסִי	הַכְנִיסוּ
אוֹתִי	**הַכְנִי סֵנִי**	**הַכְנִי סִינִי**	**הַכְנִי סוּנִי**
אוֹתוֹ	**הַכְנִי סֵהוּ**	**הַכְנִי סִיהוּ**	**הַכְנִי סוּהוּ**
אוֹתָהּ	**הַכְנִי סֶהָ**	**הַכְנִי סִיהָ**	**הַכְנִי סוּהָ**
אוֹתָנוּ	**הַכְנִי סֵנוּ**	**הַכְנִי סִינוּ**	**הַכְנִי סוּנוּ**
אוֹתָם/ן	**הַכְנִי סֵם/ן**	**הַכְנִי סִים/ן**	**הַכְנִי סוּם/ן**

+*+

אמור בשתי מילים:

1. הַאֲכִילֻנוּ ____________________
2. שִׁמְרוּנִי ____________________
3. הֲבִיאִיהוּ ____________________

* *

מְעַט נִקּוּד

פַּתָּח גָּנוּב "מִתְגַּנֵּב" לִפְנֵי הָעִצּוּרִים ה, ח, ע בְּסוֹף מִלָּה,
כְּשֶׁאֵין לִפְנֵיהֶם תְּנוּעַת פַּתָּח אוֹ קָמָץ:

הַשְׁוֵה: שׁוֹמֵר שׁוֹמֵעַ
גָּדוֹל גָּבוֹהַּ
לָנוּס לָנוּחַ

פַּתָּח גָּנוּב אֵינֶנּוּ הֲבָרָה עַצְמָאִית. הוּא מִצְטָרֵף אֶל הַהֲבָרָה
שֶׁלְּפָנָיו:

רוּחַ, פָּ-תוּחַ, מַפְ-רִיעַ

* *

חלק להברות, ציין אם הן פתוחות או סגורות, סמן את הטעם ונקד:

1. הוא לא בטוח אם יש דירות פנויות באזור.

___

2. האיש רוצה להוריד תפוח אדם מהעץ.

___

קרא מאמר בעיתון למתחילים, והרצה את תוכנו בקצרה

שעור כ"ז

תלמידים מספרים (לא מן הכתב) מה גילו בהשוואת הבתים המרכזיים
ב"הכניסיני". המורה מתייחס לשגיאות בסוף כל הרצאה.
המורה קורא מספר חיבורים, ומתקן שגיאות בעזרת הכיתה.

שאלות על "הכניסיני", בתים ב-ד (השיר מופיע בעמוד הבא):

1. כל בית מְגַלֶּה סוד. מהם שלושת הסודות?
2. למה יכול אדם להתכוון, כשהוא אומר שלא היו לו נעורים?
3. המילה "חלום" בשיר איננה מדברת על משהו שרואים בזמן שֶׁיְּשֵׁנִים.
   למה היא מתכוונת?
4. מדוע אומר המשורר, שהכוכבים רימו אותו? מה מְסַמְּלים הכוכבים?
5. מהי המילה הקשורה באור בכל בית?
6. מהן המילים המביעות אַכְזָבָה בכל בית?
7. מהי המילה המביעה סֵבֶל בכל בית?
8. נפש המשורר נמצֵאת במרכז (הבית השלישי); למה היא שׁוֹאֶפֶת?
9. איפה, בשיר, מקווה הנפש למצוא את מבוקשה?
10. ממה מבקש המשורר למצוא מקלט תחת הכנף?
11. בתי מסגרת זֵהים אופייניים לשירי עַם. ב"הכניסיני", יש גם קֶסֶם
    מסויים בחזרה על אותן מילים. מְצא סַמְמָן נוסף של קסם בשיר.

ח. נ. ביאליק

הַכְנִיסִינִי תַּחַת כְּנָפֵךְ

הַכְנִיסִינִי תַּחַת כְּנָפֵךְ,
וַהֲיִי לִי אֵם וְאָחוֹת,
וִיהִי חֵיקֵךְ מִקְלַט רֹאשִׁי,
קַן-תְּפִלּוֹתַי הַנִּדָּחוֹת.

וּבְעֵת רַחֲמִים, בֵּין-הַשְּׁמָשׁוֹת,
שְׁחִי וַאֲגַל לָךְ סוֹד יִסּוּרָי:
אוֹמְרִים, יֵשׁ בָּעוֹלָם נְעוּרִים --
הֵיכָן נְעוּרָי?

וְעוֹד רָז אֶחָד לָךְ אֶתְוַדֶּה:
נַפְשִׁי נִשְׂרְפָה בְלַהֲבָהּ;
אוֹמְרִים, אַהֲבָה יֵשׁ בָּעוֹלָם --
מַה-זֹּאת אַהֲבָה?

הַכּוֹכָבִים רִמּוּ אוֹתִי,
הָיָה חֲלוֹם -- אַךְ גַּם הוּא עָבָר;
עַתָּה אֵין לִי כְלוּם בָּעוֹלָם --
אֵין לִי דָבָר.

הַכְנִיסִינִי תַּחַת כְּנָפֵךְ,
וַהֲיִי לִי אֵם וְאָחוֹת,
וִיהִי חֵיקֵךְ מִקְלַט רֹאשִׁי,
קַן-תְּפִלּוֹתַי הַנִּדָּחוֹת.

ה פ ׳ ע ל

בִּנְיַן הִפְעִיל - גִּזְרַת פ״י

שרש: יתר (יפע)

שם הפעל: לְהוֹתִיר (לְהוֹפִיעַ)

הווה: יחיד מוֹתִיר (מוֹפִיעַ)
יחידה מוֹתִירָה
רבים מוֹתִירִים
רבות מוֹתִירוֹת

עבר: אני הוֹתַרְתִּי (הוֹפַעְתִּי) — אנחנו הוֹתַרְנוּ (הוֹפַעְנוּ)
אתה הוֹתַרְתָּ — אתם/ן הוֹתַרְתֶּם/ן
את הוֹתַרְתְּ
הוא הוֹתִיר (הוֹפִיעַ) — הם/ן הוֹתִירוּ
היא הוֹתִירָה

עתיד: אני אוֹתִיר (אוֹפִיעַ) — אנחנו נוֹתִיר (נוֹפִיעַ)
אתה תּוֹתִיר (תּוֹפִיעַ) — אתם/ן תּוֹתִירוּ
את תּוֹתִירִי
הוא יוֹתִיר (יוֹפִיעַ) — הם/ן יוֹתִירוּ
היא תּוֹתִיר (תּוֹפִיעַ)

צווי: (אתה) הוֹתֵר (הוֹפַע)
(את) הוֹתִירִי
(אתם) הוֹתִירוּ

שם הפעולה: הוֹתָרָה, הוֹפָעָה

אמור בעבר:

1. היא מוציאה את ראשה מהקן.
2. אתה מודיע שאין אהבה בעולם.
3. אנחנו מותירים את הפינה שוממה.
4. את מופיעה לי בחלום.

5. התקוות מולידות אכזבות.
6. אנחנו מוכיחים שיש דימיון בין הבתים.
7. הוא מודה שהחיים ב"עולם" אינם קלים.
8. אני מוסיף לקוות.

ח ז ר ה

ש י ח ה

1. ספר לנו מה אתה יודע על תנועת ההשכלה.
2. מה הקשר בין תוכן השיר "לבדי" למטרות תנועת ההשכלה?
3. האם, לדעתך, "הכניסיני" הוא שיר אישי או לאומי? מדוע?

מ ש פ ט י   ל ו ו א י

חבר כל זוג משפטים למשפט מורכב אחד:

1. הספר הוא התלמוד. הליטאי למד מהספר.
2. המקום הוא כיסא כבודו של אלוהים. הצדיק עלה אל המקום.
3. הימים הם ימי הסליחות. היהודים משכימים לתפילות בימים.
4. המסכת היתה קשה. המתנגד למד את המסכת בעל-פה.

מ ס פ ר י ם

קרא את המשפטים בקול:

1. כל שורה (4) ________ בשיר "לבדי" קצרה יותר מ-(3) ________ הקודמות לה.
2. (2) ________ הבתים החיצוניים בשיר "לבדי" תּוֹאֲמִים: השׂמחה והשירה ב-(1) ________ מַקְבִּילִים לקינה ולעצב ב-(6) ________.
3. דמות הציפור מופיעה גם בשיר ה-(2) ________.
4. (3) ________ הבתים המרכזיים בשיר "הכניסיני" מתארים אַכְזָבוֹת קשות.

תנאי ממשי ותנאי בטל

השלם את משפטי התנאי הבאים:

1. לו הייתי צפור, ______________________________
2. אם אגלה לו את הסוד, ______________________________
3. אם הגוזל יעוף מהקן, ______________________________
4. אילו הכוכבים יכלו להבטיח הבטחות, ______________________________
5. לולא הוא התאכזב מהחיים, ______________________________
6. אילו ביאליק מצא אהבה, ______________________________

פעלים

בנין	שרש	זמן	גוף	צורה	שם הפעל
נפעל	עלם	צווי	אתה		
הפעיל	עלם	צווי	אתה		
פָעל	ידע	עתיד	הוא		
נפעל	ידע	עתיד	הוא		
הפעיל	ידע	עתיד	הוא		
פָעל	בוא	הווה	יחידה		
הפעיל	בוא	הווה	יחידה		
נפעל	נכר	עבר	אני		
הפעיל	נכר	עבר	אני		
הפעיל	נהג	עבר	אני		
הפעיל	ירה	הווה	יחיד		

יכול / צריך

השתמש בצורות של יכול ו צריך כפועל עזר:

1. השכינה לא עָצְרָה בעד האחרים מלעוף.
2. המשורר לא מצא אהבה ונעורים.
3. הם יבינו את עצבות המשורר.
4. קראתם את כל השיר בעברית?

ע ת י ד   מ ק ו צ ר

אמור בעברית מודרנית:

1. וַתִּתְכַּס בצל ______________________
2. וָאֱהִי עמה יחד ______________________
3. וַתֵּרֶא את יסורַי ______________________

כ י נ ו י י   ה מ ו ש א

אמור בשתי מילים:

1. הַכְנִיסִינִי ______________________
2. יְבִיאֻנוּ ______________________
3. יִשְׁמרוּהָ ______________________

ס מ י כ ו ת

אמור ברבים:

1. פינת סתר ______________________
2. בית המדרש ______________________
3. דף גְּמָרָתִי ______________________
4. קן תפילותי ______________________
5. עת רחמים ______________________

נ י ק ו ד

חלק להברות, ציין אם הן פתוחות או סגורות, ציין את הטעם ונקד:

1. יש בעולם נעורים. ______________________________________
2. חיקה מקלט בטוח. ______________________________________

תַּשְׁבֵּץ "בְּצֵל הַכָּנָף"

1. כְּתֹב אֶת הַתְּשׁוּבוֹת לַהַגְדָּרוֹת בְּעַמּוּדַת הַמִּלִּים.
2. הַעֲבֵר כָּל אוֹת לַמִּסְפָּר הַמַּתְאִים לָהּ בְּתוֹךְ הַתַּשְׁבֵּץ.
3. בַּתַּשְׁבֵּץ תּוֹפִיעַ צִיטָטָה סִפְרוּתִית.
4. הָאוֹתִיּוֹת הָרִאשׁוֹנוֹת בְּעַמּוּדַת הַמִּלִּים יוֹצְרוֹת מִשְׁפָּט.

10 ה	9 ח	8 כ	7 י	●	6 ב	5 ס	4 ט	●	3 ג	2 ח	1 ד
19 כ	18 מ	17 ל	●	16 ט	15 א ח	14 ד	●	13 ח	12 ר	11 ד	●
●	28 ס	27 ב	26 ג	25 ז	●	24 ח	23 נ	22 ג	21 ל	●	20 ג
38 ן	37 ס	36 ד	35 ח	34 ו	●	33 א ר	32 ח	31 כ	●	30 כ	29 ה
48 מ	47 ל	46 ה	45 ד	●	44 ז	43 נ	42 כ	41 ח	40 ב	39 נ	●
57 כ	56 ג	55 נ	●	54 ט	53 ד	●	52 ס	51 ח	50 ה	49 ח	●
67 י	66 כ	65 ה	●	64 ג	63 ו	62 ה	●	61 ז	60 ג	59 מ	58 ל
77 כ	76 מ	75 ל	74 ס	73 א ש	72 ג	●	71 ד	70 י	69 ב	68 כ	●

הַגְדָּרוֹת

א. בְּשֶׁקֶט, בַּחֲשָׁאי

ב. נוֹתָר

ג. הַמָּקוֹם בּוֹ לוֹמְדִים תּוֹרָה (2 מִלִּים)

ד. הַכְּאֵב וְהַסֵּבֶל שֶׁלְּךָ

ה. "וַהֲיִי לִי _ וְ_" (2 מלים)

ו. "הַמּוֹצִיא _ מִן הָאָרֶץ"

ז. יַמְתִּין

ח. בֵּית הַצִּפֳּרִים-הַצְּעִירוֹת (2 מלים)

ט. "יַד" הַצִּפּוֹר

י. מִשְׁאָלָה; בַּקָּשָׁה מֵאֱלֹהִים

כ. הַמְשׁוֹרֵר שָׁמַע אֶת דִּמְעַת הַ_ הָ_ (2 מלים)

ל. נוֹכְחוּת אֱלֹהִים

מ. יִגְנַח

נ. שִׁירָה וְשִׂמְחָה

ס. הַתְּנוּעָה שֶׁחִדְּשָׁה אֶת הַסִּפְרוּת הָעִבְרִית הַחִלּוֹנִית

מִלִּים

ח ר ש

73 33 15

40 6 27 69

56 20 26 3 72 60 22 64

11 71 53 45 14 36

65 50 10 46 62 29

38 34 63

44 1 25 61

13 35 2 51 9 49 24 41 32

16 4 54

7 12 70 67

57 66 30 19 8 77 42 68 31

17 47 75 58 21

59 76 18 48

39 55 43 23

37 52 74 5 28

שעור כ"ח

ש"י עַגְנוֹן

(1970-1888)

שְׁמוּאֵל יוֹסֵף צַ'צְ'קֶס נוֹלַד בְּמִזְרַח גָּלִיצְיָה לְהוֹרִים מַשְׂכִּילִים בְּלִמּוּדֵי הַיַּהֲדוּת וּבְלִמּוּדִים חִלּוֹנִיִּים כְּאֶחָד. מִגִּיל צָעִיר הוּא לָמַד תַּנַ"ךְ וּגְמָרָא, וּבְהַדְרָכַת אָבִיו הִתְעַמֵּק בְּפִילוֹסוֹפְיָה, בְּמִדְרָשׁ וּבָאַגָּדָה. לִפְנֵי עֲלוֹתוֹ אַרְצָה, הוּא כתב וּפִרְסֵם שירים קצרים בעתונים שׁוֹנִים בְּחוּץ לָאָרֶץ.

ב-1907, עלה שמואל יוסף לארץ ישראל, וב-1908 פִּרְסֵם את סִפּוּרוֹ הָרִאשׁוֹן, "עֲגוּנוֹת", אותו הוא חָתַם בַּכִּנּוּי עַגְנוֹן. מֵאָז הוא הָפַךְ את הכִּנּוּי "עַגְנוֹן" לְשֵׁם מִשְׁפַּחְתּוֹ.

עגנון הוא הַיּוֹצֵר הגדול ביותר בַּסִּפְרוּת העברית הַחֲדשה. כְּתָבָיו מְמַלְּאִים אחד-עשר כְּרָכִים, וחֵלֶק מִיצִירוֹתָיו נִתַּרְגְּמוּ לְשָׂפוֹת רבות. הוא זָכָה בִּפְרָסִים סִפְרוּתִיִּים שונים בישראל, וּבִשְׁנַת 1966 קִבֵּל פְּרַס-נוֹבֶּל לספרות.

לְשׁוֹנוֹ הָעֲשִׁירָה של עגנון היא סִכּוּמָהּ של העברית מִכָּל התקופות ומכל הַמְּקוֹרוֹת. רבים מִסִּפּוּרָיו נכתבו בְּרוּחַ הספור הָעֲמָמִי-יְרֵאִי, שהיהדות פִּתְּחָה בְּמֶשֶׁךְ הַדּוֹרוֹת: ספור שֶׁל בִּדּוּר, מוּסַר הַשֵּׂכֶל וּפַרְשָׁנוּת לַמְדָנִית. יצירותיו מְשַׁקְּפוֹת בְּנֶאֱמָנוּת את חַיֵּי היהודים בַּגּוֹלָה ובישראל בִּתְחִילַּת הַמֵּאָה הָעֶשְׂרִים, וּמַנְצִיחוֹת את הֲוַי היהודים --יְרֵאִים וחִלּוֹנִיִּים--של תקופה שֶׁחָלְפָה ואֵינֶנָּה.

<u>פרושי מלים ובטויים</u>

מִדְרָשׁ = חֵלֶק מִן הַתּוֹרָה שֶׁבְּעַל-פֶּה, הַמְּפָרֵשׁ אֶת דִּבְרֵי הַתּוֹרָה בְּדֶרֶךְ שֶׁל מָשָׁל וְאַגָּדָה

עֲגוּנָה = אִשָּׁה שֶׁבַּעֲלָהּ נֶעֱלַם וְלֹא נָתַן לָהּ גֵּט (גֵּרוּשִׁים). כְּדֵי לְהִתְחַתֵּן מֵחָדָשׁ, הִיא חַיֶּבֶת לְקַבֵּל מִמֶּנּוּ גֵּט, אוֹ לְהוֹכִיחַ שֶׁהוּא מֵת

כִּנּוּי = שֵׁם נוֹסָף, שֵׁם לְוַאי

כֶּרֶךְ = חֲבִילָה שֶׁל דַּפִּים, הַיּוֹצְרִים סֵפֶר

יְצִירָה = בְּרִיאָה; עֲבוֹדָה גְמוּרָה שֶׁל סוֹפֵר אוֹ אָמָּן

זוֹכֶה = מִצְטַיֵּן בְּמַשֶּׁהוּ וּמְקַבֵּל הַעֲרָכָה עַל כָּךְ; מַצְלִיחַ לְהַגִּיעַ לְמַשֶּׁהוּ; בַּר מַזָּל

סִכּוּם = עֲרִיכַת סַךְ הַכֹּל

נֶאֱמָנוּת = אֱמֶת, יֹשֶׁר; דִּיּוּק

יְרֵאִי = שֶׁל אָדָם יְרֵא אֱלֹהִים; שֶׁל אֲנָשִׁים יִרְאֵי אֱלֹהִים

דּוֹר = שֵׁם כּוֹלֵל לִבְנֵי אָדָם, הַחַיִּים בִּתְקוּפָה אַחַת

מַנְצִיחַ = מַשְׁאִיר זֵכֶר לְעוֹלָם, לְתָמִיד

(נֶצַח) = אֹרֶךְ יָמִים עַד אֵין סוֹף

הֲוַי = דֶּרֶךְ חַיִּים שֶׁל קְבוּצַת אֲנָשִׁים בְּמָקוֹם אוֹ בִּזְמַן מְסֻיָּם -- מִנְהָגִים, נִמּוּסִים, תַּרְבּוּת, וכו'

חוֹלֵף = עוֹבֵר וְנֶעֱלָם

סמן ב-x את ההצהרות הנכונות:

___ .1 עגנון איננו שם המשפחה המקורי של שמואל יוסף.

___ .2 עגנון שינה את שמו לפני עלותו ארצה.

___ .3 אפשר לקרוא כמה מסיפורי עגנון בתרגום.

___ .4 כל סופר עברי חשוב זוכה לקבל פרס-נובל לספרות.

___ .5 עגנון היכיר את שפת האגדה והמדרש.

___ .6 עגנון כתב סיפורי עם פשוטים.

___ .7 מסיפוריו של עגנון אפשר ללמוד על הווי החיים היהודיים של ראשית המאה העשרים.

ענה על השאלות:

1. מהו מקור הכינוי "עגנון"?
2. מה ההבדל בין עגונה לאלמנה?
3. מה מאפיין את הסיפור היהודי העממי?
4. מה משקפות יצירותיו של עגנון?
5. מהו "הווי"?

ה פ ּ ע ל

בִּנְיַן הֻפְעַל (הָפְעַל)* - שְׁלֵמִים

שם הפעל: (אין)

הווה:	יחיד	מֻזְמָן/מֻפְרָע	(מָאֳכָל)
	יחידה	מֻזְמֶנֶת/מֻפְרַעַת	(מָאֳכֶלֶת)
	רבים	מֻזְמָנִים/מֻפְרָעִים	(מָאֳכָלִים)
	רבות	מֻזְמָנוֹת/מֻפְרָעוֹת	(מָאֳכָלוֹת)

עבר:	אני	הֻזְמַנְתִּי/הֻפְרַעְתִּי	(הָאֳכַלְתִּי)	אנחנו	הֻזְמַנּוּ/הֻפְרַעְנוּ	(הָאֳכַלְנוּ)
	אתה	הֻזְמַנְתָּ	(הָאֳכַלְתָּ)	אתם/ן	הֻזְמַנְתֶּם/ן	(הָאֳכַלְתֶּם/ן)
	את	הֻזְמַנְתְּ	(הָאֳכַלְתְּ)			
	הוא	הֻזְמַן	(הָאֳכַל)	הם/ן	הֻזְמְנוּ	(הָאָכְלוּ)
	היא	הֻזְמְנָה	(הָאָכְלָה)			

עתיד:	אני	אֻזְמַן/אֻפְרַע	(אָאֳכַל)	אנחנו	נֻזְמַן/נֻפְרַע	(נָאֳכַל)
	אתה	תֻּזְמַן	(תָּאֳכַל)	אתם/ן	תֻּזְמְנוּ	(תָּאָכְלוּ)
	את	תֻּזְמְנִי	(תָּאָכְלִי)			
	הוא	יֻזְמַן	(יָאֳכַל)	הם/ן	יֻזְמְנוּ	(יָאָכְלוּ)
	היא	תֻּזְמַן	(תָּאֳכַל)			

צווי: (אין)

* שתי הצורות -- בקִבּוּץ או בקָמָץ קָטָן -- נכונות בכל נטיית השלמים; אבל לפני פ גרונית, נָהוּג לְהִשְׁתַּמֵּשׁ בקמץ קטן.

שים לב: הֻפְעַל הוא בדרך כלל הַצּוּרָה הַסְּבִילָה של הִפְעִיל; אבל יש פעלים בהִפְעִיל, שֶׁהַצּוּרָה הַסְּבִילָה שלהם היא בנִפְעַל. אחד מהם הוא "הוֹתִיר" (הפעיל) ----← "נוֹתַר" (נפעל)

הפוך מפעיל לסביל:

1. היא מזמינה אותם למסיבה.
2. הסברתְ לנו את הבעייה.
3. הם מאכילים אותנו.
4. אישתו מבריחה אותו להמשיך בלימודים.

5. חברותינו הֶעֱצִיבוּ אותנו.
6. הוא הותיר את השכינה לבדה.
7. היא הסתירה אתכם.
8. מי השאיר פה את העיתון?

שים לב: במשפט שאלה בסביל, מופיע "על ידֵי" לפני מילות השאלה **מי/מה**:

על ידֵי מִי נִכתַב הסיפור "עֲגוּנוֹת"?

על ידֵי מַה זה נִגְרָם?

==

הַכִּנּוּי הַסְּתָמִי בְּמִשְׁפָּט מֻרְכָּב

הַמִּלִּים **מַה** ו**מִי**, כְּשֶׁאֵינָן מִלּוֹת שְׁאֵלָה, הֵן כִּנּוּיִים סְתָמִיִּים לְאָדָם אוֹ לְדָבָר בִּלְתִּי מְסֻיָּם:

דָּבָר בִּלְתִּי מְסֻיָּם = (**מַה** שֶׁהוּא) = מַשֶּׁהוּ

אָדָם בִּלְתִּי מְסֻיָּם = (**מִי** שֶׁהוּא) = מִישֶׁהוּ

מַה ו**מִי** יְכוֹלוֹת לְשַׁמֵּשׁ כְּתַחְלִיף לְשֵׁם עֶצֶם בְּמִשְׁפָּט עִקָּרִי, כַּאֲשֶׁר

א. מִשְׁפַּט הַלְּוַאי מְתָאֵר אֶת שֵׁם הָעֶצֶם שֶׁ**מִּי/מַה** מַחְלִיף, וְ-
ב. מִלַּת הַקִּשּׁוּר הִיא **שֶׁ**:

הוּא עוֹשֶׂה כָּל **דָּבָר שֶׁ**הוּא רוֹצֶה.

הוּא עוֹשֶׂה כָּל **מַה שֶׁ**הוּא רוֹצֶה.

אֲנַחְנוּ מַזְמִינִים רַק **בְּנֵי-אָדָם שֶׁ**אֲנַחְנוּ מַכִּירִים.

אֲנַחְנוּ מַזְמִינִים רַק אֶת **מִי שֶׁ**אֲנַחְנוּ מַכִּירִים.

מַה נֶחְשָׁב תָּמִיד לְשֵׁם עֶצֶם זָכָר יָחִיד. הַפֹּעַל וְהַתֹּאַר שֶׁל **מַה** חַיָּבִים לָבוֹא בְּזָכָר יָחִיד:

הַ**דְּבָרִים**, שֶׁהִיא אָמְרָה, נְכוֹנִים (רַבִּים).

מַה, שֶׁהִיא אָמְרָה, נָכוֹן (יָחִיד).

מִי נֶחֱשָׁב לִנְקֵבָה רַק כַּאֲשֶׁר יָדוּעַ שֶׁהַפֹּעַל מְחַיֵּב נוֹשֵׂא נְקֵבִי:

הָאִשָּׁה/בַּחוּרָה/נַעֲרָה שֶׁהִתְחַתְּנָה אִתּוֹ הִיא בַּת מַזָּל.

מִי, שֶׁהִתְחַתְּנָה אִתּוֹ, הִיא בַּת מַזָּל (נְקֵבָה).

==

אמור מחדש, בעזרת מה או מי:

1. אני אוהבת לאכול כל דבר שאתה מְבַשֵּׁל.
2. שמעת את החדשות שהיא סיפרה?
3. אדם, שרוצה להצליח, צריך לְהִתְאַמֵּץ.
4. נקבל בשִׂמחה את האנשים שיבואו.
5. מי זוכר את כל החומר, שלמדנו בשנה שעברה?
6. היום, נשים שאינן מִסְתַּפְּקוֹת בגידול יַלְדֵיהֶן, יכולות לעבוד מִחוץ לבית.

שעור כ"ט

ש. י. עגנון

כְּנֶגֶד אוֹתָם שֶׁקּוֹבְעִים יְשִׁיבוֹת שֶׁל שְׂחוֹק וְקַלּוּת רֹאשׁ

מַעֲשֶׂה בְּאִשָּׁה אַחַת שֶׁבְּכָל שַׁבָּת וְשַׁבָּת אַחַר שֶׁהִתְפַּלְּלָה וְאַחַר שֶׁקָּרְאָה בְּ"פָרָשַׁת הַשָּׁבוּעַ" הָיְתָה יוֹשֶׁבֶת יְחִידָה בְּבֵיתָהּ וְטוֹוָה, כְּדֵי שֶׁלֹּא תְּהֵא יוֹשֶׁבֶת עִם שְׁכֵנוֹתֶיהָ וְעוֹסֶקֶת בִּדְבָרִים בְּטֵלִים וּבְלָשׁוֹן-הָרָע וּבִרְכִילוּת.

פַּעַם אַחַת הָיָה מֹשֶׁה רַבֵּינוּ מְטַיֵּל לוֹ בְּשַׁבָּת, הִגִּיעַ לְעִירָהּ שֶׁל אוֹתָהּ אִשָּׁה, רָאָה בַּיִת אֶחָד שֶׁהַשְּׁכִינָה שְׁרוּיָה עָלָיו. נִכְנַס וּמָצָא אִשָּׁה יוֹשֶׁבֶת וְטוֹוָה.

אָמַר לָהּ: בִּתִּי, אִי אַתְּ יוֹדַעַת שֶׁשַּׁבָּת הַיּוֹם?

אָמְרָה לוֹ: יוֹדַעַת אֲנִי שֶׁשַּׁבָּת הַיּוֹם.

אָמַר לָהּ: אִי אַתְּ יוֹדַעַת שֶׁשַּׁבָּת אָסוּר בִּמְלָאכָה?

אָמְרָה: יוֹדַעַת אֲנִי שֶׁשַּׁבָּת אָסוּר בִּמְלָאכָה.

אָמַר לָהּ: אִם כֵּן לָמָּה אַתְּ טוֹוָה?

אָמְרָה הִיא: וּמָה הָיָה לִי לַעֲשׂוֹת בְּשָׁעָה זוֹ?

אָמַר לָהּ: הָיָה לָךְ לְהִתְפַּלֵּל וְלִקְרוֹת בְּ"צְאֶינָה וּרְאֶינָה".

אָמְרָה לוֹ: כְּבָר סִיַּמְתִּי אֶת תְּפִלָּתִי וּכְבָר קָרִיתִי בְּ"פָרָשַׁת הַשָּׁבוּעַ".

אָמַר לָהּ: אִם כֵּן שְׁבִי עִם שְׁכֵנוֹתַיִךְ וְאַל תְּחַלְּלִי אֶת הַשַּׁבָּת. עָמְדָה וְהִנִּיחָה אֶת מְלַאכְתָּהּ וְהָלְכָה אֵצֶל חַבְרוֹתֶיהָ.

בְּשַׁבָּת שְׁנִיָּה רָאָה מֹשֶׁה רַבֵּינוּ שֶׁנִּסְתַּלְּקָה שְׁכִינָה מֵאוֹתוֹ הַבַּיִת , נִכְנַס וּמָצָא אוֹתָהּ אִשָּׁה יוֹשֶׁבֶת עִם שְׁכֵנוֹתֶיהָ וְעוֹסֶקֶת עִמָּהֶן בְּשִׂיחָה. וּמַה שִּׂיחָתָן? פְּלוֹנִית עָשְׂתָה לָהּ בֶּגֶד שֶׁל חֲמִשִּׁים זְהוּבִים, פְּלוֹנִית לָקַח לָהּ בַּעֲלָהּ מַחֲרֹזֶת שֶׁל מַרְגָּלִיּוֹת, בֶּן פְּלוֹנִי נָתַן עֵינָיו בְּבַת פְּלוֹנִי, בַּת פְּלוֹנִי נָתְנָה עֵינֶיהָ בְּבֶן פְּלוֹנִי, וְכָךְ הָיוּ מְשִׂיחוֹת שִׂיחוֹת בְּטֵלוֹת וְלָשׁוֹן הָרָע וּרְכִילוּת. כֵּיוָן שֶׁרָאָה מֹשֶׁה כָּךְ אָמַר לָהּ: חִזְרִי בְּתִי לְמַעֲשַׂיִךְ וְאַל תִּתְעַסְּקִי בְּדִבְרֵי שְׁטוּת.

לְפִיכָךְ יְהֵא אָדָם זָהִיר הַרְבֵּה שֶׁלֹּא לַעֲסֹק בִּדְבָרִים בְּטֵלִים בְּשַׁבָּת.

כְּשֶׁנֶּאֶמְרוּ הַדְּבָרִים לִפְנֵי הַחֲכָמִים אָמְרוּ, לֹא שַׁבָּת הָיָה, אֶלָּא רֹאשׁ-חֹדֶשׁ הָיָה, שֶׁרֹאשׁ-חֹדֶשׁ מֻתָּר בַּעֲשִׂיַּת מְלָאכָה, אֶלָּא שֶׁנָּשִׁים אֵינָן עוֹשׂוֹת בּוֹ מְלָאכָה, כְּמוֹ שֶׁמָּצִינוּ בְּפִרְקֵי רַבִּי אֱלִיעֶזֶר; לְפִי שֶׁלֹּא רָצוּ נָשִׁים לִתֵּן נִזְמֵיהֶן לְבַעֲלֵיהֶן בְּמַעֲשֵׂה הָעֵגֶל, לְכָךְ נָתַן לָהֶן הַקָּדוֹשׁ בָּרוּךְ הוּא שְׂכָרָן בָּעוֹלָם הַזֶּה, שֶׁהֵן מְשַׁמְּרוֹת רֹאשׁ-חֹדֶשׁ. וּמַה שָּׂכָר הוּא נוֹתֵן לָהֶן לָעוֹלָם הַבָּא, שֶׁהֵן עֲתִידוֹת לְהִתְחַדֵּשׁ כְּרָאשֵׁי-חֳדָשִׁים. מִכָּל מָקוֹם, בֵּין לְדִבְרֵי אֵלּוּ וּבֵין לְדִבְרֵי אֵלּוּ צָרִיךְ אָדָם לִזָּהֵר הַרְבֵּה שֶׁלֹּא לִקְבֹּעַ שׁוּם יְשִׁיבָה שֶׁל שְׂחוֹק וְקַלּוּת רֹאשׁ.

<u>פרושי מלים ובטויים</u>

כְּנֶגֶד = בְּיַחַס לְ-, לְגַבֵּי; בְּנִגּוּד לְ-
אוֹתוֹ, אוֹתָהּ, אוֹתָם/ן) + שֵׁם עֶצֶם = הָעֶצֶם עַצְמוֹ, וְלֹא אַחֵר
אוֹתָם (הָאֲנָשִׁים) = הָאֲנָשִׁים הָהֵם עַצְמָם
קוֹבֵעַ = מוֹעִיד; מַחְלִיט עַל זְמַן מְסֻיָּם לִפְעוּלָה מְסֻיֶּמֶת
מַעֲשֶׂה = (גַּם) מְאֹרָע, מִקְרֶה; סִפּוּר מַעֲשֶׂה
פָּרָשַׁת הַשָּׁבוּעַ = חֵלֶק מֵהַתּוֹרָה, שֶׁקּוֹרְאִים בְּשַׁבָּת
טוֹוָה (לִטְווֹת) = לַעֲשׂוֹת חוּטִים מִצֶּמֶר, כֻּתְנָה, אוֹ חֹמֶר אַחֵר
בָּטֵל = שֶׁאֵינוֹ עוֹבֵד; חֲסַר עֵרֶךְ
לָשׁוֹן הָרָע = רְכִילוּת, דִּבּוּרִים רָעִים עַל מִישֶׁהוּ
שָׁרוּי (פָּעוּל שֶׁל שָׁרָה) = שׁוֹכֵן, נִמְצָא
אִי = אַיִן
מְלָאכָה = עֲבוֹדַת כַּפַּיִם, עֲבוֹדָה שֶׁעוֹשִׂים בַּיָּדַיִם; עִסּוּק
"צְאֶינָה וּרְאֶינָה" = שֵׁם סֵפֶר, הַכּוֹלֵל תִּרְגּוּם הַחֻמָּשׁ (חֲמֵשֶׁת סִפְרֵי הַתּוֹרָה) לְיִידִישׁ, וְאַגָּדוֹת וּפֵרוּשִׁים
לְחַלֵּל = לַהֲפֹךְ דָּבָר קָדוֹשׁ לְחֹל
מַנִּיחַ = שָׂם בַּצַּד, עוֹזֵב

לְהִסְתַּלֵּק - לְהִתְרַחֵק מֵהַמָּקוֹם, לַעֲזֹב אֶת הַמָּקוֹם

פְּלוֹנִי, פְּלוֹנִית - מִישֶׁהוּ אוֹ מַשֶּׁהוּ שֶׁשְּׁמוֹ לֹא חָשׁוּב בְּרֶגַע זֶה

זָהוּב - מַטְבֵּעַ מִזָּהָב

מַחֲרֹזֶת - תַּכְשִׁיט מֵחֲרוּזִים שֶׁעוֹנְדִים סְבִיב הַצַּוָּאר

לָתֵת עֵינַיִם בְּ- - לַחְשֹׁק בְּ-; לְהִתְאַהֵב בְּ-

כֵּיוָן שֶׁ- - כַּאֲשֶׁר; מִפְּנֵי שֶׁ-

שְׁטוּת, שְׁטוּיוֹת - דָּבָר רֵיק, דָּבָר טִפְּשִׁי

רֹאשׁ-חֹדֶשׁ - הַיּוֹם הָרִאשׁוֹן בַּחֹדֶשׁ הָעִבְרִי

אֶלָּא שֶׁ- - אֲבָל; חוּץ מֵהָעֻבְדָּה שֶׁ-

פִּרְקֵי רַבִּי אֱלִיעֶזֶר - סֵפֶר אַגָּדָה וּמוּסָר

לְפִי שֶׁ- - מִפְּנֵי שֶׁ-

לִתֵּן - לָתֵת

נֶזֶם - תַּכְשִׁיט שֶׁעוֹנְדִים בָּאֹזֶן אוֹ בָּאַף

עֵגֶל - בֶּן הַפָּרָה

הַקָּדוֹשׁ בָּרוּךְ הוּא (הקב"ה) - אֱלֹהִים

שָׂכָר - תַּשְׁלוּם

מִכָּל מָקוֹם - בְּכָל אֹפֶן; כָּךְ אוֹ כָּךְ

לִזָּהֵר - לְהִזָּהֵר

סמן ב-x את ההצהרות הנכונות

___ 1. בשבת, אסור לעסוק במלאכה.

___ 2. רכילות ולשון הרע הן מלאכות.

___ 3. עיסוק בדברים בטֵלים הוא חֵטְא.

___ 4. מותר לטוות בשבת.

___ 5. האישה בסיפור הלכה בכל שבת לבית הכנסת.

___ 6. משה רבינו ראה את השכינה מעל לבית האישה.

___ 7. השכינה נראתה לו בדמות ציפור.

___ 8. השכינה שרוייה במקומות שבהם שוכנים יהודים שומרֵי מצוות.

___ 9. ב"צאינה וראינה" יש אגדות וסיפורים מהתורה.

___ 10. משה רבינו אמר לאישה לחַלל את השבת עם שכנותיה.

שים לב: בִּלְשׁוֹן חֲכָמִים (לְשׁוֹן הַמִּשְׁנָה) קַיָּם בִּלְבּוּל בֵּין פעלי ל״א לפעלי ל״ה.
המילה ״תְּהֵא״ היא מהשורש ״היה״ -- תִּהְיֶה. איך נֹאמַר ״לִקְרוֹת בספר״ בעברית מודרנית? איך נאמר ״קָרִיתִי״?

ענה על השאלות:

1. יום שבת הוא יום מנוחה. האם הוא יום בַּטָּלָה?
2. איך מתייחסת ההלכה לבטלה?
3. מדוע לא הלכה האישה בסיפור לבקר אצל שְׁכֵנוֹתיה?
4. מדוע, לדעתך, היא לא ישבה ולמדה כל היום?
5. מדוע היא עֲוָתָה?
6. מה חשב משה רבינו כשהוא ראה את השכינה מעל לבית?
7. מה הוא חשב כשהוא ראה שהאישה בבית טווה?
8. מדוע לא הסבירה לו האישה את הסיבה האמיתית, בגללה היא לא הלכה אל שכנותיה?

. . . . **מִלִּים** . . . **מִלִּים** . . . **מִלִּים** . . . .

אוֹתוֹ, אוֹתָהּ, אוֹתָם, אוֹתָן
The (very) same

כְּשֶׁהַמִּלִּים אוֹתוֹ, אוֹתָהּ, אוֹתָם אוֹ אוֹתָן מוֹפִיעוֹת לִפְנֵי שֵׁם עֶצֶם,
פֵּרוּשָׁן ״דָּבָר זֵהֶה״, הַדָּבָר עַצְמוֹ״.

דֻּגְמָאוֹת:

לְ״אֲנִי לֹא רוֹצָה״ יֵשׁ אוֹתוֹ (הַ)פֵּרוּשׁ כְּמוֹ לְ״אֵינֶנִּי רוֹצָה״.
(פֵּרוּשׁ זֵהֶה)

הָאִשָּׁה שֶׁשָּׁמְרָה עַל הַשַּׁבָּת הִיא אוֹתָהּ (הָ)אִשָּׁה, שֶׁעָוְתָה בְּשַׁבָּת.
(הָאִשָּׁה עַצְמָהּ; הָאִשָּׁה שֶׁהֻזְכְּרָה קֹדֶם)

. . . .

השתמש בצורה המתאימה של **אותו**, ובשם עצם:

1. זה לא מישהו אחֵר, אלא ________ ________.
2. המשכילים הראשונים כתבו ב ________ ________ בָּהּ נכתב התנ"ך.
3. המילה "מַנִּיחַ" באה מ ________ ________ כמו המילה "לָנוּחַ".
4. אין הֶבְדֵל בין השניים: שניהם בדיוק ________ ________.

שעור ל

סיכום חלק א ב"כנגד אותם . . . "

ספר את תוכן החלק הראשון בסיפור.

הסבר בעברית את הביטויים:

לָשׁוֹן הָרָע, שַׁבָּת אָסוּר בִּמְלָאכָה, לְחַלֵּל

מהי פָּרָשַׁת השבוּעַ? מהו "צְאֶינָה וּרְאֶינָה"?

ש. י. עגנון

כנגד אותם שקובעים ישיבות של שחוק וקלות ראש

מעשה באישה אחת שבכל שבת ושבת אחר שהתפללה ואחר שקראה ב"פרשת השבוע" היתה יושבת יחידה בביתה וטווה, כדי שלא תהא יושבת עם שכנותיה ועוסקת בדברים בטלים ובלשון-הרע וברכילות.

פעם אחת היה משה-רבינו מטייל לו בשבת, הגיע לעירה של אותה אישה, ראה בית אחד שהשכינה שרויה עליו. נכנס ומצא אישה יושבת וטווה.

אמר לה: בתי, אי את יודעת ששבת היום?

אמרה לו: יודעת אני ששבת היום.

אמר לה: אי את יודעת ששבת אסור במלאכה?

אמרה: יודעת אני ששבת אסור במלאכה.

אמר לה: אם כן למה את טווה?

אמרה היא: ומה היה לי לעשות בשעה זו?

אמר לה: היה לך להתפלל ולקרות ב"צאינה וראינה" .

אמרה לו: כבר סיימתי את תפילתי וכבר קריתי ב"פרשת השבוע".

אמר לה: אם כן שבי עם שכנותייך ואל תחללי את השבת. עמדה והניחה את מלאכתה והלכה אצל חברותיה.

בְּשַׁבָּת שְׁנִיָּה רָאָה מֹשֶׁה רַבֵּינוּ שֶׁנִּסְתַּלְּקָה שְׁכִינָה מֵאוֹתוֹ הַבַּיִת , נִכְנַס וּמָצָא אוֹתָהּ אִשָּׁה יוֹשֶׁבֶת עִם שְׁכֵנוֹתֶיהָ וְעוֹסֶקֶת עִמָּהֶן בְּשִׂיחָה. וּמַה שִּׂיחָתָן? פְּלוֹנִית עָשְׂתָה לָהּ בֶּגֶד שֶׁל חֲמִשִּׁים זְהוּבִים, פְּלוֹנִית לָקַח לָהּ בַּעֲלָהּ מַחֲרֹזֶת שֶׁל מַרְגָּלִיּוֹת, בֶּן פְּלוֹנִי נָתַן עֵינָיו בְּבַת פְּלוֹנִי, בַּת פְּלוֹנִי נָתְנָה עֵינֶיהָ בְּבֶן פְּלוֹנִי, וְכָךְ הָיוּ מְשִׂיחוֹת שִׂיחוֹת בְּטֵלוֹת וְלָשׁוֹן הָרַע וּרְכִילוּת. כֵּיוָן שֶׁרָאָה מֹשֶׁה כָּךְ אָמַר לָהּ: חִזְרִי בִּתִּי לְמַעֲשַׂיִךְ וְאַל תִּתְעַסְּקִי בְּדִבְרֵי שְׁטוּת.

לְפִיכָךְ יְהֵא אָדָם זָהִיר הַרְבֵּה שֶׁלֹּא לַעֲסֹק בִּדְבָרִים בְּטֵלִים בְּשַׁבָּת.

כְּשֶׁנֶּאֶמְרוּ הַדְּבָרִים לִפְנֵי הַחֲכָמִים אָמְרוּ, לֹא שַׁבָּת הָיָה, אֶלָּא רֹאשׁ-חֹדֶשׁ הָיָה, שֶׁרֹאשׁ-חֹדֶשׁ מֻתָּר בַּעֲשִׂיַּת מְלָאכָה, אֶלָּא שֶׁנָּשִׁים אֵינָן עוֹשׂוֹת בּוֹ מְלָאכָה, כְּמוֹ שֶׁמָּצִינוּ בְּפִרְקֵי רַבִּי אֱלִיעֶזֶר; לְפִי שֶׁלֹּא רָצוּ נָשִׁים לִתֵּן נִזְמֵיהֶן לְבַעֲלֵיהֶן בְּמַעֲשֵׂה הָעֵגֶל, לְכָךְ נָתַן לָהֶן הַקָּדוֹשׁ בָּרוּךְ הוּא שְׂכָרָן בָּעוֹלָם הַזֶּה, שֶׁהֵן מְשַׁמְּרוֹת רֹאשׁ-חֹדֶשׁ. וּמַה שָּׂכָר הוּא נוֹתֵן לָהֶן לָעוֹלָם הַבָּא, שֶׁהֵן עֲתִידוֹת לְהִתְחַדֵּשׁ בְּרָאשֵׁי-חֳדָשִׁים. מִכָּל מָקוֹם, בֵּין לְדִבְרֵי אֵלּוּ וּבֵין לְדִבְרֵי אֵלּוּ צָרִיךְ אָדָם לִזָּהֵר הַרְבֵּה שֶׁלֹּא לִקְבֹּעַ שׁוּם יְשִׁיבָה שֶׁל שְׂחוֹק וְקַלּוּת רֹאשׁ.

<u>פרושי מלים ובטויים</u>

לְהִסְתַּלֵּק = לְהִתְרַחֵק מֵהַמָּקוֹם, לַעֲזֹב אֶת הַמָּקוֹם
פְּלוֹנִי, פְּלוֹנִית = מִישֶׁהוּ אוֹ מַשֶּׁהוּ שֶׁשְּׁמוֹ לֹא חָשׁוּב בְּרֶגַע זֶה
זָהוּב = מַטְבֵּעַ מִזָּהָב
מַחֲרֹזֶת = תַּכְשִׁיט מֵחֲרוּזִים שֶׁעוֹנְדִים סְבִיב הַצַּוָּאר
לָתֵת עֵינַיִם בְּ- = לַחְשֹׁק בְּ-; לְהִתְאַהֵב בְּ-
כֵּיוָן שֶׁ- = כַּאֲשֶׁר; מִפְּנֵי שֶׁ-
שְׁטוּת, שְׁטוּיוֹת = דָּבָר רֵיק, דָּבָר טִפְּשִׁי
רֹאשׁ-חֹדֶשׁ = הַיּוֹם הָרִאשׁוֹן בַּחֹדֶשׁ הָעִבְרִי
אֶלָּא שֶׁ- = אֲבָל; חוּץ מֵהָעֻבְדָּה שֶׁ-
פִּרְקֵי רַבִּי אֱלִיעֶזֶר = סֵפֶר אַגָּדָה וּמוּסָר
לְפִי שֶׁ- = מִפְּנֵי שֶׁ-
לִתֵּן = לָתֵת
נֶזֶם = תַּכְשִׁיט שֶׁעוֹנְדִים בָּאֹזֶן אוֹ בָּאַף
עֵגֶל = בֶּן הַפָּרָה

הַקָּדוֹשׁ בָּרוּךְ הוּא (הקב"ה) - אֱלֹהִים
שָׂכָר - תַּשְׁלוּם
מִכָּל מָקוֹם - בְּכָל אֹפֶן; כָּךְ אוֹ כָּךְ
לִזָּהֵר - לְהִזָּהֵר

סמן ב-x את ההצהרות הנכונות:

___ 1. משה רבינו חזר לעיר באותה שבת.
___ 2. השכינה נתגרשה מבית האישה.
___ 3. משה רבינו מצא את האישה טווה עם שכנותיה.
___ 4. הנשים דיברו על בגדים ותַּכְשִׁיטִים יקרים.
___ 5. הן סיפרו שבעלה של פלונית גנב ממנה מחרוזות של מרגליות.
___ 6. הן דיברו באהבה וברחמים על בן פלוני.
___ 7. משה רבינו אמר לאישה לחזור לטוויה.
___ 8. הוא למד שמותר לטוות בשבת.
___ 9. מוּסַר הַהַשְׂכֵּל בסיפור הוא, שלשון הרע הוא חטא גדול יותר מטוויה בשבת.

ענה על השאלות:

1. כיצד, לדעתך, נראתה השכינה למשה?
2. האם האישה ידעה שהשכינה שרויה על ביתה?
3. מדוע הלכה האישה אל שכנותיה?
4. מדוע מאפיין המספר את שיחת הנשים כ"שיחות בטֵלות ולשון הרע"? האם הדברים שהן אמרו רעים כל-כך?
5. מדוע צריך להיזהר כל כך שלא לעסק בדברים בטלים ובלשון הרע? (ולא להיזהר כל כך שלא לרצוח, למשל . . .)
6. האם מוּסַר הַהַשְׂכֵּל הוא שטוב לטוות בשבת?

דִּבּוּר יָשִׁיר וְדִבּוּר עָקִיף
Direct and Indirect Speech

דִּבּוּר יָשִׁיר הוּא אֲמִירָה מְקוֹרִית. בִּכְתָב, מְצַיְּנִים דִּבּוּר יָשִׁיר בְּמֵרְכָאוֹת כְּפוּלוֹת (quotation marks):

הוּא אוֹמֵר: "שַׁבָּת הַיּוֹם".

הוּא שׁוֹאֵל: "מָתַי שַׁבָּת?"

דִּבּוּר עָקִיף הוּא מְסִירַת דְּבָרִים שֶׁנֶּאֶמְרוּ בֶּעָבָר אוֹ שֶׁיֵּאָמְרוּ בֶּעָתִיד. בִּכְתָב, לֹא מְצַיְּנִים דִּבּוּר עָקִיף בְּמֵרְכָאוֹת. בֵּין מִלַּת הָאֲמִירָה לְבֵין הָאֲמִירָה עַצְמָהּ בָּאָה מִלַּת קִשּׁוּר:

א. בְּמִשְׁפַּט הַצְהָרָה (Declarative sentence), **שֶׁ-**

הוּא אוֹמֵר **שֶׁ**שַּׁבָּת הַיּוֹם.

ב. בְּמִשְׁפַּט שְׁאֵלָה (interrogative sentence), **אִם**, אוֹ מִלַּת הַשְּׁאֵלָה שֶׁבַּמִּשְׁפָּט הַמְּקוֹרִי

הוּא שׁוֹאֵל **אִם** שַׁבָּת הַיּוֹם.

הוּא שׁוֹאֵל **מָתַי** שַׁבָּת.

ג. בְּמִשְׁפַּט צִוּוּי (Imperative sentence), אֵין מִלַּת קִשּׁוּר, וְהַצִּוּוּי הוֹפֵךְ לְשֵׁם פֹּעַל

הוּא אוֹמֵר לָנוּ: "בּוֹאוּ!"

הוּא אוֹמֵר לָנוּ **לָבוֹא**

הוּא אוֹמֵר לָנוּ: "אַל תִּשְׁכְּחוּ!"

הוּא אוֹמֵר לָנוּ **לֹא לִשְׁכֹּחַ**.

אמור בדיבור עקיף:

1. הוא אומר לה: "יפה היום."
2. היא שואלת: "מהן מידות החום?"
3. היא שואלת אותו: "חם היום?".
4. הוא אומרלה: "צאי מהבית וראי כמה יפה בחוץ!"

* *

מְעַט נִקּוּד

הַקָּמָץ הַגָּדוֹל וְהַטַּעַם

אֶת הַנִּסְמָךְ וְהַסּוֹמֵךְ מְבַטְּאִים בְּבַת-אַחַת, וְכָל הַהַטְעָמָה
בָּאָה עַל הַסּוֹמֵךְ. הַנִּסְמָךְ נִשְׁאָר כִּמְעַט לְלֹא הַטְעָמָה:

< <
קַן גוֹ-זָ-לִים קְ/הִי-לַּת יְ/רֵ-אִים

קָמָץ גָּדוֹל מִתְקַיֵּם רַק בַּהֲבָרָה מֻטְעֶמֶת אוֹ בַּהֲבָרָה שֶׁלְּפָנֶיהָ:

< <
כְּ/פָר גָּ-דוֹל

כְּשֶׁהַטַּעַם מִתְרַחֵק, מִשְׁתַּנֶּה הַקָּמָץ הַגָּדוֹל

א. **בַּהֲבָרָה סְגוּרָה**, לְפַתָּח:

< <
אֶזְ-רָח אֶזְ-רַח יִשְׂ-רָ-אֵל

ב. **בַּהֲבָרָה פְּתוּחָה**, לִשְׁוָא נָע:

< <
גָּ-דוֹל גְּ/דוֹ-לִים

דָּבָר הוֹפֵךְ בִּסְמִיכוּת לְ- **דְּבַר** (הַמַּעֲרֶכֶת).
מַדּוּעַ הוֹפֵךְ הַקָּמָץ הָרִאשׁוֹן לִשְׁוָא נָע?
מַדּוּעַ הוֹפֵךְ הַקָּמָץ הַשֵּׁנִי לְפַתָּח?

* *

חלק להברות, ציין אם הן פתוחות או סגורות, סמן טעם ונקד:

1. נשיאים ושרים הם אנשים חשובים.

____

2. הוא שולח מכתבים אל חבריו.

____

קרא מאמר בעיתון למתחילים והרצה את תוכנו בקצרה.

שעור ל"א

סיכום חלק ב ב"כנגד אותם . . . "

ספר את תוכן החלק השני בסיפור.

הסבר בעברית את הביטויים:

ומה שיחתן, פלוני, נתן עיניו ב-, דברֵי שטות

שיחת הכנה לחלק האחרון

הסיפור נראה מושלם: יש בו מעשה, ויש בו מוסר הַשְּׂכֵּל. מה עוד אפשר להוסיף אחרי הַמַּסְקָנָה שצריך להיזהר שלא לעסוק בדברים בְּטֵלים, אפילו ביום מנוחה?

המשך הסיפור הוא דִּיוּן לַמְּדָנִי בסיפור שקראנו עד כאן, והוא מְבֻסָּס על שתי ידיעות:

א. בראש-חדש, שהוא יום טוב, מותר לעבוד; אבל נשים פְּטוּרוֹת בו מעבודה;

ב. סֵפֶר שְׁמוֹת, פרק ל"ב. כשמֹשֶׁה עלה להַר סִינַי, לקבל את לוּחוֹת הַבְּרִית, הרגישו בני ישראל שהם נותרו ללא מנהיג וללא אלוהים. הם דָּרְשׁוּ מֵאַהֲרֹן -- אָחִיו של מֹשֶׁה -- לעשות להם אלוהים שינהיג אותם בַּמִּדְבָּר,

" . . . קוּם, עֲשֵׂה-לָנוּ אֱלֹהִים אֲשֶׁר יֵלְכוּ לְפָנֵינוּ,
כִּי-זֶה מֹשֶׁה, הָאִישׁ אֲשֶׁר הֶעֱלָנוּ מֵאֶרֶץ מִצְרַיִם, לֹא יָדַעְנוּ
מֶה-הָיָה לוֹ. וַיֹּאמֶר אֲלֵהֶם אַהֲרֹן, פָּרְקוּ נִזְמֵי הַזָּהָב אֲשֶׁר
בְּאָזְנֵי נְשֵׁיכֶם, בְּנֵיכֶם וּבְנֹתֵיכֶם וְהָבִיאוּ אֵלָי. וַיִּתְפָּרְקוּ
כָּל-הָעָם אֶת-נִזְמֵי הַזָּהָב אֲשֶׁר בְּאָזְנֵיהֶם, וַיָּבִיאוּ אֶל-אַהֲרֹן."

מהזהב, יָצַר אהרֹן עֵגֶל, והעם קראו לעגל אלהים, שמחו בו ורקדו סביבו. זה היה חֵטְא חָמוּר: חטא עֲבוֹדָה זָרָה.

ש. י. עגנון

כנגד אותם שקובעים ישיבות של שחוק וקלות ראש

מעשה באישה אחת שבכל שבת ושבת אחר שהתפללה ואחר שקראה ב"פרשת השבוע" היתה יושבת יחידה בביתה וטווה, כדי שלא תהא יושבת עם שכנותיה ועוסקת בדברים בטלים ובלשון-הרע וברכילות.

פעם אחת היה משה רבינו מטיל לו בשבת, הגיע לעירה של אותה אישה, ראה בית אחד שהשכינה שרויה עליו. נכנס ומצא אישה יושבת וטווה.

אמר לה: בתי, אי את יודעת ששבת היום?

אמרה לו: יודעת אני ששבת היום.

אמר לה: אי את יודעת ששבת אסור במלאכה?

אמרה: יודעת אני ששבת אסור במלאכה.

אמר לה: אם כן למה את טווה?

אמרה היא: ומה היה לי לעשות בשעה זו?

אמר לה: היה לך להתפלל ולקרות ב"צאינה וראינה".

אמרה לו: כבר סיימתי את תפילתי וכבר קריתי ב"פרשת השבוע".

אמר לה: אם כן שבי עם שכנותיך ואל תחללי את השבת. עמדה והניחה את מלאכתה והלכה אצל חברותיה.

בשבת שנייה ראה משה רבינו שנסתלקה שכינה מאותו הבית, נכנס ומצא אותה אישה יושבת עם שכנותיה ועוסקת עמהן בשיחה. ומה שיחתן? פלונית עשתה לה בגד של חמישים זהובים, פלונית לקח לה בעלה מחרוזת של מרגליות, בן פלוני נתן עיניו בבת פלוני, בת פלוני נתנה עיניה בבן פלוני, וכך היו משיחות שיחות בטלות ולשון הרע ורבילות. כיון שראה משה כך אמר לה: חזרי בתי למעשיך ואל תתעסקי בדברי שטות.

לפיכך יהא אדם זהיר הרבה שלא לעסוק בדברים בטלים בשבת.

כְּשֶׁנֶּאֶמְרוּ הַדְּבָרִים לִפְנֵי הַחֲכָמִים אָמְרוּ, לֹא שַׁבָּת הָיָה, אֶלָּא רֹאשׁ-חֹדֶשׁ הָיָה, שֶׁרֹאשׁ-חֹדֶשׁ מֻתָּר בַּעֲשִׂיַּת מְלָאכָה, אֶלָּא שֶׁנָּשִׁים אֵינָן עוֹשׂוֹת בּוֹ מְלָאכָה, כְּמוֹ שֶׁמָּצִינוּ בְּפִרְקֵי רַבִּי אֱלִיעֶזֶר; לְפִי שֶׁלֹּא רָצוּ נָשִׁים לִתֵּן נִזְמֵיהֶן לְבַעֲלֵיהֶן בְּמַעֲשֵׂה הָעֵגֶל, לְכָךְ נָתַן לָהֶן הַקָּדוֹשׁ בָּרוּךְ הוּא שְׂכָרָן בָּעוֹלָם הַזֶּה, שֶׁהֵן מְשַׁמְּרוֹת רֹאשׁ-חֹדֶשׁ. וּמַה שָּׂכָר הוּא נוֹתֵן לָהֶן לָעוֹלָם הַבָּא, שֶׁהֵן עֲתִידוֹת לְהִתְחַדֵּשׁ כְּרָאשֵׁי-חֳדָשִׁים. מִכָּל מָקוֹם, בֵּין לְדִבְרֵי אֵלוּ וּבֵין לְדִבְרֵי אֵלוּ צָרִיךְ אָדָם לִזָּהֵר הַרְבֵּה שֶׁלֹּא לִקְבֹּעַ שׁוּם יְשִׁיבָה שֶׁל שְׂחוֹק וְקַלּוּת רֹאשׁ.

<u>פרושי מלים ובטויים</u>

רֹאשׁ-חֹדֶשׁ = הַיּוֹם הָרִאשׁוֹן בַּחֹדֶשׁ הָעִבְרִי

אֶלָּא שֶׁ- = אֲבָל; חוּץ מֵהָעֻבְדָּה שֶׁ-

פִּרְקֵי רַבִּי אֱלִיעֶזֶר = סֵפֶר אַגָּדָה וּמוּסָר

לְפִי שֶׁ- = מִפְּנֵי שֶׁ-

לִתֵּן = לָתֵת

נֶזֶם = תַּכְשִׁיט שֶׁעוֹנְדִים בָּאֹזֶן אוֹ בָּאַף

עֵגֶל = בֶּן הַפָּרָה

הַקָּדוֹשׁ בָּרוּךְ הוּא (הקב"ה) = אֱלֹהִים

שָׂכָר = תַּשְׁלוּם

מִכָּל מָקוֹם = בְּכָל אֹפֶן; כָּךְ אוֹ כָּךְ

לִזָּהֵר = לְהִזָּהֵר

סמן ב-x את ההצהרות הנכונות:

___ 1. החכמים הם האנשים המפרשים את התורה.

___ 2. הסיפור על האישה והשכינה הוא סיפור מהתורה.

___ 3. החכמים בסיפור שמעו את המעשה בָּאישה ובשכינה.

___ 4. בתורה כתוב שהנשים לא רצו לתת את נִזְמֵיהֶן לַעֲשִׂיית העגל.

___ 5. אסור לנשים לעבוד בראש-חודש.

___ 6. לנשים ניתן שׂכר גם בעולם הזה וגם לעולם הבא.

ענה על השאלות:

1. מה כתוב בפרקי רבי אליעזר על הנשים במעשה העגל?
2. האם זה לקוח מהתנ"ך?
3. איך אפשר לפטור את הנשים מאחריות למעשה העגל, כפי שעשה רבי אליעזר, ובאותו זמן להישאר נאמן לדברי התנ"ך?
4. האם הנשים לא תרמו את הזהב, מפני שהן לא רצו להיפרד מתכשיטיהן?
5. מה רצה רבי אליעזר להסביר בסיפורו על הנשים במעשה העגל?
6. שכרן של הנשים, לפי רבי אליעזר, רב מאד. מדוע?
7. מה שכרה של האישה בסיפורו של עגנון?
8. מדוע אמרו החכמים שהסיפור קרה בראש-חודש, ולא בשבת?

ה פּ ע ל

בִּנְיַן הָפְעַל - גִּזְרַת ל"ה

הווה:	יחיד	מָפְנֶה		
	יחידה	מָפְנֵית		
	רבים	מָפְנִים		
	רבות	מָפְנוֹת		
עבר:	אני	הָפְנֵיתִי	אנחנו	הָפְנֵינוּ
	אתה	הָפְנֵיתָ	אתם/ן	הָפְנֵיתֶם/ן
	את	הָפְנֵית		
	הוא	הָפְנָה	הם/ן	הָפְנוּ
	היא	הָפְנְתָה		
עתיד:	אני	אָפְנֶה	אנחנו	נָפְנֶה
	אתה	תָּפְנֶה	אתם/ן	תָּפְנוּ
	את	תָּפְנִי		
	הוא	יָפְנֶה	הם/ן	יָפְנוּ
	היא	תָּפְנֶה		

הפוך מפעיל לסביל:

1. אני מַשְׁקָה את העציצים.
2. הם יַפְנוּ אותך למשרד.
3. הִרְצֵיתָ שלש הרצאות.
4. הוא מַרְאֶה לנו את החצר.
5. הִשְׁוֵית את שני החלקים?
6. נַחֲנֶה את המכונית לפני הבית.
7. הִקְנֵיתֶם לנו ערכים חשובים.
8. היא תַּנְחֶה את השיחה.

===

דִּבּוּר יָשִׁיר וְדִבּוּר עָקִיף (הֶמְשֵׁךְ)

כְּשֶׁהוֹפְכִים דִּבּוּר יָשִׁיר לְדִבּוּר עָקִיף, **מְשַׁנִּים**

א. אֶת הַגּוּפִים שֶׁבַּמִּשְׁפָּט הַמְּקוֹרִי:

הוּא אוֹמֵר לָהּ: "אֲנִי אוֹהֵב אוֹתָךְ".

הוּא אוֹמֵר לָהּ, שֶׁהוּא אוֹהֵב אוֹתָהּ.

ב. אֶת סִימַן הַשְּׁאֵלָה/סִימַן הַקְּרִיאָה (question/interrogation mark)
בַּדִּבּוּר הַיָּשִׁיר לִנְקוּדָה (final period).

הוּא שָׁאַל: "מַה הַשָּׁעָה?"

הוּא שָׁאַל, מַה הַשָּׁעָה.

הוּא אוֹמֵר לָנוּ: "דַּבְּרוּ בְּשֶׁקֶט!"

הוּא אוֹמֵר לָנוּ, לְדַבֵּר בְּשֶׁקֶט.

כְּשֶׁהוֹפְכִים דִּבּוּר יָשִׁיר לְדִבּוּר עָקִיף, **לֹא** **מְשַׁנִּים** אֶת הַזְּמַן שֶׁהוֹפִיעַ בַּמִּשְׁפָּט הַמְּקוֹרִי:

הוּא אוֹמֵר: "אֲנִי רָעֵב". (הוֹוֶה)
הוּא אוֹמֵר שֶׁהוּא רָעֵב. (הווה)

הוּא אָמַר: "אֲנִי רָעֵב". (הווה)
הוּא אָמַר שֶׁהוּא רָעֵב. (הווה)

הוּא אוֹמֵר: "הָיִיתִי רָעֵב" (עָבָר)
הוּא אוֹמֵר שֶׁהוּא הָיָה רָעֵב. (עבר)

הוּא אָמַר: "הָיִיתִי רָעֵב". (עבר)
הוּא אָמַר שֶׁהוּא הָיָה רָעֵב. (עבר)

==

אמור בדיבור עקיף:

1. הוא אומר לה: "אסור לעבוד בשבת."
2. הוא אמר לה: "אסור לך לעבוד בשבת."
3. הוא שואל אותה: "אינך יודעת ששבת היום?"
4. הוא שאל אותה: "מדוע את עובדת?"
5. האישה אמרה: "אין לי מה לעשות עכשיו"?
6. הוא אמר לה: "לכי אל חברותייך!"

קרא מאמר בעיתון למתחילים, והרצה את תוכנו בקצרה.

שעור ל"ב

סיכום החלק השלישי ב"כנגד אותם . . . "

ספר מה כתבת בתשובה לשאלה, מדוע אמרו החכמים שהסיפור קרה בראש-חודש.

איך נֹאמַר בעברית מודרנית

מָצִינוּ, לִתֵּן

הסבר את הביטויים

אֶלָּא שֶׁ-, לְפִי שֶׁ-, מִכָּל מָקוֹם

שיחה על מִבְנֶה הסיפור

הסיפור בנוי משני חלקים, (1) סיפור המעשה, ו-(2) דִּיּוּן פַּרְשָׁנִי בו. בְּמַבָּט ראשון, אפשר לחשוב שאין כמעט קשר בין שני החלקים, ושהחלק השני, שבא לְתַקֵּן את הרֹשם שהאישה חיללה את השבת, מְיוּתָּר.

1. מדוע לא כתב עגנון מההתחלה, שהמעשה קרה בראש חדש?
2. מדוע מספר לנו עגנון על דברי החכמים, במקום לְתַקֵּן את הסיפור בעצמו?
3. מדוע לא מִסְתַּפֵּק עגנון לומר שנשים פטורות מעבודה בראש-חודש, אלא ממשיך ומספר את הִתְנַגְּדוּתָן למעשה העגל?

אִלּוּ נכתב בחלק הראשון שהמעשה קרה ביום חול או בראש-חודש, עָצְמַת החטא שבלשון הרע לא היתה מֻדְגֶּשֶׁת דֵּי הַצֹּרֶךְ. החלק השני (א) מְאַפְשֵׁר לחלק הראשון לומר את הדברים בצורה החזקה ביותר; (ב) "מְשַׁפֵּר" את הסיפור כדי שהקורא לא יחשוב, חָלִילָה, שחילול שבת הוא דבר ריק; ו-(ג) מדגיש שוב את מוסר הַהַשְׂכֵּל, שצריך להיזהר מלעסוק בדברי שטות.

החלק השני, אם כן, מְחַזֵּק את הַמֶּסֶר של החלק הראשון, האומר שאדם צריך להיזהר שלא לעסוק בדברי שׂחוק וקלות ראש. עגנון משתמש בחלק השני לְחַזֵּק את המסר בכמה וכמה דרכים:

183

חלק שני	חלק ראשון
ישיבת חכמים - למטרת עיסוק בדברי תורה	ישיבה של שחוק וקלות ראש - למטרת עיסוק בלשון הרע
בני ישראל חוטאים בעבודה זרה, חטא חָמוּר ביותר	הנשים חוטאות בלשון הרע, חטא חָמוּר ביותר
הנשים מְסָרְבוֹת לעשות את רְצוֹן בעליהן, כדי לא לחלל את שֵם אלוהים.	האישה מחללת שבת, כדי לא לעסוק בלשון הרע

מוֹטִיבִים מְשֻׁנִּים, הַמְּאַחֲדִים את הסיפור

1. מדוע כתוב שמשה רבינו ביקר אצל האישה, ולא אברהם אבינו או אליהו הנביא (כמו בסיפורי עם אחרים)?

2. בשיחת הנשים, אנחנו מוצאים "זהובים" ו"מחרוזת של מרגליות"; בשיחת החכמים, מוזכרים "עגל (זהב)" ו"נזמים". במה שונה שיחה אחת מֵחֲבֶרְתָּהּ?

3. כשהנשים עוסקות בדברי שטות, השכינה מסתלקת מבית האישה. האם, לדעתך, שרויה השכינה במקום בו מְשׂוֹחֲחִים החכמים?

4. חַיֵּי העולם הבא מֻבְטָחִים לצדיקים, לשומרי מִצְוֹת. הנשים בסיפור העגל קִיְּמוּ מצווה חשובה בהִמָּנְעוּת מחטא (הַשְׁוֵה עם סיפורו של י.ל. פרץ, בו "יִרְאַת שמים"--מַעֲשִׂים טובים, פֵּרוּשָׁהּ גם "יִרְאַת חֵטְא"--הִמָּנְעוּת מחטא). האם גם האישה בסיפור של עגנון תִּזְכֶּה לחַיֵּי העולם הבא?

5. "בֵּין לְדִבְרֵי אֵלּוּ וּבֵין לְדִבְרֵי אֵלּוּ" יכול לְהִתְפָּרֵשׁ כְּ"אִם מַאֲמִינִים לגִרְסָה הראשונה (שבת) או לגִרְסָה השנייה (ראש-חודש), הַמַּסְקָנָה היא אחת". מְצָא פֵּרוּשׁ נוֹסָף, המתאים לסיפור.

ה פְ ע ל

בִּנְיַן הֻפְעַל - גִּזְרַת ל"א

הווה:	יחיד	מֻמְצָא
	יחידה	מֻמְצֵאת (מֻפְלָאָה)
	רבים	מֻמְצָאִים
	רבות	מֻמְצָאוֹת

עבר:	אני	הֻמְצֵאתִי	אנחנו	הֻמְצֵאנוּ
	אתה	הֻמְצֵאתָ	אתם/ן	הֻמְצֵאתֶם/ן
	את	הֻמְצֵאת		
	הוא	הֻמְצָא	הם/ן	הֻמְצְאוּ
	היא	הֻמְצְאָה		

עתיד:	אני	אֻמְצָא	אנחנו	נֻמְצָא
	אתה	תֻּמְצָא	אתם/ן	תֻּמְצְאוּ
	את	תֻּמְצְאִי		
	הוא	יֻמְצָא	הם/ן	יֻמְצְאוּ
	היא	תֻּמְצָא		

הפוך מפעיל לסביל:

1. אני ממציא לך מָעָה.
2. אתה מחביא אותי
3. את מקריאה את הסיפור.
4. הרופא יבריא את החולֶה.
5. היא מחטיאה את המַטָרָה.
6. הם משׂניאים עלינו את העבודה. (שָׂנֵא ≠ אָהַב)
7. מי המציא את הטלפון?
8. לא נחטיא אחֵרים.

* *

מְעַט נִקּוּד

דָּגֵשׁ קַל

1. בָּא רַק בָּאוֹתִיּוֹת ב,ג,ד,כ,פ,ת:

בַּיִת, גַּן, דִּירָה, כָּאן, פֹּה, תַּלְמִיד

2. לֹא בָּא אַחֲרֵי תְּנוּעָה אוֹ חָטָף:

פ פ פ
עוֹ-בֵד, רֶ-גֶל, אָ-דִיב, נְ/כוֹ-נָה, אֲ/פֵ-לָה

דָּגֵשׁ חָזָק

1. מְצַיֵּן כְּפִילוּת הָעִצּוּר (אֵינוֹ מוֹפִיעַ בִּגְרוֹנִיּוֹת אוֹ בְּ-ר):

בִּקּוּר = בִּק-קוּר, אִשָּׁה = אִשְׁ-שָׁה

2. לָכֵן, סוֹגֵר הֲבָרָה, וְעוֹמֵד בְּרֹאשׁ הַהֲבָרָה שֶׁאַחֲרֶיהָ:

○ ○ ○
לְחַדְ-דֵּשׁ, הַדְ-דוּד, מִשְׁ-שָּׁם

* *

חלק להברות, ציין את הטעם ונקד (אל תשכח את כללי הניקוד של ה-, מ-, ש-, ו-)

1. האשה איננה עובדת בשבת.

____

2. צריך להזהר שלא לעסק בדברי שטות.

____

קרא מאמר בעיתון, וספר את תוכנו.

שעור ל"ג

ביאליק כתב לא רק שירים עצובים, כמו שני השירים שלמדנו. לְפָנֵינוּ חלק משיר אהבה, שביאליק כתב בסגנון של שיר עַם.

ח. נ. ביאליק

יֵשׁ לִי גַּן

יֵשׁ לִי גַּן וּבְאֵר יֵשׁ-לִי,
וַעֲלֵי בְאֵרִי תָלוּי דְּלִי;
מִדֵּי שַׁבָּת בָּא מַחֲמַדִּי,
מַיִם זַכִּים יֵשְׁתְּ מִכַּדִּי.

כָּל הָעוֹלָם יָשֵׁן - הָס!
נָם תַּפּוּחַ וַאֲגָס;
אִמִּי נָמָה, נִרְדָּם אָבִי,
עֵרִים רַק אֲנִי וּלְבָבִי.

וְהַדְּלִי בִּלְבָבִי עֵר,
נוֹטֵף פָּז אֶל פִּי הַבְּאֵר,
נוֹטֵף פָּז וְנוֹטֵף בְּדֹלַח,
דּוֹדִי הוֹלֵךְ, דּוֹדִי הוֹלֵךְ.

הַס, בַּגַּן נִזְדַּעְזַע נוֹף -
דּוֹדִי בָא אִם-פִּרְכֵּס עוֹף?
דּוֹדִי, דּוֹדִי! - חוּשׁ מַחֲמַדִּי,
אֵין בֶּחָצֵר אִישׁ מִלְּבַדִּי.

- - - - - - - - - - -

פרושי מלים ובטויים

בְּאֵר = בּוֹר שֶׁמַּגִּיעַ עַד הַמַּיִם בְּמַעֲמַקֵּי הָאֲדָמָה

דְּלִי = כְּלִי לְהַעֲלוֹת בּוֹ מַיִם מֵהַבְּאֵר, אוֹ לְהַחֲזִיק בּוֹ מַיִם

תּוֹלֶה = שָׂם אוֹ קוֹשֵׁר עֶצֶם עַל מַשֶּׁהוּ גָּבוֹהַּ, כָּךְ שֶׁהָעֶצֶם לֹא יִגַּע בְּשׁוּם דָּבָר מִתַּחַת

מַחֲמַד (ז) = אָדָם אוֹ דָּבָר יָקָר, אָהוּב

זַךְ = צַח, נָקִי, טָהוֹר, בָּהִיר

הַס = שֶׁקֶט

נָם (לָנוּם) = יָשֵׁן

עֵר (לָעוּר) = לֹא יָשֵׁן; עֵינָיו פְּקוּחוֹת

פָּז = זָהָב; דָּבָר שֶׁנּוֹצֵץ כְּמוֹ זָהָב

בְּדֹלַח = אֶבֶן יְקָרָה וּשְׁקוּפָה כְּמוֹ קֶרַח אוֹ זְכוּכִית; קְוַרְץ

מִזְדַּעְזֵעַ (לְזַעְזֵעַ) = נָע, זָז, רוֹעֵד; נֶחֱרָד; מִתְרַגֵּשׁ

מְפַרְכֵּס = מְפַרְפֵּר; מֵנִיעַ אֶת גּוּפוֹ מִצַּד לְצַד בִּמְהִירוּת

עוֹף = כִּנּוּי לְכָל מִין שֶׁל צִפֳּרִים

חָשׁ (לָחוּשׁ) = מְמַהֵר

חָצֵר = שֶׁטַח לִפְנֵי אוֹ מִסָּבִיב לַבַּיִת, וּסְבִיבוֹ גָּדֵר

סמן ב-x את ההצהרות הנכונות:

1. ____ הַמְדַבֶּרֶת בשיר הוא אישה.
2. ____ הדלי עומד על הבאר.
3. ____ ה"מחמד" בא לגן בכל יום.
4. ____ הוא בא לשתות מיים.
5. ____ כל העולם ישן, חוץ מהאֵם.
6. ____ לב המדַברת דופק בחָזְקָה.
7. ____ מהדלי נוטפות טיפות מים זכים.
8. ____ האישה שומעת תנועה קַלָּה בגן.
9. ____ הפגישה בין האוהבים היא סוֹדִית.
10. ____ הפגישה נֶעֱרֶכֶת בלילה.

שאלות על השיר

1. אנחנו מכירים את המילה דוֹד בפירוּשָׁה, "אח של אב או אֵם". מה פירוש המילה בשיר "יש לי גן"?

2. מהי הצורה המלאה של "יֵשְׁתְּ"?

3. השיר מדבר על גן ועל באר. מִנַּיִן לנו, מקריאה ראשונה, שלפנינו שיר אהבה? מהן מילות המַפְתֵּחַ?

4. מה מצביע על האינטימיות והסודיות שבפגישה?

5. נֶאֱמַר שהפגישה נערכת בשבת. האם היא נערכת בשעות היום או הלילה?

6. כֵּיצַד מסבירה התשובה לשאלה 5 את ה"פז" וה"בדולח", הנוטפים מהדלי?

7. מה, לדעתך, מסמלים הגן והבאר בשיר?

שיחה על מקורות השיר כשיר עם יהודי.

שירי עַם אופייניים עוסקים בנושאים אוניברסליים, והשיר "יש לי גן" איננו שונה בנושאו משירי עם רוסיים, איריים או ספרדיים. אבל הטִפּוּל בנושא שונה בכך שהוא איננו מְשַׁקֵּף הווי יהודי אופייני לתקופה שבה הוא נכתב. ראשית, השיר נכתב בעברית, בזמן שיהודי מזרח אירופה דיברו יידיש; ושנית, הוא מתאר גן פְּלָאִים, בשעה שחלק נִכָּר מיהודי אירופה חיו בצְפִיפוּת בערים.

ההַשְׁרָאָה ל"יש לי גן" איננה באה, אם כן, מחיי היהודים בתקופת ביאליק, אלא מתקופה עַתִּיקָה מאד - תקופה התנ"ך; והרֶקַע לשיר האהבה שָׁאוּב מהספר "שִׁיר הַשִּׁירִים". הספר, שהוא שיר אהבה וידִידוּת בין גֶּבֶר לאישה, נכתב--לפי המסורת--על ידי שְׁלֹמֹה הַמֶּלֶךְ, כאלגוריה לאהבה שבין ישראל (האישה) לבין אלוהים. חכמי הקַבָּלָה ראו באישה את השכינה, ובגבר את עַם ישראל.

ה פ ע ל

בִּנְיַן הֻפְעַל - גִּזְרַת פ"נ

הווה:	יחיד	מֻכָּר	(מֻנְהָג)			
	יחידה	מֻכֶּרֶת	(מֻנְהֶגֶת)			
	רבים	מֻכָּרִים	(מֻנְהָגִים)			
	רבות	מֻכָּרוֹת	(מֻנְהָגוֹת)			
עבר:	אני	הֻכַּרְתִּי	(הֻנְהַגְתִּי)	אנחנו	הֻכַּרְנוּ	(הֻנְהַגְנוּ)
	אתה	הֻכַּרְתָּ	(הֻנְהַגְתָּ)	אתם/ן	הֻכַּרְתֶּם/ן	(הֻנְהַגְתֶּם/ן)
	את	הֻכַּרְתְּ	(הֻנְהַגְתְּ)			
	הוא	הֻכַּר	(הֻנְהַג)	הם/ן	הֻכְּרוּ	(הֻנְהֲגוּ)
	היא	הֻכְּרָה	(הֻנְהֲגָה)			
עתיד:	אני	אֻכַּר	(אֻנְהַג)	אנחנו	נֻכַּר	(נֻנְהַג)
	אתה	תֻּכַּר	(תֻּנְהַג)	אתם/ן	תֻּכְּרוּ	(תֻּנְהֲגוּ)
	את	תֻּכְּרִי	(תֻּנְהֲגִי)			
	הוא	יֻכַּר	(יֻנְהַג)	הם/ן	יֻכְּרוּ	(יֻנְהֲגוּ)
	היא	תֻּכַּר	(תֻּנְהַג)			

!! הפעל מֻכָּר בָּא עִם מִלַּת הַיַּחַס לְ (לֹא עַל-יְדֵי): הוּא מֻכָּר לִי.

הפוך מפעיל לסביל:

1. **אני מכיר אותךָ.**
2. **אתה תסיע אותי לשְׂדֵה הַתְּעוּפָה.**
3. **את מגישה לו פרי טרי.**
4. **הוא מפיל את הכוס מהשולחן.**
5. **היא איננה מתירה את העישון בְּבֵיתָהּ.**
6. **הם ילבישו וינעילו אותנו.**
7. **אתם מכירים את השֵׁמוֹת האלה?**

. . . . . . מִלִּים . . . מִלִּים . . . מִלִּים . . . . . .

כְּמוֹ שֶׁ- ≠ כְּאִלּוּ

כְּמוֹ שֶׁ- וּ כְּאִלּוּ הֵן מִלּוֹת קֶשֶׁר בְּמִשְׁפְּטֵי הַשְׁוָאָה (comparative clauses).

כְּמוֹ שֶׁ- = הַשְׁוָאָה לְמַשֶּׁהוּ מְצִיאוּתִי (Just as).

הַשְּׁכִינָה חֲרֵדָה עַל עַם יִשְׂרָאֵל **כְּמוֹ שֶׁ**אֵם חֲרֵדָה עַל יְלָדֶיהָ.
(אֵם חֲרֵדָה עַל יְלָדֶיהָ)

כְּאִלּוּ (כְּמוֹ אִלּוּ) = הַשְׁוָאָה מְדֻמָּה, לְמַשֶּׁהוּ בִּלְתִּי מְצִיאוּתִי (As though):

בִּיאָלִיק מְתָאֵר אֶת הַשְּׁכִינָה, **כְּאִלּוּ** הִיא צִפּוֹר.
(הַשְּׁכִינָה אֵינֶנָּה צִפּוֹר)

. . . .

מחק את המילה הלא נכונה:

1. האישה קראה בפרשת השבוע, (כמו ש/כאילו) טוב לקרוא בשבת.
2. השכינה שרתה בבית האישה, (כמו ש/כאילו) האישה לא עסקה במלאכה בשבת.
3. נשים פטורות מעבודה בראש חודש, (כמו ש/כאילו) כתוב בפרקי רבי אליעזר.
4. האגס והתפוח בשיר נמים (כמו ש/כאילו) עצים הם בַּעֲלֵי חיים.
5. לאור הַיָּרֵחַ נראֶה, (כמו ש/כאילו) טיפות המים הן זהב או בדולח.
6. הדלי מחכה לאהוב (כמו ש/כאילו) הבחורה עצמה מחכה לדודָהּ.

קרא מאמר בעיתון למתחילים וספר את תוכנו.

בקש מהתלמידים לקרוא את "שיר השירים" בתרגום לקראת השיעור הבא.

שעור ל"ד

כל תלמיד מספר בעל פה את תוכן חיבורו. אחרי כל הרצאה, מבקש המורה מהכיתה להגיב על הרעיונות שהועלו.
המורה קורא בקול מספר חיבורים, ומתקן שגיאות בעזרת הכיתה.

סיכום מוטיב הגן

הגן הוא מקום מתאים לצמיחה ופריחה: הפרחים, העצים והפרי שֶׁבּוֹ. אם כך, הוא מקום מתאים גם לפריחת האהבה. כמו הצמחים בגן, גם האהבה זקוקה לטִפּוּחַ (הפגישה השבועית).

כזמן, הגן מסמל נעורים: תקופת פריחה, שהיא גם עֵת לאהבה.

כזמן ומקום כְּאֶחָד, הוא מְרַמֵּז על גַּן-עֵדֶן: זמן ומקום של תֹּם (תְּמִימוּת) וּשְׁלֵמוּת. לפני החטא הקַדְמוֹן, אין פְּגָם בעולם, אין רע, אין אַשְׁמָה. קיימים רק טוב ואֹשֶׁר.

ב"יש לי גן", הגבר והאישה יחידים בגן (רק רֶמֶז לעץ הפרי); אהבתם הופכת את המקום לגן-עדן. הגן מסמל, לכן, את האהבה השְׁלֵמָה ואת הֲנָאוֹתֶיהָ.

"שיר השירים"

כפי שראינו, למילה <u>דוד</u> יש פירוש נוסף לפירוש "קרוב משפחה". האישה ב"שיר השירים" מְכַנָּה כך את אהובה. הגבר מְכַנֶּה את האישה בכינויים "רַעְיָה" (חברה אהובה), ו"כַּלָּה". ושניהם מדמים האחד את השני לַעֲצָמִים בעלי תכונות הגורמות הֲנָאָה לאדם.

שִׁיר הַשִּׁירִים

פֶּרֶק ב

1 אֲנִי חֲבַצֶּלֶת הַשָּׁרוֹן, שׁוֹשַׁנַּת הָעֲמָקִים.
2 כְּשׁוֹשַׁנָּה בֵּין הַחוֹחִים, כֵּן רַעְיָתִי בֵּין הַבָּנוֹת.
3 כְּתַפּוּחַ בַּעֲצֵי הַיַּעַר, כֵּן דּוֹדִי בֵּין הַבָּנִים;
בְּצִלּוֹ חִמַּדְתִּי וְיָשַׁבְתִּי, וּפִרְיוֹ מָתוֹק לְחִכִּי.

- - - - - - - - - - - - - - - -

8 קוֹל דּוֹדִי הִנֵּה-זֶה בָּא: מְדַלֵּג עַל הֶהָרִים,
מְקַפֵּץ עַל הַגְּבָעוֹת.
9 דּוֹמֶה דוֹדִי לִצְבִי, אוֹ לְעֹפֶר הָאַיָּלִים . . . .
10 עָנָה דוֹדִי וְאָמַר לִי, קוּמִי לָךְ רַעְיָתִי יָפָתִי
וּלְכִי-לָךְ.
11 כִּי-הִנֵּה הַסְּתָו עָבָר, הַגֶּשֶׁם חָלַף הָלַךְ לוֹ.
12 הַנִּצָּנִים נִרְאוּ בָאָרֶץ, עֵת הַזָּמִיר הִגִּיעַ,
וְקוֹל הַתּוֹר נִשְׁמַע בְּאַרְצֵנוּ.

<u>פרושי מלים ובטויים</u>

חֲבַצֶּלֶת = פֶּרַח בָּר, שֶׁגָּדֵל בְּאֶרֶץ יִשְׂרָאֵל, בְּחוֹלוֹת חוֹף הַיָּם
שׁוֹשַׁנָּה = צֶמַח בַּעַל פְּרָחִים לְבָנִים אוֹ אֲדֻמִּים; גָּדֵל בִּדְרוֹם הָאָרֶץ וּבִצְפוֹנָהּ
עֵמֶק (עֲמָקִים) = שֶׁטַח רָחָב וְנָמוּךְ בֵּין הָרִים
חוֹחַ (חוֹחִים) = צֶמַח בָּר קוֹצָנִי
בָּנוֹת = נָשִׁים צְעִירוֹת
לְחַמֵּד = לַחְשֹׁק בְּ-; לֶאֱהֹב
חֵךְ = גַּג הַפֶּה; מַרְגִּישִׁים בּוֹ טַעַם
לְדַלֵּג = לִקְפֹּץ וְלַעֲבֹר עַל מָקוֹם, בְּלִי לִנְגֹּעַ בּוֹ
גִּבְעָה (גְּבָעוֹת) = הַר קָטָן
צְבִי = חַיָּה קַלַּת רַגְלַיִם בַּעֲלַת קַרְנַיִם (גַּזֶּלָה)
עֹפֶר = בֵּן הַצְּבִי
אַיָּל = חַיָּה דּוֹמָה לִצְבִי, אֲבָל קְטַנָּה יוֹתֵר
זָמִיר = צִפּוֹר שִׁיר

תּוֹר = יוֹנַת בָּר קְטַנָּה, שֶׁבָּאָה לְאֶרֶץ יִשְׂרָאֵל בְּאָבִיב וְעוֹזֶבֶת בְּסוֹף הַקַּיִץ.
(יוֹנָה = עוֹף בַּיִת; סֵמֶל לְשָׁלוֹם וּלְאַהֲבָה)

- לְךָ (עִם כִּנּוּי גּוּף הַנּוֹשֵׂא) מַדְגִּישׁ אֶת הַפְּעוּלָה: קוּמִי, לְכִי, חָלַף

סמן ב-x את ההצהרות הנכונות:

(פסוקים 1-3)

1.____ ביאליק כתב את "שיר השירים".
2.____ הפְּסוּקִים 1-3 נֶאמרים על ידי אדם אחד.
3.____ הפָּסוּק הַשֵּׁנִי נֶאמר על ידי הגבר.
4.____ הפסוק השני הוא משפט השוואה.
5.____ האהובה בין הנשים היא כמו חוח בין שושנים.
6.____ הגבר דומה לתפוח, כי הוא עֲגַלְגַּל ואַדְמוֹנִי.
7.____ פרי עץ היער מתוק לְחֵךְ האישה.
8.____ עץ התפוח טוב גם למַאֲכָל וגם לצֵל.
9.____ השָּׁרוֹן הוא הר בישראל.
10.____ פירוש "מתוק לַחֵךְ" הוא "טעים".

(פסוקים 8-12)

1.____ האישה שומעת את דודה מתקרב.
2.____ הגבר ממהר אל האישה מֶמֶרחקים.
3.____ הוא דומה לצבי, והיא דומה לעופר.
4.____ צבי רץ במהירות רבה.
5.____ הצבי חיה גְּמִישָׁה וַאֲצִילִית.
6.____ הגבר מזמין את האישה לצאת איתו לטיול בארץ.
7.____ הגשם, בפסוק 11, הוא הסתיו.
8.____ האביב הגיע.
9.____ הזמיר והתור שרים בארץ ישראל.

ענה על השאלות:

1. מי אומר את הפסוק הראשון?
2. מה מְבַטֵּא את יופיה של האישה?
3. מה מבטא את צְנִיעוּתָהּ?
4. מדוע מְדַמָּה האישה את דודָהּ לעץ תפוח?
5. מדוע מדמה האישה את אהובָהּ לצבי/עופר איילים?
6. מדוע הוא מקפץ ומדלג על ההרים?
7. מה מבטא את תַּרְבּוּת/עֲדִינוּת הגבר והאישה, בהשוואה לאחרים?
8. איך מתאר הגבר את תקופת האביב?
9. מה הקשר בין האביב ב"שיר השירים" לבין הגן בשירו של ביאליק?
10. מהם הדימויים ב"שיר השירים", שדומים לדימויים בשירֵי אהבה עֲמָמִיים הַמֻּכָּרִים לךָ?
11. מהם הדימויים, השונים מאלה שמוכרים לך משירי אהבה עממיים באנגלית?

כפי שנוֹכַחְתֶּם מקריאת "שיר השירים" בתרגום, הספר מתאר שמחת חיים ואהבה חושנית. בשמונת הפסוקים שקראנו בפרק ב, מהן ההנאות שנִתְפָּשׂוֹת על ידי החושים הבאים:

1. רְאִיָּה
2. שְׁמִיעָה
3. נְגִיעָה
4. רֵיחַ
5. טַעַם

"יש לי גן" נכתב בחרוזים. בשירת התנ"ך, במקום חרוז קיימת הַקְבָּלָה, או הַתְאָמָה בין שני חֶלְקֵי המשפט. החלק השני של המשפט חוזר על החלק הראשון במילים אחרות:

אֲנִי חֲבַצֶּלֶת הַשָּׁרוֹן || שׁוֹשַׁנַּת הָעֲמָקִים

מְצָא הַקְבָּלוֹת בפסוקים שקראנו בפרק ב.

ה פּ ע ל

בִּנְיַן הֻפְעַל - גִּזְרַת פ"י

הווה:	יחיד	מוּרָד	(מוּכָח)
	יחידה	מוּרֶדֶת	(מוּכַחַת)
	רבים	מוּרָדִים	(מוּכָחִים)
	רבות	מוּרָדוֹת	(מוּכָחוֹת)

עבר:	אני	הוּרַדְתִּי	אנחנו	הוּרַדְנוּ
	אתה	הוּרַדְתָּ	אתם/ן	הוּרַדְתֶּם/ן
	את	הוּרַדְתְּ		
	הוא	הוּרַד	הם/ן	הוּרְדוּ
	היא	הוּרְדָה		

עתיד:	אני	אוּרַד	אנחנו	נוּרַד
	אתה	תּוּרַד	אתם/ן	תּוּרְדוּ
	את	תּוּרְדִי		
	הוא	יוּרַד	הם/ן	יוּרְדוּ
	היא	תּוּרַד		

הפוך מפעיל לסביל:

1. אלוהים מוציא לחם מן הארץ.
2. הוא יוריד תפוחים מהעץ.
3. הוכחתם את חשיבות העניין.
4. מי הושיב אֶתכם בשורה האחרונה?
5. הוספת לחיבור שני עמודים.
6. נוביל אתכם בדרך הקצרה ביותר.
7. הם מורידים אותי בתַחֲנָה האחרונה.
8. איפה תושיב את האורחים?

* *

מְעַט נִקּוּד

הֲבָרוֹת שֶׁנִּפְתְּחוּ

יֵשׁ הֲבָרוֹת פְּתוּחוֹת, שֶׁפַּעַם הָיוּ הֲבָרוֹת סְגוּרוֹת. בַּהֲבָרוֹת הָאֵלֶּה נִשְׁאֲרָה הַתְּנוּעָה שֶׁהָיְתָה בָּהֶן, כְּשֶׁהֵן הָיוּ סְגוּרוֹת:

1. א בְּסוֹף הַהֲבָרָה הָאַחֲרוֹנָה בַּמִּלָּה: פֶּ-לֶא (כְּמוֹ יֶ-לֶד)
2. ה בְּסוֹף שְׁמוֹת הַנְּקֵבָה: דּוֹ-דָה (כְּמוֹ דּוֹ-דָן)
3. י בְּסוֹף מִלָּה, אַחֲרֵי חִירִיק: שְׁ/נָ-תִי (כְּמוֹ שְׁ/נָ-תִית)
4. בַּהֲבָרָה הָרִאשׁוֹנָה בְּכַמָּה מֵהַשֵּׁמוֹת הַ סֶּגּוֹלִיִּים: בֹּ-קֶר, מָ-וֶת

תְּנוּעוֹת שֶׁנִּפְתְּחוּ שׁוֹמְרוֹת עַל עֶרְכָּן הַמְּקוֹרִי. בַּחֲלוּקָה לַהֲבָרוֹת, נְצַיֵּן אוֹתָן בְּ"ג", וְנִנְהַג בָּהֶן כְּבַהֲבָרוֹת סְגוּרוֹת.

* *

חלק להברות, ציין את הטעם ונקד (זכור, הכללים מתייחסים רק לשמות, ולפעלים בזמן הווה):

1. בישראל, היה השנה חרף קשה.

____

2. הרופא אומר ליצחק לנוח במטה במשך יומים.

____

3. הפרק השלישי בספר קצר מאד

____

קרא מאמר בעיתון למתחילים, והרצה את תוכנו.

שעור ל"ה

תלמידים מספרים את תוכן חיבוריהם.
המורה קורא חיבורים, ומתקנם בעזרת הכיתה.

שִׁיר הַשִּׁירִים

פרק ד

10 מַה-יָּפוּ דֹדַיִךְ, אֲחֹתִי כַלָּה; מַה טֹּבוּ דֹדַיִךְ מִיַּיִן,
וְרֵיחַ שְׁמָנַיִךְ מִכָּל בְּשָׂמִים.
11 נֹפֶת תִּטֹּפְנָה שִׂפְתוֹתַיִךְ כַּלָּה, דְּבַשׁ וְחָלָב תַּחַת לְשׁוֹנֵךְ,
וְרֵיחַ שַׂלְמֹתַיִךְ כְּרֵיחַ לְבָנוֹן.
12 גַּן נָעוּל אֲחֹתִי כַלָּה, גַּל נָעוּל מַעְיָן חָתוּם.

\-------------------------

15 מַעְיַן גַּנִּים, בְּאֵר מַיִם חַיִּים, וְנֹזְלִים מִן-לְבָנוֹן.
16 עוּרִי צָפוֹן וּבוֹאִי תֵימָן, הָפִיחִי גַנִּי יִזְּלוּ בְשָׂמָיו;
יָבֹא דוֹדִי לְגַנּוֹ וְיֹאכַל פְּרִי מְגָדָיו.

פרק ה

1 בָּאתִי לְגַנִּי, אֲחֹתִי כַלָּה: אָרִיתִי מוֹרִי עִם-בְּשָׂמִי,
אָכַלְתִּי יַעְרִי עִם-דִּבְשִׁי, שָׁתִיתִי יֵינִי עִם-חֲלָבִי;
אִכְלוּ רֵעִים, שְׁתוּ וְשִׁכְרוּ דּוֹדִים.
2 אֲנִי יְשֵׁנָה וְלִבִּי עֵר, קוֹל דּוֹדִי דוֹפֵק, פִּתְחִי-לִי
אֲחֹתִי רַעְיָתִי יוֹנָתִי תַמָּתִי, שֶׁרֹּאשִׁי נִמְלָא-טָל,
קְוֻצּוֹתַי רְסִיסֵי לָיְלָה.

<u>פרושי מלים ובטויים</u>

דּוֹדִים = אֲהָבִים; תַּעֲנוּגֵי אַהֲבָה
בֹּשֶׂם (בְּשָׂמִים) = רֵיחַ טוֹב וְנָעִים, הַנּוֹדֵף מִצְּמָחִים שׁוֹנִים

נֹפֶת - דְּבַשׁ נוֹזֵל

שַׂלְמָה - שִׂמְלָה

גַּל - (גַּם) מַעְיַן מַיִם; מְקוֹר מַיִם

מַעְיָן - מַיִם, הַנּוֹבְעִים מִן הָאֲדָמָה; מָקוֹר

חָתוּם - סָגוּר, נָעוּל

נוֹזְלִים - (גַּם) כִּנּוּי לְמַיִם זוֹרְמִים

צָפוֹן - רוּחַ הַנּוֹשֶׁבֶת מִצָּפוֹן

תֵּימָן - רוּחַ הַנּוֹשֶׁבֶת מִדָּרוֹם

לְהָפִיחַ (פוח) - לְהָשִׁיב וּלְהָפִיץ (לְפַזֵּר מִסָּבִיב) רֵיחַ

פְּרִי מְגָדִים - פְּרִי טוֹב וְטָעִים

(מֶגֶד - מֶתֶק, טוּב)

לָאֱרוֹת - לִקְטֹף, לֶאֱסֹף

מֹר - צֶמַח, שֶׁמִּמֶּנּוּ עוֹשִׂים גַּם בֹּשֶׂם וְגַם תְּרוּפוֹת

יַעַר - חַלַּת דְּבַשׁ

רֵעַ (רֵעִים) - חָבֵר, יָדִיד קָרוֹב

לִשְׁכֹּר - לִשְׁתּוֹת מַשְׁקֶה חָרִיף עַד לְבִלְבּוּל הַחוּשִׁים

תָּם (תַּמָּה) - שֶׁאֵין בּוֹ פְּגָם

טַל - טִפּוֹת הַמְּכַסּוֹת אֶת הָאֲדָמָה בִּשְׁעוֹת הַלַּיְלָה

קְוֻצָּה - "קְבוּצַת" שֵׂעָר, תַּלְתַּל

רְסִיס - טִפָּה; חֲתִיכָה קְטַנָּה מִדָּבָר שֶׁנִּשְׁבַּר

סמן ב-x את ההצהרות הנכונות:

(פרק ד)

1. ___ אהבתה של האישה טובה כמו יין.
2. ___ אהבתה טובה יותר מבושם.
3. ___ נְשִׁיקוֹתֶיהָ מתוקות כדבש.
4. ___ הלבנון נמצא בדרום ישראל.
5. ___ בלבנון צומחים עֲצֵי אֶרֶז.
6. ___ האישה לבושה בבגדים מהלבנון.
7. ___ הגבר מְדַמֶּה את אהובתו לגן.
8. ___ הוא מדמה את אהבתה למעיין מיים.
9. ___ המעיין חתום, כי הגבר איננו יכול לשתות ממנו.
10. ___ מיים הם מקור החיים.

(פרק ה)

___ .1 צפון ותימן הן רוחות.

___ .2 "עורי", פירושו "נִשְׁבִי".

___ .3 האישה קוראת לרוחות להפיל את הפרי מהעצים בגן.

___ .4 גנה של האישה הוא גם גנו של אהובה.

___ .5 בפסוק 1 בפרק ה, "אִכְלוּ רֵעִים" הוא ההקבלה ל"אָכַלְתִּי יַעְרִי".

___ .6 בפסוק 2, האוהבים נפגשים.

___ .7 הגבר מבקש להיכנס, כי יורד גשם בחוץ.

___ .8 הפגישה נערכת בלילה.

ענה על השאלות:

1. מאיין לקוחים דימויי האישה בפסוקים 10-15 בפרק ד?
2. מהם הדימויים הקשורים במוֹתָרוֹת (לוּקְסוּס) ובנְדִירוּת?
3. מלבד האישה, מי/מה עוד מתואר ב"חלב ודבש"?
4. מהי, אם כן, "אהבתו האחרת" של הגבר?
5. בשירי אהבה עממיים באנגלית אפשר למצוא "נשיקות מתוקות כיין".
האם אתה מכיר שירֵי עַם בהם האהוב/אהובה מושווה לטבע הארץ?
6. מדוע קוראת האישה לרוחות לנשב בגן?
7. מאיין נושבת רוח תימן?
8. איך משפיעים ריחות הגן על התְּאָבוֹן?
9. מה משמעות פסוק 16 בפרק ד, לאהבת האישה ולתקוותה?
10. מדוע קורא הגבר לאהובתו בשמות כה רבים בפרק ה, פסוק 2? איך זה מתקשר עם "קול דודי דופק"?
11. מהן ההַשְׁפָּעוֹת הישירות והעקיפות של פרק ה, פסוקים 1-2, ב"שיר השירים" על "יש לי גן" של ביאליק?

שיחה על הדימויים

גנה של האשה הוא גן בֵּיתִי. גנו של הגבר הוא הארץ כולה, על נוֹף הבר שֶׁבָּהּ.
ביצד זה מתבטא בכינויים ובדימויים של השניים בפסוקים שקראנו בפרקים ב-ה?

הדימויים ב"שיר השירים" מוּחָשִׁיים מאד. האוהבים אינם מכנים האחד את השני בכינויים מֻפְשָׁטִים, כמו "אָשְׁרִי", "חַיַּי", וכדומה, אלא מדמים זה את זה לעצמים שגורמים להם אֹשֶׁר וַהֲנָאָה. השימוש בדימויים מוחשיים מוסיף עָצְמָה וחִיּוּנִיּוּת לַתֵּאוּר.

ב"דומה דודי לצבי", המילה האחת--צבי--נושׂאת עימה תְּכוּנוֹת מפשטות רבות: יופי, עֲדִינוּת, אֲצִילוּת, גְּמִישׁוּת, מְהִירוּת, ועוד.

נסה לתאר את התכונות של העצמים הבאים:

1. שושנה בין החוחים ______________________________

2. יין ______________________________

3. מעיין גנים ______________________________

פסוקים רבים מ"שיר השירים" הפכו לשירים בישראל. כמעט כל הפסוקים שקראנו מושרים היום. אתם ודאי מכירים את המַנְגִּינוֹת לכמה מהם.

הנה שיר נוסף, שמקורו ב"שיר השירים" (פרק ו, פסוקים 1-2):

אָנָה הָלַךְ דּוֹדֵךְ, הַיָּפָה בַּנָּשִׁים?
אָנָה פָּנָה דוֹדֵךְ, וּנְבַקְשֶׁנּוּ עִמָּךְ.
דּוֹדִי יָרַד לְגַנּוֹ לַעֲרוּגוֹת הַבֹּשֶׂם. . .

ה פ ּ ע ל

בִּנְיַן הֻפְעַל - גִּזְרַת ע"ו-ע"י

הווה: יחיד מוּקָם (מוּנָע)
יחידה מוּקֶמֶת (מוּנַעַת)
רבים מוּקָמִים
רבות מוּקָמוֹת

עבר: אני	הוּקַמְתִּי (הוּנַעְתִּי)	אנחנו	הוּקַמְנוּ
אתה	הוּקַמְתָּ	אתם/ן	הוּקַמְתֶּם/ן
את	הוּקַמְתְּ		
הוא	הוּקַם	הם/ן	הוּקְמוּ
היא	הוּקְמָה		

עתיד: אני	אוּקַם	אנחנו	נוּקַם
אתה	תּוּקַם	אתם/ן	תּוּקְמוּ
את	תּוּקְמִי		
הוא	יוּקַם	הם/ן	יוּקְמוּ
היא	תּוּקַם		

שים לב: בהֻפעל, אין הֶבְדֵּל בֵּין צורות פָּעֳלֵי ע"ו-ע"י לבין צורות פעלי פ"י.

הפוך מסביל לפעיל (זכור, בהפעיל קיים הֶבְדֵּל בין ע"ו-ע"י לבין פ"י!)

1. כדור מוּבָא לביתה על יָדֶיךָ.
2. תפוח מוּרָד על יָדַיִךְ מהעץ.
3. מפעלים שונים הוקמו על ידיהם.
4. דברי המבוא הוספו על ידיו.
5. היא הוּעֲרָה על ידי הרַעַשׁ.
6. הובלנו למקום על ידי המדריך.
7. העלים מוּנָעים על ידי הרוחות.
8. "התקוה" מוּשֶׁרֶת על ידינו בכל טֶקֶס לְאֻמִּי.

שעור ל"ו

תלמידים מספרים את תוכן חיבוריהם, והכיתה מגיבה.

סיכום

הדימויים כולם לקוחים מטֶבע הארץ: האישה שואבת את תיאוריה מהעולם הביתי וסביבתו (בְּשָׂמֵי וּמִגְדֵי הגן, פרחים, תפוח); הגבר שואב את תיאוריו מ"הגן הגדול", ארץ ישראל באביב (הניצנים, הזמיר והתור, ותיאור העונות), ואף מַשְׁוֶה את ריח שמלותיה לריח אַרְזֵי הלבנון הרחוק.

אהבתה מַגִּישָׁה לו את כל הטוֹב והעדין הקשור בבית; אהבתו מביאה איתה את החִיּוּנִיּוּת של נוף הבר.

<u>הגבר</u>	<u>האישה</u>
בא אל גנָהּ מהחוץ, רסיסי טל בשערו	גן נעול/מעיין חתום
צבי/עופר איילים (חיית בר)	יונה (עוף ביתי)
מקפץ על הרים וגבעות	שוכנת בשְׁפֵלָה ובעמקים
מִתְנַשֵּׂא כעץ	יושבת בצילו, אוכלת מפריו

ח ז ר ה

כ י נ ו י י ם   ס ת מ י י ם

אמור מחדש בעזרת כינויים סתמיים (מִי שֶׁ-/מָה שֶׁ-):

1. הסיפור והשירים, שקראנובשבועות האחרונים, לימדו אותנו מעט על התרבות היהודית.
2. לחלק גדול מהפסוקים, שקראנו בכיתה, חוברו מנגינות.
3. לפי המסורת, האדם שכתב את "שיר השירים" הוא שלמֹה המלך.
4. קוראים, שרוצים להיהנות משיר אהבה נפלא, צריכים לקרוא את "שיר השירים".

פ ע ל י ם

שרש	זמן	גוף	פָּעַל	נִפְעַל	הִפְעִיל	הֻפְעַל
זכר	הווה	יחיד				
שמע	הווה	יחיד				
חשב	הווה	יחיד				
פנה	עתיד	אנחנו				
ראה	עתיד	אנחנו				
מצא	הווה	יחידה				
נשב	עתיד	הם/ן				
נעל	עתיד	הם/ן				
ישב	עבר	הוא				
קום	עבר	אתם				

א ו ת ו / א ו ת ה / א ו ת ם / א ו ת ן

השלם בעזרת צורות של אותו ושם עצם מתאים:

1. השירים "לבדי" ו"יש לי גן" נכתבו על ידי __________ __________
2. יונה ותור אינן __________ __________.
3. לפעלי פ"י ולפעלי ע"ו-ע"י יש __________ __________ בבנין הֻפעל.
4. שירי אהבה עממיים באנגלית אינם משתמשים בכל __________ __________, שמצאנו ב"שיר השירים".

ד י ב ו ר ע ק י ף

אמור מחדש בדיבור עקיף:

1. החכמים אומרים: "הסיפור לא קרה בשבת."
2. הנשים שאלו: "מותר לעבוד בראש-חודש?"
3. הוא שאל: "מדוע את עובדת בשבת?"
4. משה אמר לאישה: "חזרי למעשייך!"

נ י ק ו ד (סיכום החלוקה להברות וההטעמה בשמות)

1. בַּהֲבָרָה פְּתוּחָה, תְּנוּעָה גְּדוֹלָה: — שָׁ-לוֹם

2. בַּהֲבָרָה סְגוּרָה, תְּנוּעָה קְטַנָּה: — יַלְ-דָּה

3. בַּהֲבָרָה פְּתוּחָה מֻטְעֶמֶת, תְּנוּעָה קְטַנָּה: — יֶ-לֶד

4. בַּהֲבָרָה סְגוּרָה מֻטְעֶמֶת, תְּנוּעָה גְּדוֹלָה: — בָּ-תִּים

5. שְׁוָא נָע וַחֲטָפִים מִצְטָרְפִים לַהֲבָרָה שֶׁאַחֲרֵיהֶם: — יְ/לָ-דִים, עֲ/בוֹ-דָה

6. פַּתָּח גָּנוּב הוּא חֵלֶק מֵהַהֲבָרָה שֶׁלְּפָנָיו: — פּ-תּוּחַ

7. קָמָץ גָּדוֹל מִתְקַיֵּם בִּתְנוּעָה מֻטְעֶמֶת וּבְזוֹ שֶׁלְּפָנֶיהָ: — דָּ-בָר, מָ-קוֹם

8. כְּשֶׁהַטַּעַם מִתְרַחֵק, מִשְׁתַּנֶּה הַקָּמָץ,

בַּהֲבָרָה סְגוּרָה, לְפַתָּח: — כְּ/נַף הצפור

בַּהֲבָרָה פְּתוּחָה, לִשְׁוָא נָע: — יְ/ל-דִים, חֲ/ב-רָה

9. דָּגֵשׁ חָזָק סוֹגֵר אֶת הַהֲבָרָה שֶׁלְּפָנָיו, וּפוֹתֵחַ אֶת זוֹ שֶׁאַחֲרָיו: — קִבְ-בּוּץ

10. בִּתְנוּעוֹת שֶׁנִּפְתְּחוּ, נִשְׁאָר עֵרֶךְ הַתְּנוּעָה כְּפִי שֶׁהָיָה כְּשֶׁהֵן הָיוּ סְגוּרוֹת: — רוֹ-פֵא (כְּמוֹ רוֹ-קֵד)

א-חִי (כְּמוֹ א-חִים)

עוֹ-לָה (כְּמוֹ עוֹ-לָם)

205

חלק להברות, ציין את הטעם ונקד:

1. אני מכיר את המנגינה לשיר.

_____

2. המקום הזה הוא מקום הפגישה של האוהבים.

_____

3. אנשים אוהבים את ריח הבשמים בגן.

_____

תַּשְׁבֵּץ "אֲנִי לְדוֹדִי וְדוֹדִי לִי"

1. כְּתֹב אֶת הַתְּשׁוּבוֹת לַהַגְדָּרוֹת בְּעַמּוּדַת הַמִּלִּים.
2. הַעֲבֵר כָּל אוֹת לַמִּסְפָּר הַמַּתְאִים לָהּ בְּתוֹךְ הַתַּשְׁבֵּץ.
3. בַּתַּשְׁבֵּץ תּוֹפִיעַ צִיטָטָה סִפְרוּתִית.
4. הָאוֹתִיּוֹת הָרִאשׁוֹנוֹת בְּעַמּוּדַת הַמִּלִּים יוֹצְרוֹת אֶת שֵׁם הַסּוֹפֵר וְאֶת נוֹשֵׂא הַיְצִירָה.

X	9ב	8ג	7מ	6י	X	5ה	4ל	3ד	X	2ו	1ח
19ט	18ז	17ל	X	16נ	15א	14ב	13ל	X	12כ	11ז	10ט
28ה	27נ	26ד	25ה	X	24ג	23ח	X	22י	21ב	20ד	X
38ל	37מ	36ד	35י	X	34ל	33כ	32ב	31ז	X	30ג	29י
47ל	46ל	X	45א	44נ	43ו	42ה	41ח	X	40ב	39ו	X
57ל	56ב	55מ	54נ	X	53י	52ז	51ג	50ד	X	49ב	48ד
67א	66ז	65כ	64ט	63י	62מ	X	61נ	60ה	59ד	58ו	X

הַ גְ דָּ ר וֹ ת

א. רַנְּנוּ, זַמְּרוּ

ב. "דּוֹדִי יָרַד לְגַנּוֹ, ____ הַבֹּשֶׂם."

ג. טַעַם שֶׁל פְּרִי טוֹב

ד. הָאֲהוּבָה אֵינֶנָּה כְּמוֹ כֻּלָּן: (2 מלים)

ה. בַּקָּשָׁה לָבוֹא לְבִקּוּר, לִפְגִישָׁה, וכו'

ו. מְקוֹר מַיִם

ז. מְדִינָה מִצָּפוֹן לְיִשְׂרָאֵל

ח. אֲהוּבָה, רַעְיָה

ט. צְבִי רַךְ

י. שֵׁם הַפֹּעַל בְּהִפְעִיל שֶׁל "כאב"

כ. "שֶׁבַּשָּׁמַיִם וּבָ____"

ל. תְּחוּם הַבְּחוּרָה סְבִיב הַבַּיִת (2 מלים)

מ. בַּחֲשַׁאי, בְּסוֹד

נ. עֵץ הַתַּפּוּחַ טוֹב יוֹתֵר מִכָּל ____ בַּיַּעַר

מִ לִ י ם

א. ___ ___ ___ 67 45 15

ב. ___ ___ ___ ___ ___ ___ ___ 40 56 14 9 32 49 21

ג. ___ ___ ___ ___ 51 24 8 30

ד. ___ ___ ___ ___ ___ ___ ___ 20 26 50 59 36 48 3

ה. ___ ___ ___ ___ 25 28 60 42 5

ו. ___ ___ ___ ___ 58 2 39 43

ז. ___ ___ ___ ___ ___ 66 52 31 11 18

ח. ___ ___ ___ 41 23 1

ט. ___ ___ ___ 64 19 10

י. ___ ___ ___ ___ ___ ___ 35 29 63 22 6 53

כ. ___ ___ ___ 65 12 33

ל. ___ ___ ___ ___ ___ ___ ___ ___ 4 47 13 34 57 38 17 46

מ. ___ ___ ___ ___ 37 55 7 62

נ. ___ ___ ___ ___ ___ 16 44 27 61 54

השיעורים הבאים נועדו, בין היתר, לפתח את מיומנות הקריאה הנרחבת (אקסטנסיבית). התלמיד נדרש לקרוא טכסטים ארוכים יותר ויותר בכוחות עצמו ולהרצות את תוכנם בשיעור. הכוונה היא לכסות יחידה בשעת מגע אחת, לנצל את רוב השיעור לשיחה, ולהקצות את רוב הקריאה לבית.

השאלות והתרגילים ב"ספרות על קצה הלשון" מתייחסים, מכאן ואילך, לשלושה סיפורים, המעובדים לעברית קלה, והמופיעים בספר נפרד:

דוד שחר, על החלומות, סדרת "גשר", המחלקה לחינוך ותרבות בגולה של ההסתדרות הציונית העולמית. ירושלים, תשכ"ח.

שעור ל"ז

הָרֶקַע לַסִּפְרוּת הָעִבְרִית בְּאֶמְצַע הַמֵּאָה הָעֶשְׂרִים

בְּסוֹף מִלְחֶמֶת הָעוֹלָם הָרִאשׁוֹנָה, עָבְרָה פַּלֶשְׂתִּינָה הַגְּדוֹלָה--וּבִכְלָלָהּ אֶרֶץ יִשְׂרָאֵל--מִידֵי הַטּוּרְקִים לִידֵי הַבְּרִיטִים. הבריטים קִבְּלוּ מַנְדָט מֵחֶבֶר הַלְאֻמִּים לְפַתֵּחַ את פלשׂתינה וּלְהַכְשִׁיר אֶת תּוֹשָׁבֶיהָ לְשִׁלְטוֹן עַצְמִי, שֶׁיִּכְלֹל גם בַּיִת לְאֻמִּי ליהודֵי הָעוֹלָם (הַצְהָרַת בַּלְפוּר, 1917). בְּ-1922 גָּזְרוּ הבריטים את הַחֵלֶק הַמִּזְרָחִי של פלשׂתינה, והֵקִימוּ בו אֶת הַמַּמְלָכָה הַהָשֵׁמִית הַיַּרְדֵּנִית. מֵאָז וְעַד 1948, הִפְעִילוּ הבריטים בארץ ישראל אֶת הַחֹק הָאַנְגְּלִי, וְהֶחֱזִיקוּ בָּהּ כֹּחוֹת צָבָא וּמִשְׁטָרָה.

יהודים מֵארופה הִגְבִּירוּ את הָעֲלִיָּה אַרְצָה, מִתּוֹךְ תִּקְוָה לְפַתֵּחַ את הָאָרֶץ וּלְהָקִים בָּהּ מדינה יהודית רִבּוֹנִית. אולם הבריטים, בְּלַחַץ הָעֲרָבִים, הִגְבִּילוּ את כְּנִיסַת היהודים לָאָרֶץ. יהודים רַבִּים, שֶׁנִּסּוּ לְהִמָּלֵט מִצִּפָּרְנֵי הַנָּאצִים, הֻבְרְחוּ לָשׁוּב לארופה וְשָׁם נִסְפּוּ. ב-1948 עָזְבוּ הבריטים את ארץ ישראל, וְתוֹשָׁבֶיהָ היהודיים (הַיִּשּׁוּב) הִכְרִיזוּ עַל מדינה יהודית עַצְמָאִית - מדינַת ישראל.

תַּחַת שִׁלְטוֹן הבריטים, כְּמוֹ גם לְאַחַר קום המדינה, הָיְתָה העברית הַשָּׂפָה הַשְּׁגוּרָה בְּפִי הַיִּשּׁוּב היהודי בארץ: תָּכְנִיּוֹת עבריות שֻׁדְּרוּ בָּרַדְיוֹ, עִתּוֹנִים הִתְפַּרְסְמוּ בעברית, מַחֲזוֹת הֻצְּגוּ בעברית, והסִפרות העברית הִמְשִׁיכָה לְשַׂגְשֵׂג. בשיעורים הבאים נִקְרָא יְצִירוֹת מֵאֵת דָּוִד שַׁחַר וְלֵאָה גוֹלְדְבֶּרְג, שֶׁנִּכְתְּבוּ בְּאֶמְצַע שְׁנוֹת הַמֵּאָה העֶשׂרים.

<u>פרושי מלים ובטויים</u>

חֶבֶר הַלְאֻמִּים - הָאִרְגּוּן שֶׁקָּדַם לָאוּ"ם
לְהַכְשִׁיר - לְהָכִין, לְהַתְאִים
לִגְזֹר - לַחְתֹּךְ וּלְהוֹצִיא

מַמְלָכָה = שִׁלְטוֹן-מֶלֶךְ

רִבּוֹנִי = עַצְמָאִי; הַקּוֹבֵעַ בְּאֹפֶן חָפְשִׁי אֶת רְצוֹנוֹ וּמְדִינִיּוּתוֹ

לְהַגְבִּיל = לָשִׂים גְּבוּל; לְצַמְצֵם, לְהַמְעִיט

לְהִמָּלֵט = לִבְרֹחַ וְלָצֵאת מִכְּלַל סַכָּנָה

לְהִסָּפוֹת = לְהֵהָרֵג, לְהִשָּׁמֵד

לְהַכְרִיז = לְהוֹדִיעַ לָעוֹלָם; לְפַרְסֵם

שָׁגוּר = רָגִיל; שׁוֹטֵף וּמָהִיר

מַחֲזֶה = הַצָּגַת תֵּאַטְרוֹן; מַרְאֶה

לְשַׂגְשֵׂג = לִגְדֹּל וְלִצְמֹחַ; לִפְרֹחַ; לְהַצְלִיחַ

סמן ב-x את ההצהרות הנכונות:

___ 1. פלשתינה היתה תחת השלטון הטורקי עד 1948.
___ 2. חבר הלאומים נתן לבריטים מַנְדָט על פלשתינה.
___ 3. הצהרת בַּלְפוּר הבטיחה בית לאומי לערבים.
___ 4. ממלֶכֶת יַרְדֵּן שוכנת ממזרח לישראל.
___ 5. ה"יִשּׁוּב" הוא כינוי כְּלָלִי לתושבי ארץ ישראל היהודיים.
___ 6. הבריטים עודדו עליית יהודים לפלשתינה.
___ 7. בשנות ה-30 וה-40, לא היתה העברית שפת הדיבור של היישוב.
___ 8. ישראל היא מדינה ריבונית.

קריאה ב"דברים שבטבע האדם", עמודים 7-9 (". . . נסיעה חזרה לאמריקה.")

ענה על השאלות:

1. מה, בערך, גילו של המְסַפֵּר?
2. איפה גרים המספר ומשפחתו?
3. מה הקֶשֶׁר המִשְׁפַּחְתִּי בין המספר לאיבי?
4. איפה נולד איבי?
5. מדוע הוא החליט לעלות לארץ?
6. מאיין הוא חזר לביתו של המספר?
7. מדוע לא זיהה המספר את איבי בפְּגִישָׁתָם בעמודים 7-8?

. . . . **מִלִּים** . . . **מִלִּים** . . . **מִלִּים** . . . .

מָצָא חֵן בְּעֵינַי

בְּעִבְרִית, הָעֵינַיִם הֵן כְּלִי חָשׁוּב לְהַעֲרָכַת הָעוֹלָם שֶׁמִּסְּבִיבֵנוּ.
אִם דָּבָר נִרְאֶה לִי טוֹב,

הוּא "יָפֶה בְּעֵינַי",
הוּא "טוֹב בְּעֵינַי", אוֹ
הוּא מוֹצֵא חֵן בְּעֵינַי.

בַּבִּטּוּי "לִמְצֹא חֵן בְּעֵינֵי", הָעֶצֶם שֶׁנִּרְאֶה טוֹב הוּא הַנּוֹשֵׂא;
הָאָדָם שֶׁמַּעֲרִיךְ אֶת הָעֶצֶם הוּא הַמֻּשָּׂא הָעָקִיף
(Indirect object):

הַשִּׁיר **מוֹצֵא** **חֵן** בְּעֵינֵי הַשּׁוֹמְעִים (כִּי **הוּא** יָפֶה)
הַהַצָּגָה **מָצְאָה** **חֵן** בְּעֵינֵיהֶם (כִּי **הִיא** טוֹבָה)
הֵם **יִמְצְאוּ** **חֵן** בְּעֵינֶיךָ (כִּי הֵם נֶחְמָדִים)

. . . .

הַצַּעֲצוּעִים מוֹצְאִים חֵן בְּעֵינָיו

השלם בצורות המתאימות של מצא ושל בעיני, בזמנים ובגופים הדרושים:

1. הוא מצא חן בעיניה, אבל היא לא __________ חֵן __________
2. תֵּלְכוּ להצגה הערב? טוב, אני מְקַוֶּה שהיא __________ חֵן __________
3. אני לא בַּרְרָן גדול; בדרך כלל כל דבר __________ חֵן __________.

שעור ל"ח

תלמיד מספר את תוכן "דברים שבטבע האדם", עמודים 7-9.

תלמידים מתבקשים להשלים פרטים מהסיפור, שלא נכללו בהרצאה.

הסבר בעברית את פירוש המילים:

כַּעֲבֹר שעה, זה **מוצא חן** בעינַי

מה יחס המְסַפֵּר לערבים בארץ? מה המשפט המראה זאת?

המשך הקריאה ב"דברים שבטבע האדם", עמודים 9-11 ("... אני אהיה שחקן".)

סמן ב-x את ההצהרות הנכונות:

1. ___ איבי התאכזב מהקיבוץ, ועזב אותו.
2. ___ אחרי צאתו מהקיבוץ, הוא התארח בבית המְסַפֵּר משך חודש.
3. ___ איבי היה לוקח את הילד לבית הספר.
4. ___ הוא היה מכין את שיעוריו של המסַפר.
5. ___ הוא לקח את המספר לקולנוע ולתיאטרון.
6. ___ הוא מצא אותו מוסר השֵׂכֶל בכל סרט והצגה שהוא ראה.
7. ___ איבי רצה לשנות את טבע האדם.
8. ___ הוא אמר לילד, לא לדאוג לַאנושות.

ענה על השאלות:

1. מדוע היו ימי ביקורו של איבי בירושלים ימים טובים למסַפר?
2. מה מוסר ההשכל שאיבי גילה בכל דבר?
3. מדוע, לדברי איבי, אי אפשר לשנות את טבע האדם?
4. האם המסַפר מֵבין את פירוש המילה "אידיאליסט"? נַמֵּק.

ה פּ ע ל

הַשְּׁלֵמִים בַּבִּנְיָנִים הַכְּבֵדִים

		פִּעֵל	פֻּעַל	הִתְפַּעֵל
שם הפעל:		לְחַבֵּר/לְפַתֵּחַ	(אין)	לְהִתְחַבֵּר/לְהִתְפַּתֵּחַ
הווה:	יחיד	מְחַבֵּר/מְפַתֵּחַ	מְחֻבָּר	מִתְחַבֵּר/מִתְפַּתֵּחַ
	יחידה	מְחַבֶּרֶת/מְפַתַּחַת	מְחֻבֶּרֶת/מְפֻתַּחַת	מִתְחַבֶּרֶת/מִתְפַּתַּחַת
	רבים	מְחַבְּרִים	מְחֻבָּרִים	מִתְחַבְּרִים
	רבות	מְחַבְּרוֹת	מְחֻבָּרוֹת	מִתְחַבְּרוֹת
עבר:	אני	חִבַּרְתִּי	חֻבַּרְתִּי	הִתְחַבַּרְתִּי
	אתה	חִבַּרְתָּ	חֻבַּרְתָּ	הִתְחַבַּרְתָּ
	את	חִבַּרְתְּ	חֻבַּרְתְּ	הִתְחַבַּרְתְּ
	הוא	חִבֵּר	חֻבַּר	הִתְחַבֵּר
	היא	חִבְּרָה	חֻבְּרָה	הִתְחַבְּרָה
	אנחנו	חִבַּרְנוּ	חֻבַּרְנוּ	הִתְחַבַּרְנוּ
	אתם/ן	חִבַּרְתֶּם/ן	חֻבַּרְתֶּם/ן	הִתְחַבַּרְתֶּם/ן
	הם/ן	חִבְּרוּ	חֻבְּרוּ	הִתְחַבְּרוּ
עתיד:	אני	אֲחַבֵּר/אֲפַתֵּחַ	אֲחֻבַּר	אֶתְחַבֵּר/אֶתְפַּתַּח
	אתה	תְּחַבֵּר/תְּפַתַּח	תְּחֻבַּר	תִּתְחַבֵּר/תִּתְפַּתַּח
	את	תְּחַבְּרִי	תְּחֻבְּרִי	תִּתְחַבְּרִי
	הוא	יְחַבֵּר/יְפַתַּח	יְחֻבַּר	יִתְחַבֵּר/יִתְפַּתַּח
	היא	תְּחַבֵּר/תְּפַתַּח	תְּחֻבַּר	תִּתְחַבֵּר/תִּתְפַּתַּח
	אנחנו	נְחַבֵּר/נְפַתַּח	נְחֻבַּר	נִתְחַבֵּר/נִתְפַּתַּח
	אתם/ן	תְּחַבְּרוּ	תְּחֻבְּרוּ	תִּתְחַבְּרוּ
	הם/ן	יְחַבְּרוּ	יְחֻבְּרוּ	יִתְחַבְּרוּ
צווי:	(אתה)	חַבֵּר/פַּתַּח	(אין)	הִתְחַבֵּר/הִתְפַּתַּח
	(את)	חַבְּרִי		הִתְחַבְּרִי
	(אתם)	חַבְּרוּ		הִתְחַבְּרוּ
שם הפעולה:		חִבּוּר, פִּתּוּחַ	(אין)	הִתְחַבְּרוּת, הִתְפַּתְּחוּת

הפוך מפעיל לסביל (פֻּעל לפֻּעל):

1. הם מְסַפְּרִים סיפור.
2. היא מְפַתַּחַת את הרעיון.
3. בישראל מְדַבְּרִים עברית.
4. הוא מְדַוֵּחַ את הידיעה לעיתון.
5. סידרתם את החדר.
6. ביטלתְּ את ההרצאה.
7. נְקַצֵּר את שבוע העבודה.
8. אֲרַכֵּז את התוכנית בישראל.

אמור מחדש, בעזרת צורות של התפעל:

1. הוא *רוחץ את עצמו* במים קרים.
2. היא *מלבישה את עצמה* בטעם.
3. *התחלתי לאהוב* באביב.
4. *נעשֵׂיתָ נרגָּש* לפני ההרצאה.
5. העציצים *יֵעשׂו מְפֻתָּחִים* בשמש.
6. אנחנו *ננהיג את עצמנו* בנימוס.
7. אתם *כותבים זה לזה*
8. אל *תֵּלכי רחוק* מהשכונה.

. . . . **מִלִּים** . . . **מִלִּים** . . **מִלִּים** . . . .

זֹאת, כָּךְ, כֵּן

הַמִּלִּים **זֹאת**, **כָּךְ** וְ**כֵן**, בְּפֵרוּשׁ "הָעִנְיָן הַזֶּה", אוֹ "הַדָּבָר הַזֶּה", מְהַוּוֹת חֵלֶק מִבִּטּוּיִים שׁוֹנִים בְּעִבְרִית:

בְּכָל **זֹאת**, לַמְרוֹת **זֹאת**, לְעֻמַּת **זֹאת**
לְפִי **כָךְ**, אַחַר **כָּךְ**, אֵין בְּ**כָךְ** כְּלוּם
לָ**כֵן**, עַל **כֵּן**, אַחֲרֵי **כֵן**, לִפְנֵי **כֵן**

. . . .

אמור מחדש את המשפטים הבאים, בעזרת זאת, כך או כן

1. קודם נֹאכַל, ו*אחרי האכילה* נלך לראות מחזה.
2. איבי דיבר *על העובדה*, שאי אפשר לְשַׁפֵּר את טבע האדם.
3. איבי היה מאוכזב, ו*בגלל האַכְזָבָה* הוא חשב שטבע האדם רע.
4. איבי היה קצת עצוב; אך *למרות העֶצֶב*, הוא צחק הרבה.

=================================

(מִ)בְּלִי שֶׁ + עָתִיד

בְּמִשְׁפָּט מֻרְכָּב, בּוֹ מִלּוֹת הַקֶּשֶׁר הֵן (מִ)בְּלִי שֶׁ־, יָבוֹא זְמַן עָתִיד בַּמִּשְׁפָּט הַטָּפֵל.

דֻּגְמָה:

אִמָּא אֵינֶנָּה יוֹדַעַת, שֶׁאֲנַחְנוּ הוֹלְכִים לַקּוֹלְנוֹעַ.

אֲנַחְנוּ הוֹלְכִים לַקּוֹלְנוֹעַ, (מִ) בְּלִי שֶׁאִמָּא תֵּדַע עַל כָּךְ.

=================================

אמור את המשפטים הבאים מחדש, בעזרת (מ)בלי ש־

1. הוא לא הרגיש, איך אנחנו הִתְקַדַּמְנוּ בעברית.

התקדמנו בעברית, ______________ (בכך).

2. הם לא הִתְעוֹרְרוּ, כשהִתְגַּנַּבְנוּ לחדרם.

____

3. אנחנו לא שומעים, כשהוא יוצֵא מן הבית.

______________(זאת).

שעור ל"ט

תלמיד מספר את תוכן עמודים 9-11 ב"דברים שבטבע האדם".
תלמידים מתבקשים להוסיף פרטים שלא נכללו בהרצאה.

ענה בקיצור על השאלות הבאות:

1. מה שמע הילד לפני שהוא ראה את איבי?
2. מדוע חזר איבי מהקיבוץ שחור?
3. מדוע היה זכריה התימני שחור?
4. לְשֵׁם מַה היו קונים מזכריה נפט?
5. אֵילוּ מין בגדים לובשים בקיבוץ?
6. מדוע עורר איבי תימהון במשפחה, בהגיעו לישראל?
7. ממה הִתְלַהֵב איבי כשרק הגיע לארץ?
8. תאר את אַפְּיוֹ של איבי לפני שיצא לקיבוץ.
9. תאר את אפיו לאחר שחזר מן הקבוץ.

המשך הקריאה ב"דברים שבטבע האדם", עד סוף פרק ב (עמודים 11-14)

סמן ב-x את ההצהרות הנכונות:

___ 1. איבי נעשה קשה, ודאג רק לעצמו.
___ 2. זכריה התימני היה זקן.
___ 3. זכריה היה עוזר לאיבי לָשֵׂאת פַּחֵי נפט לבית המספר.
___ 4. זכריה אהב לדבר עם איבי.
___ 5. זכריה דיבר עברית במבטא תימני.
___ 6. איבי ניסה לקנות את ליבו של זכריה בסיגריות אמריקניות.
___ 7. אמא הצטערה שאיבי עזב את הקיבוץ.
___ 8. איבי לבש מכנסיים קצרים, מפני שהוא היה סוציאליסט.
___ 9. אמא לא אהבה את זכריה, מפני שהוא היה אדם פשוט.
___ 10. איבי לא אהב את ד"ר גודלברג, כי הוא ראה אותו כנַצְלָן.

ה פּ ע ל

בַּבִּנְיָנִים הַכְּבֵדִים, פִּעֵל פֻּעַל וְ הִתְפַּעֵל, בָּא דָּגֵשׁ חָזָק בְּ-ע הַפֹּעַל.
בְּבִנְיָנִים אֵלֶּה, נוֹטִים גַּם פְּעָלִים מְרֻבָּעִים (בַּעֲלֵי אַרְבָּעָה עִצּוּרִים):

פִּעֵל:	מְ/דַבְ-בֵּר	מְ/טַלְ-פֵּן
פֻּעַל:	מְ/סֻדְ-דָּר	מְ/בֻלְ-בָּל
הִתְפַּעֵל:	מִתְ-רַגְ-גֵּשׁ	מִתְ-עַנְ-יֵן

בְּבִנְיַן הִתְפַּעֵל, קָשֶׁה לְבַטֵּא בִּבְהִירוּת פְּעָלִים שֶׁ-פּ הַפֹּעַל שֶׁלָּהֶם הִיא
אֶחָד מֵהָעִצּוּרִים שׁ, שׂ, ס, ז, או צ (*מִתְשַׁלֵּם).
כְּדֵי לְהָקֵל עַל הַמִּבְטָא, חָלִים הַשִּׁנּוּיִים הַבָּאִים:

<u>אותיות הַבִּנְיָן</u> <u>הַשֹּׁרֶשׁ</u>

מִתְ לַבֵּשׁ

(1) *מִתְ שַׁלֵּם ← מִשְׁתַּלֵּם

*מִתְ שָׁרֵד ← מִשְׂתָּרֵד

*מִתְ סַדֵּר ← מִסְתַּדֵּר

(2) *מִתְ זַקֵּן ← *מִזְתַּקֵּן ← מִזְדַּקֵּן

(3) *מִתְ צַנֵּן ← *מִצְתַּנֵּן ← מִצְטַנֵּן

אמור מחדש, בעזרת צורות של התפעל:

1. היין *"שמר על עצמו"* יפה.
2. היא *נַעֲשְׂתָה מְסֻדֶּרֶת* בעיר תוך פחות משבוע.
3. *התמלאנו צַעַר* לשמוע שהוא חולה.
4. הם *נעשו זקנים* בשנים האחרונות.
5. היא *תקבל שָׂכָר* משיעורים פרטיים.
6. השכינה *צִמצמה את עצמה* בזוית קטנה.
7. הוא *נעשָׂה מְשֻׁחְרָר* מהצבא.
8. השיער שלה *יֵעָשֶׂה מְקֻלְקָל* בגשם.

. . . . **מִלִּים** . . . . **מִלִּים** . . . . **מִלִּים** . . . .

לָבוֹא/לְהַגִּיעַ לִידֵי + שֵׁם עֶצֶם מֻפְשָׁט = לְהַגִּיעַ לְמַצָּב/תּוֹצָאָה שֶׁל . . .

הֵם לֹא הִסְכִּימוּ זֶה עִם זֶה.

הֵם לֹא **בָּאוּ** **לִידֵי** הַסְכָּמָה.

(אוֹ) הֵם לֹא **הִגִּיעוּ** **לִידֵי** הַסְכָּמָה.

לְהָבִיא לִידֵי + שֵׁם עֶצֶם מֻפְשָׁט = לִגְרֹם לְמַצָּב/תּוֹצָאָה שֶׁל . . .

הַיְּדִידוּת בֵּינֵיהֶם הִכְעִיסָה אֶת אִמָּא.

הַיְּדִידוּת בֵּינֵיהֶם **הֵבִיאָה** אֶת אִמָּא **לִידֵי** כַּעַס.

. . . .

אמור מחדש בעזרת לבוא/להגיע לידי או להביא לידי:

1. בסוף הערב, הֶחְלַטְנוּ משהו.
2. סוף-סוף הוא הִתְבַּגֵּר.
3. נשים רוצות להיות אֶזְרָחִיּוֹת בַּעֲלוֹת זְכֻיּוֹת שָׁווֹת.
4. הבְּדִיחוֹת הִצחיקו אותנו.
5. השֶּׁקֶט של אבא הכעיס את אמא.
6. השִּׂנְאָה גורמת למִלְחָמָה.

שעור מ

תלמידים מספרים את תוכן עמודים 11-14 ב"דברים שבטבע האדם".

הסבר בעברית את הביטויים:

אֵיכְשֶׁהוּ, לעִתים קרובות, לעֻמַּת זאת

המשך הקריאה, עד סוף "דברים שבטבע באדם".

סמן ב-x את ההצהרות הנכונות:

1. ___ איבי והילד שרו שיר על פֵּיָה.
2. ___ פיה היא יְצוּר דִּמְיוֹנִי.
3. ___ בזמן שהם למדו, נשמע צִלצול בדלת.
4. ___ איבי רצה לפתוח את הדלת.
5. ___ הבחורה מהקיבוץ קראה לאיבי "אברהם".
6. ___ היא היתה בִּתּוֹ של זכריה.
7. ___ לאמא יש דֵּעוֹת קְדוּמוֹת על תימנים.
8. ___ הילד ומשפחתו אשכנזים.
9. ___ אבא צעק על אמא, כי היא דיברה שטויות.
10. ___ אמא בכתה, כשאיבי חזר לקיבוץ עם חנה.

ענה על השאלות:

1. מדוע דיבר איבי עם הילד על נערות ועל אהבה?
2. מדוע דיברו ביניהם אבא ואמא בקול נמוך?
3. מדוע קפץ איבי ממקומו לקול הצלצול בדלת?
4. ביצד ידע הילד שחנה באה מן הקיבוץ?
5. האם היא מצאה חן בעיניו?
6. מתי חזר איבי הביתה באותו יום?
7. מדוע כעסה אמא על אבא?
8. מתי חזר איבי לקיבוץ?
9. מדוע אמרה אמא שהיא לא תסלח לחנה?

ה פ ע ל

הַבִּנְיָנִים הַכְּבֵדִים - שְׁלֵמִים ע-גְּרוֹנִית

		פִּעֵל*	פֻּעַל**	הִתְפַּעֵל*
שם הפעל:		לְבָאֵר	(אין)	לְהִתְבָּאֵר
הווה:	יחיד	מְבָאֵר	מְבֹאָר	מִתְבָּאֵר
	יחידה	מְבָאֶרֶת	מְבֹאֶרֶת	מִתְבָּאֶרֶת
	רבים	מְבָאֲרִים	מְבֹאֲרִים	מִתְבָּאֲרִים
	רבות	מְבָאֲרוֹת	מְבֹאֲרוֹת	מִתְבָּאֲרוֹת
עבר:	אני	בֵּאַרְתִּי	בֹּאַרְתִּי	הִתְבָּאַרְתִּי
	אתה	בֵּאַרְתָּ	בֹּאַרְתָּ	הִתְבָּאַרְתָּ
	את	בֵּאַרְתְּ	בֹּאַרְתְּ	הִתְבָּאַרְתְּ
	הוא	בֵּאֵר	בֹּאַר	הִתְבָּאֵר
	היא	בֵּאֲרָה	בֹּאֲרָה	הִתְבָּאֲרָה
	אנחנו	בֵּאַרְנוּ	בֹּאַרְנוּ	הִתְבָּאַרְנוּ
	אתם/ן	בֵּאַרְתֶּם/ן	בֹּאַרְתֶּם/ן	הִתְבָּאַרְתֶּם/ן
	הם/ן	בֵּאֲרוּ	בֹּאֲרוּ	הִתְבָּאֲרוּ
עתיד:	אני	אֲבָאֵר	אֲבֹאַר	אֶתְבָּאֵר
	אתה	תְּבָאֵר	תְּבֹאַר	תִּתְבָּאֵר
	את	תְּבָאֲרִי	תְּבֹאֲרִי	תִּתְבָּאֲרִי
	הוא	יְבָאֵר	יְבֹאַר	יִתְבָּאֵר
	היא	תְּבָאֵר	תְּבֹאַר	תִּתְבָּאֵר
	אנחנו	נְבָאֵר	נְבֹאַר	נִתְבָּאֵר
	אתם/ן	תְּבָאֲרוּ	תְּבֹאֲרוּ	תִּתְבָּאֲרוּ
	הם/ן	יְבָאֲרוּ	יְבֹאֲרוּ	יִתְבָּאֲרוּ
צווי:	(אתה)	בָּאֵר	---	הִתְבָּאֵר
	(את)	בָּאֲרִי	---	הִתְבָּאֲרִי
	(אתם)	בָּאֲרוּ	---	הִתְבָּאֲרוּ

* ב פִּעֵל וב הִתְפַּעֵל, בָּא תַּשְׁלוּם דָּגֵשׁ רַק לִפְנֵי א ו-ר: חִירִיק הוֹפֵךְ לְצֵירֶה; פַּתָּח לְקָמָץ.
** ב פֻּעַל, בָּא תַּשְׁלוּם דָּגֵשׁ לִפְנֵי א, ח, ע, ו-ר: קִבּוּץ הוֹפֵךְ לְחוֹלָם חָסֵר.

שם הפעולה:	בֵּאוּר	---	הִתְבָּאֲרוּת

הפוך מפעיל לסביל:

1. הוא מְתָאֵר את השכונה.
2. את מְנַהֶלֶת את המוסד.
3. טִהַרְנוּ את המיים.
4. הם שֵׁרְתוּ את המדינה.
5. אתה תְּבָרֵךְ אותנו.
6. מי גֵרֵשׁ אותךָ?
7. היא אִחֲדָה את הציבור.
8. אני מְפָרֵשׁ את הטקסט.

. . . . מִלִּים . . . מִלִּים . . . מִלִּים . . . .

הַלֵּב

הַלֵּב הוא מֶרְכַּז הָרְגָשׁוֹת, הַמַּחְשָׁבוֹת, הָרָצוֹן, הַנְּבוּאָה.

הֶחֱלַטְתִּי בְּ **לִבִּי**	=	הִגַּעְתִּי לְהַחְלָטָה
לִבִּי הִתְמַלֵּא שִׂמְחָה	=	שָׂמַחְתִּי מְאֹד
בַּעַל **לֵב** רַךְ	=	רַחֲמָן, טוֹב
לִבּוֹ אָמַר לוֹ	=	הוּא נָחַשׁ; הָיְתָה לוֹ הַרְגָּשָׁה
יָדַע **לִבִּי** אֶת **לִבָּהּ**	=	הֵבַנְתִּי אֶת רְגָשׁוֹתֶיהָ

. . . .

מצא ביטויים נוספים, הכוללים לֵב:

____

____

____

תלמידים מספרים את תוכן חיבוריהם; הכיתה מגיבה אחרי כל הרצאה.

המורה קורא מספר חיבורים, בעילום שם, ומבקש את עזרת הכיתה בתיקונם.

שעור מ"א

תלמידים מספרים את תוכן פרק ג ב"דברים שבטבע האדם"

הסבר בעברית את הביטויים:

לברוח מִפְּנֵי, לבו אמר לו, דמעות זולגות מעינֶיהָ

שיחת סיכום על הסיפור

מה דעתך על טבע האדם, האם הוא באמת רע? האם אפשר לשנות אותו? מה תשובת הסיפור לשאלות האלה (ביחס לאיבי, אמא, אבא, ד"ר גולדברג, זכריה, חנה)?

אמור במילים מהסיפור את הביטויים המובלטים:

1. *בלי לומר מראש*; הוא הופיע בביתנו.
2. אתה יודע *מה מוסר ההשכל של המחזה?*
3. בסוף, *הם היו מבינים האחד את השני.*
4. הוא ביקר אצלנו *פעמים רבות בשבוע*
5. אמא *בָּכְתָה*
6. זכריה ואיבי הבינו זה את זה *בדרך זו או אחרת*
7. כל דבר *נִרְאָה לאיבי טוב*
8. *בַּיּוֹם הַבָּא*, איבי חזר לקיבוץ.
9. איבי *ניחש* מי צלצל בדלת.
10. איבי אהב *לְדַבֵּר* עם זכריה.
11. איבי חזר ב-*12 בלילה*
12. הוא לא אהב את ד"ר גולדברג; *מִצַּד שֵׁנִי*, הוא חיבב מאד את זכריה.

==

מִלוֹת יַחַס מֻצְרָכוֹת

(Obligatory Prepositions)

פְּעָלִים מְסֻיָּמִים מִתְקַשְּׁרִים אֶל הַמֻּשָּׂא שֶׁלָּהֶם בְּאֶמְצָעוּת
מִלַּת יַחַס קְבוּעָה, הַמְהַוָּה חֵלֶק מִמַּשְׁמָעוּת הַפֹּעַל:

אֲנִי מִסְתַּכֵּל בַּתְּמוּנָה	בְּ	מִסְתַּכֵּל +
אַתָּה פּוֹחֵד מִכְּלָבִים?	מ	פּוֹחֵד +
הוּא קוֹרֵא עִתּוֹן (אֶת הָעִתּוֹן)	(אֶת) ø	קוֹרֵא +
קוֹרְאִים לַיֶּלֶד "אַבְרָהָם"	לְ	קוֹרֵא +

מִלּוֹת יַחַס אֵלֶּה נִקְרָאוֹת **מִלּוֹת יַחַס מֻצְרָכוֹת**:
חָשׁוּב לִלְמֹד אֶת הַפְּעָלִים יַחַד עִם מִלּוֹת הַיַּחַס הַמֻּצְרָכוֹת שֶׁלָּהֶם.

==

השלם את המשפטים הבאים במילות היחס המוצרבות:

1. הילד הסתכל __ איבי, ולא היכיר אותו.

2. איבי החזיק __ מזוודה.

3. איבי עזר __ זכריה לשֵׂאת __ פחי הנפט.

4. נכנסנו __ שיעור בזמן.

5. האם דואגת __ יְלָדֶיהָ.

6. יצאנו __ הבית באיחור.

7. הידידות עם זכריה הכעיסה __ אמא.

קריאה ב"מעשה ברוקח ובגאולת העולם", עד אמצע עמוד 32

סמן ב-x את ההצהרות הנכונות:

___ 1. המסַפר הוא ילד בגיל ארבע-עשרה.

___ 2. אחיו של המסַפר נער בגיל ההִתבגרות.

___ 3. גאולה היא תרופה, הנמכֶּרת בבית מרקחת.

___ 4. בשכונת המסַפר נפתח פתאום בית מרקחת חדש .

___ 5. המסַפר שׂוחח עם הרוקח כל יום, בדרכו לבית הספר.

___ 6. הרוקח אמר למסַפר, שהוא איש הבולשת הבריטית.

___ 7. הרוקח לא מצא חן בעינֵי תושבֵי השכונה.

___ 8. המספר ואחיו חיו בשלום, כזוג יונים.

___ 9. דני היה ראש אגודת הבריאות בבית הספר.

___ 10. הוא למד לְמַעֵךְ פצעים באגודת הבריאות.

___ 11. המסַפר האמין שדני קיבל הרעלת דם.

___ 12. דני אמר לאחיו "בֹּקר טוב" בסַרקַסטִיוּת.

ענה על השאלות:

1. מה הבעיה של דני?
2. מדוע מסתכל האח הצעיר על דני ברחמים?
3. מה גרם לדני למעך את פצעיו באותו יום?
4. מה הקֶשר בין האחים לרוקח?
5. מדוע אמרו על הרוקח שהוא מסיונר/איש בולשת/קומוניסט?
6. מה היה יחס תושבי השכונה למסיונרים/אנשי בולשת/קומוניטים?

קרא בבית עד סוף עמוד 32

* *

מְעַט נִקּוּד

הַשְּׁוָאִים

א. שְׁוָא נָח

1. בָּא בְּסוֹף הַהֲבָרָה וְסוֹגֵר אוֹתָהּ: תַּלְ-מִיד
2. אַחֲרָיו, בָּא תָּמִיד דָּגֵשׁ קַל בְּאוֹתִיּוֹת בגד-כפת: גִּלְ-גֵּל; אַרְ-בַּע

ב. שְׁוָא נָע (וְחָטֵף)

1. מְקוֹרוֹ בִּתְנוּעָה: שׁוֹמֵר, שׁוֹמְרִים; יֶלֶד, יְלָדִים; עֶרֶב, עֲרָבִים
2. תָּמִיד פּוֹתֵחַ הֲבָרָה חֲטוּפָה: מְ/אַ-חֵר פְּ/רָ-חִים
3. אַחֲרָיו, לְעוֹלָם לֹא יָבוֹא דָּגֵשׁ: לְ/בַשְׁ-שֵׁל תְּ/פִלָּ-לָה

שְׁוָא נָע אוֹ נָח?

שְׁאֵלָה: בַּמִּלָּה *לישמור*, הַאִם הַחֲלוּקָה הִיא לִי-שְׁ/מֹר אוֹ לִשְׁ-מֹר?

פִּתְרוֹן: מִלָּה אַחֶרֶת, בַּעֲלַת אוֹתוֹ מִשְׁקָל הִיא *לישבור*.
לְפִי הַכְּלָלִים א2 וּ-ב3, הַחֲלוּקָה הִיא *לִשְׁ-בֹּר*.
לָכֵן, *לִשְׁ-מֹר* (הַשְּׁוָא נָח).

שְׁאֵלָה: בַּמִּלָּה *קנתה*, הַאִם הַחֲלוּקָה הִיא קָנְ-תָה אוֹ קָ-נְ/תָה?

פִּתְרוֹן 1: מִלָּה אַחֶרֶת, בַּעֲלַת אוֹתוֹ מִשְׁקָל, הִיא *הלכה*
לְפִי הַכְּלָלִים א2 וּ-ב3, הַחֲלוּקָה הִיא *הָ-לְ/כָה*
לָכֵן, *קָ-נְ/תָה* (הַשְּׁוָא נָע).

פִּתְרוֹן 2: מְקוֹר הַשְּׁוָא בִּתְנוּעָה (קָנָה). לְפִי כְּלָל ב1, הַשְּׁוָא נָע.
לָכֵן, *קָ-נְ/תָה*

* *

חלק להברות, ציין את הטעם ונקד:

1. האח הגדול מַרגיש, שאחיו מסתכל בו בסקרנות.

____

2. היְלדים חושְׁבים, שהרוקח ימְצא תְרופה לפצעים.

____

שעור מ"ב

תלמידים מספרים את תוכן עמודים 32-29 ב"מעשה ברוקח"

אמור במלים אחרות:

אם כי; לבי הִתמלא רחמים; מה זה פתאֹם;

למה לך את דני; הִספַּקתי

ענה על השאלות:

1. בכמה שנים צעיר המסַפר מאחיו?
2. כמה זמן פעל בית המרקחת שליד הקיוסק?
3. מי נהג לישון בבית המרקחת?
4. איזה מעשה של הרוקח עורֵר את סערת הרוחות הגדולה ביותר?
5. מדוע ריחם המסַפר על דני?
6. מדוע לא רצה דני שרינה תִּראה אותו?
7. איך ניסה המסַפר לְהָגֵן על דני מפני רינה?

המשך הקריאה ב"מעשה ברוקח", עד עמוד 36 (" . . . ולא ידע מה לענות.")

סמן ב-x את ההצהרות הנכונות:

___ 1. המסַפר הזמין את רינה להיכנס פנימה.

___ 2. רינה פחדה מהרעלת דם.

___ 3. המסַפר הסביר לרינה מדוע דני מְפנה את פניו אל הקיר.

___ 4. דני אמר שאחיו שַקרן, מפני שאחיו לא סיפר את האֱמת.

___ 5. דני לא רצה להַראות את פניו ברחוב.

___ 6. רינה חיבבה מאד את המסַפר.

___ 7. הרוקח לא היה לבוש כמו "רוקח אפייני".

___ 8. המספר נפגע לשמוע שהוא דומה לדני המכוער.

___ 9. הרוקח היה דתי מאד בילדותו.

___ 10. הרוקח נסע לפארים כדי ללמוד רוקחות.

קרא בבית את עמוד 36 עד השורה לפני הסוף (" . . . על נקיון הצפרנים)

ה פֹּ ע ל

הַבִּנְיָנִים הַכְּבֵדִים - גִּזְרַת ל"ה

		פִּעֵל	פֻּעַל	הִתְפַּעֵל
שם הפעל:		לְפַנּוֹת	---	לְהִתְפַּנּוֹת
הווה:	יחיד	מְפַנֶּה	מְפֻנֶּה	מִתְפַּנֶּה
	יחידה	מְפַנָּה	מְפֻנָּה	מִתְפַּנָּה
	רבים	מְפַנִּים	מְפֻנִּים	מִתְפַּנִּים
	רבות	מְפַנּוֹת	מְפֻנּוֹת	מִתְפַּנּוֹת
עבר:	אני	פִּנִּיתִי	פֻּנֵּיתִי	הִתְפַּנֵּיתִי
	אתה	פִּנִּיתָ	פֻּנֵּיתָ	הִתְפַּנֵּיתָ
	את	פִּנִּית	פֻּנֵּית	הִתְפַּנֵּית
	הוא	פִּנָּה	פֻּנָּה	הִתְפַּנָּה
	היא	פִּנְּתָה	פֻּנְּתָה	הִתְפַּנְּתָה
	אנחנו	פִּנִּינוּ	פֻּנֵּינוּ	הִתְפַּנֵּינוּ
	אתם/ן	פִּנִּיתֶם/ן	פֻּנֵּיתֶם/ן	הִתְפַּנֵּיתֶם/ן
	הם/ן	פִּנּוּ	פֻּנּוּ	הִתְפַּנּוּ
עתיד:	אני	אֲפַנֶּה	אֲפֻנֶּה	אֶתְפַּנֶּה
	אתה	תְּפַנֶּה	תְּפֻנֶּה	תִּתְפַּנֶּה
	את	תְּפַנִּי	תְּפֻנִּי	תִּתְפַּנִּי
	הוא	יְפַנֶּה	יְפֻנֶּה	יִתְפַּנֶּה
	היא	תְּפַנֶּה	תְּפֻנֶּה	תִּתְפַּנֶּה
	אנחנו	נְפַנֶּה	נְפֻנֶּה	נִתְפַּנֶּה
	אתם/ן	תְּפַנּוּ	תְּפֻנּוּ	תִּתְפַּנּוּ
	הם/ן	יְפַנּוּ	יְפֻנּוּ	יִתְפַּנּוּ
צווי:	(אתה)	פַּנֵּה	---	הִתְפַּנֵּה
	(את)	פַּנִּי	---	הִתְפַּנִּי
	(אתם)	פַּנּוּ	---	הִתְפַּנּוּ
שם הפעולה:		פִּנּוּי	---	הִתְפַּנּוּת

הפוך מפעיל לסביל:

1. אלוהים נִסָּה את אברהם.
2. אבא מְלַוֶּה את איבי לתחנה.
3. הפרחים מְיַפִּים את הדירה.
4. איבי יְזַהֶה את קוֹלָהּ של חנה.
5. הוא יְכַלֶּה את מְלָאכתו בשישה ימים.
6. קולומבוס גִּלָּה את אמריקה.
7. מתי תְּפַנּוּ את המשרד?
8. הכנף כִּסְּתָה אותנו.

אמור מחדש בעזרת צורות של התפעל:

1. הוא *יְכַסֶּה את עצמו* בצל.
2. היא *תעשה את עצמה* פנוייה.
3. אנחנו *מְיַפִּים את עצמנו* לכבוד המסיבה.
4. אני *מְזַהֶה את עצמי* אתך.
5. *היה לי קָשֶׁה* להבין את הטקסט.
6. הדגים *נעשו רכים* מאד באקווריום.
7. *נעשיתָ שונה* מאז הקייץ.
8. *עשיתם* ביניכם *תַּחֲרוּת*

==

"צִוּוּי" לְגוּף רִאשׁוֹן וּשְׁלִישִׁי

1. צִוּוּי מַמָּשׁ קַיָּם רַק בְּגוּף שֵׁנִי (אַתָּה, אַתְּ, אַתֶּם/ן).

2. "צִוּוּי" לְגוּף רִאשׁוֹן רַבִּים הוּא, לְמַעֲשֶׂה, עִדּוּד הַזְמָנָה לִפְעֹל יַחַד עִם הַמְדַבֵּר. הוּא מִתְבַּטֵּא כָּךְ:

בּוֹא/בּוֹאִי/בּוֹאוּ + (וְ) עָתִיד שֶׁל אֲנַחְנוּ

בּוֹא וְנֵלֵךְ

בּוֹאִי וְנִסַּע

בּוֹאוּ נְשַׂחֵק

3. "צִוּוּי" לְגוּף שְׁלִישִׁי הוּא, לְמַעֲשֶׂה, בִּטּוּי מִשְׁאָלָה, שֶׁנִּשְׁמַט מִמֶּנּוּ הַפֹּעַל הַמַּבִּיעַ רָצוֹן (אֲנִי רוֹצָה שֶׁ + עָתִיד). הוּא מִתְבַּטֵּא כָּךְ:

שֶׁ + עָתִיד שֶׁל גּוּף שְׁלִישִׁי

(הוּא) **שֶׁיָּ**בוֹא לְכָאן

(הִיא) **שֶׁתַּ**פְסִיק לְדַבֵּר

(הֵם) **שֶׁלֹּא יַ**פְרִיעוּ

==

הפוך מצווי רגיל ל"צווי" בגוף ראשון, לפני הדוגמאות:

קרא את המכתה.   בוא נקרא את המכתב.

אל תפריעי לו.   בואי לא נפריע לו.

1. לך לעבודה. ______________________

2. אכלי את העוגה. ______________________

3. אל תרוצו לאוטובוס. ______________________

הפוך מצווי רגיל ל"צווי" בגוף שלישי, לפי הדוגמאות:

שב בשקט. (הוא): שישב בשקט. (הם): שישבו בשקט.

אל תדבר שטויות. (היא): שלא תדבר שטויות.

1. גמור כבר את ההרצאה. (הוא): ______________________

2. אל תפריע לילדים לשחק. (הם): ______________________

3. קום יותר מוקדם. (היא): ______________________

4. אל תְּמַעֵךְ את הפצעים. (הוא): ______________________

5. לכו לבית המרקחת. (הם): ______________________

שעור מ"ג

תלמידים מספרים את תוכן עמודים 36-33 ב"מעשה ברוקח".
המורה מתקן שגיאות אחרי כל הרצאה.

אמור במילים אחרות:

מִנַּיִן אתה יודע? דומים זה לזה כשתי טפות מיים

ענה על השאלות:

1. מדוע נראה הרוקח מוזר למסַפר?
2. למי הוא דומה קצת בלבושו?
3. מדוע קיצץ הרוקח את פיאותיו?
4. באיזו שכונה הוא גר, כשהוא למד בבית הספר "אליאנס"?
5. האם "אליאנס" הוא בית ספר ציוני? (השם צרפתי!)
6. מה למד הרוקח בפאריס?
7. למה הוא מתכוון במילה "ציוני"?
8. מה היה, במקום בו עמד בֵּית המסַפר, 25 שנה לפני כן?
9. מה עושים הילדים באגודת הבריאות?

המשך הקריאה ב"מעשה ברוקח", עד עמוד 40 ("... כל אדם בעולם.")

סמן ב-x את ההצהרות הנכונות:

__ 1. הרוקח חושב שפעולת אגודת הבריאות היא ציונית.
__ 2. הוא מאמין שצפרניים מלוכלכות הן חלק מהציונות.
__ 3. דוקטור גמלן דומה בחיצוניותו לסנטה קלוז.
__ 4. הוא יהודי מְשִׁיחִי.
__ 5. הוא לָמד דִקדוק עברי מהרוקח.
__ 6. הוא רוצה להביא גאולה לעולם, באמצעות אהבת האדם.
__ 7. הוא מסביר לילדים, איך לאהוב את האדם.

קרא בבית עד סוף הסיפור (עמוד 41)

הַפֹּעַל

הַבִּנְיָנִים הַכְּבֵדִים - גִּזְרַת ל״א

		פִּעֵל	פֻּעַל	הִתְפַּעֵל
שם הפעל:		לְבַטֵּא	(אין)	לְהִתְבַּטֵּא
הווה:	יחיד	מְבַטֵּא	מְבֻטָּא	מִתְבַּטֵּא
	יחידה	מְבַטֵּאת	מְבֻטֵּאת	מִתְבַּטֵּאת
	רבים	מְבַטְּאִים	מְבֻטָּאִים	מִתְבַּטְּאִים
	רבות	מְבַטְּאוֹת	מְבֻטָּאוֹת	מִתְבַּטְּאוֹת
עבר:	אני	בִּטֵּאתִי	בֻּטֵּאתִי	הִתְבַּטֵּאתִי
	אתה	בִּטֵּאתָ	בֻּטֵּאתָ	הִתְבַּטֵּאתָ
	את	בִּטֵּאת	בֻּטֵּאת	הִתְבַּטֵּאת
	הוא	בִּטֵּא	בֻּטָּא	הִתְבַּטֵּא
	היא	בִּטְּאָה	בֻּטְּאָה	הִתְבַּטְּאָה
	אנחנו	בִּטֵּאנוּ	בֻּטֵּאנוּ	הִתְבַּטֵּאנוּ
	אתם/ן	בִּטֵּאתֶם/ן	בֻּטֵּאתֶם/ן	הִתְבַּטֵּאתֶם/ן
עתיד:	אני	אֲבַטֵּא	אֲבֻטָּא	אֶתְבַּטֵּא
	אתה	תְּבַטֵּא	תְּבֻטָּא	תִּתְבַּטֵּא
	את	תְּבַטְּאִי	תְּבֻטְּאִי	תִּתְבַּטְּאִי
	הוא	יְבַטֵּא	יְבֻטָּא	יִתְבַּטֵּא
	היא	תְּבַטֵּא	תְּבֻטָּא	תִּתְבַּטֵּא
	אנחנו	נְבַטֵּא	נְבֻטָּא	נִתְבַּטֵּא
	אתם/ן	תְּבַטְּאוּ	תְּבֻטְּאוּ	תִּתְבַּטְּאוּ
	הם/ן	יְבַטְּאוּ	יְבֻטְּאוּ	יִתְבַּטְּאוּ
צווי:	(אתה)	בַּטֵּא	---	הִתְבַּטֵּא
	(את)	בַּטְּאִי	---	הִתְבַּטְּאִי
	(אתם)	בַּטְּאוּ	---	הִתְבַּטְּאוּ
שם הפעולה:		בִּטּוּי	---	הִתְבַּטְּאוּת

הפוך מפעיל לסביל:

1. הם מְמַלְּאִים את החדר.
2. הפרידה מְדַכֵּאת אתכם.
3. דִשֵּׁאתִי את הגינה.
4. הם טִמְּאוּ את בית המקדש.
5. נִיְצֵּא תפוזים לאירופה.
6. הנביא נִבֵּא את המאורעות.
7. הם יְבַטְּאוּ את המילה בצורה הנכונה.
8. התרופה רִפְּאָה אותי.

אמור מחדש בהתפעל:

1. **זה היה לי כפֶּלֶא,** לשמוע שהוא התנפל על הרופא.
2. הוא **קורא לעצמו** בשם "עגנון".
3. הכַּד **נעשה מלא** בשֶׁמֶן.
4. היא נוסעת למעיינות החמים כדי **למצוא לעצמה תרופת**
5. **לבו אומר לו** (נְבוּאָה), שמחר ירד גשם.
6. הם **יבטאו את עצמם** בציור.

. . . . **מִלִּים** . . . . **מִלִּים** . . . . **מִלִּים** . . . .

מֵרֹב

מֵרֹב + שֵׁם עֶצֶם = כְּתוֹצָאָה מִ-/בִּתְגוּבָה לְמַשֶּׁהוּ מֻפְרָז

(In reaction to/as a result of something excessive)

דֻּגְמָה: הָרוֹקֵחַ הָיָה כָּל כָּךְ מֻפְתָּע, שֶׁהוּא נָפַל מֵהַשֻּׁלְחָן.

מֵרֹב תִּמָּהוֹן, הָרוֹקֵחַ נָפַל מֵהַשֻּׁלְחָן.

. . . .

233

השלם בשם עצם מתאים:

1. מרב _____ , דני לא רצה שאף אחד יראה אותו.

2. רינה פרצה בצעקה מרב _____ , כשהיא שמעה שלדני יש הרעלת דם.

3. כשחנה צלצלה בדלת, איבי כמעט קפץ ממקומו מרב _____

4. השכינה בכתה מרב _____ , כשכל היהודים יצאו מתחת כנפיה.

5. מרב _____ אין לי פנאי.

שעור מ"ד

תלמידים מספרים את תוכן עמודים 37-41 ב"מעשה ברוקח".

אמור במילים אחרות:

אף על פי כן, רבותי

תלמידים מספרים את תוכן חיבוריהם. הכיתה מגיבה, ועוזרת באיתור ובתיקון שגיאות.

שיחה על דמויות איבי והרוקח

דמיון

1. בגיל צעיר, שניהם מוותרים על דרך החיים בה גדלו, למען אידיאל.
2. שניהם לבושים וחיים בפשטות.
3. שניהם אוהבים לשוחח עם ילדים, וּלְלַמֵּד אותם את תורתם.
4. הפילוסופיה של שניהם איננה הֶגְיוֹנִית לְגַמְרֵי.
5. דרכם אל הגשמת האידיאל איננה חלקה וישרה: הם מֻשְׁפָּעִים מהסביבה (בעיקר מאנשים מסויימים בה), ונוטים ימינה וּשְׂמֹאלָה בתוצאה מיחסיהם עם אנשים אלה. מִבְּחִינָה זו, שניהם אֱנוֹשִׁיִּים מאד, וּמְמֻצָּעִים מאד.

הבדלים

1. הציונות של איבי מוּבֶנֶת לקורא. זו המהפכה החברתית והלאומית, כפי שהיא מתבטֵאת בתוכנית הציונית הפוליטית של המֵאה העשרים.

   הציונות של הרוקח איננה ברורה דֵּי צָרְכָּהּ. יש בה אלמנטים דָּתיים/מְשִׁיחִיִּים; יש בה גם רֶמֶז לחשיבות של בריאות הגוף; אבל היא איננה נראֵית לאומית או פוליטית בעיקָרָהּ.

הבדלים

2. איבי הציוני מַגְשִׁים את תוכניתו. הוא מְלַמֵּד את עצמו עברית, ועולה לחיות בארץ ישראל.

הרוקח הציוני עוזב את הארץ, ולומד נושאים חילוניים מובהָקים: פילוסופיה מערבית, ציור (נוגד את הדִּבֵּר "לא תַעֲשֶׂה לְךָ פֶסֶל וְכָל תְּמוּנָה . . ."), רוקחות, ודקדוק עברי (שנחשב עד היום לנושא לימוד חילוני בקרב חוגים חֲרֵדִיִּים).

3. איבי הַשִּׂיר מעליו את חינוכו האמריקני. הוא נִמְנַע אפילו מלדבר אנגלית (חוץ מאשר בעזרתו לילד בלימודיו).

המֵימָד הדתי, שהרוקח ספג בילדותו, לא נעלם גם לאחר שקיצץ את פיאותיו: הוא נמשך אל התיאולוג התִּמְהוֹנִי ואל תוכניותיו לגאולת העולם.

4. איבי מַכֶּה שָׁרָשִׁים בארץ: כְּכָל הַנִּרְאֶה, הוא יתחתן עם חנה ויחיה בקיבוץ.

הרוקח נראה חסר שרשים ובַית בארצו שלו: הוא ישן בבית המרקחת; צפרניו מלוכלכות (מוזנח); והוא מִתְיַדֵּד עם זרים (למרות שד"ר גמלן דובר עברית, משוחח איתו הרוקח בצרפתית); הוא חָשׁוּד בעיני תושבי השכונה היהודיים, הרואים בו איש בולשת (סוכן של אימפֶּריה זרה), מסיונר (סוכן של דת זרה), או קומוניסט (סוכן של מַהְפֵּכָה חברתית זרה).

5. איבי טוען שלא טוב לאהוב את האדם (האדם רע מִטִּבְעוֹ); ובכל זאת הוא נהנה לשוחח עם אנשים שונים, ואף לעזור להם.

הרוקח (באמצעות ד"ר גמלן) דוֹגֵל באהבת האדם; ולמרות זאת הוא מתנפל על הרופא. ד"ר גמלן עצמו נוהג בילדים בחוסר סבלנות וכמעט בכעס. אהבת האדם שלו היא אל "האדם הַמֻּפְשָׁט", לא אל האדם כִּפְּרָט.

ה פֹּ ע ל

הַבִּנְיָנִים הַכְּבֵדִים - גִּזְרַת נָחֵי ע״ו-ע״י

		פִּעֵל		פֻּעַל	הִתְפַּעֵל
שם הפעל:		לְקוֹמֵם		---	לְהִתְקוֹמֵם
הווה:	יחיד	מְקוֹמֵם		מְקוֹמָם	מִתְקוֹמֵם
	יחידה	מְקוֹמֶמֶת	⟺	מְקוֹמֶמֶת	מִתְקוֹמֶמֶת
	רבים	מְקוֹמְמִים		מְקוֹמָמִים	מִתְקוֹמְמִים
	רבות	מְקוֹמְמוֹת		מְקוֹמָמוֹת	מִתְקוֹמְמוֹת
עבר:	אני	קוֹמַמְתִּי		קוֹמַמְתִּי	הִתְקוֹמַמְתִּי
	אתה	קוֹמַמְתָּ	⟺	קוֹמַמְתָּ	הִתְקוֹמַמְתָּ
	את	קוֹמַמְתְּ		קוֹמַמְתְּ	הִתְקוֹמַמְתְּ
	הוא	קוֹמֵם		קוֹמַם	הִתְקוֹמֵם
	היא	קוֹמְמָה	⟺	קוֹמְמָה	הִתְקוֹמְמָה
	אנחנו	קוֹמַמְנוּ		קוֹמַמְנוּ	הִתְקוֹמַמְנוּ
	אתם/ן	קוֹמַמְתֶּם/ן		קוֹמַמְתֶּם/ן	הִתְקוֹמַמְתֶּם/ן
עתיד:	אני	אֲקוֹמֵם		אֲקוֹמַם	אֶתְקוֹמֵם
	אתה	תְּקוֹמֵם		תְּקוֹמַם	תִּתְקוֹמֵם
	את	תְּקוֹמְמִי	⟺	תְּקוֹמְמִי	תִּתְקוֹמְמִי
	הוא	יְקוֹמֵם		יְקוֹמַם	יִתְקוֹמֵם
	היא	תְּקוֹמֵם		תְּקוֹמַם	תִּתְקוֹמֵם
	אנחנו	נְקוֹמֵם		נְקוֹמַם	נִתְקוֹמֵם
	אתם/ן	תְּקוֹמְמוּ	⟺	תְּקוֹמְמוּ	תִּתְקוֹמְמוּ
	הם/ן	יְקוֹמְמוּ	⟺	יְקוֹמְמוּ	יִתְקוֹמְמוּ
צווי:	(אתה)	קוֹמֵם		---	הִתְקוֹמֵם
	(את)	קוֹמְמִי		---	הִתְקוֹמְמִי
	(אתם)	קוֹמְמוּ		---	הִתְקוֹמְמוּ
שם הפעולה:		קִמּוּם		---	הִתְקוֹמְמוּת

הפוך מפעיל לסביל:

1. שירת הציפור מעוררת אותו בבוקר.
2. אתם מכוננים את השעון.
3. הם יחוללו נֵס.
4. הרוח תְּמוֹטֵט את הבית.
5. היא מנועַעַת את העלים.
6. אני מפוֹרֵר את הלחם.
7. תגובתם קוֹמְמָה אותנו.

אמור מחדש בהתפעל:

1. *"נעשיתי עֵר"* לפני שעה.
2. התנועה המשיחית *הפכה לפֵרוּדים*
3. אנחנו *מכינים את עצמנו* לבחינה.
4. העץ *מניע את עצמו* מִצַּד לצד.
5. *רצתם ממקום למקום* כל היום.
6. לא יפה *ללחוש סודות* בנוֹכְחוּת אחֵרים.
7. *נקוֹמֵם את עצמנו* נגד אִי צֶדֶק.

השלם את הקטע הבא במילים משלך:

הפגישה עם הרוקח ה ____________ היתה תוצאה ישירה מ"חֶבְלֵי ההִתְבַּגְּרוּת" של דני. אָמנם דני עצמו לא חשב לפנות לעֶזרה מבחוץ, אבל ____________ הצעיר לא יכול לָשֵׂאת את מַרְאֵה דני: פניו היו אדומים ב ____________ לאחר שבִּלָּה בשלוש שעות לפני ה ____________ במיעוך ____________ ה ____________ שלו.

כשרינה התפרצה לביתו של דני, ____________ ההִתנגדות של המסַפר, לא נותרה לדני בְּרֵירָה. הוא נשמע לשני ה"אַפּוֹטְרוֹפּוֹסים" הצעירים, שקָבְעוּ שצריך ללכת אל הרוקח כדי לברר אם קיימת ____________ לבעייתו של דני.

כשנכנסו השלושה לבית ה ____________, לא ניתנה להם הִזְדַּמְּנוּת להסביר את הסיבה לבוֹאָם. במקום זה, הם נֶאֶלְצוּ ____________ לסיפור חייו של הרוקח המשונה. מסתבר שהוא ברח מהישיבה בגיל צעיר, וחשב למצוא ב ____________ תחליף למסורת היהודית.

. . . . מִלִּים . . . מִלִּים . . . . . . מִלִּים . . . . . .

אָמְנָם/וְאָמְנָם

לַמִּלָּה **אָמְנָם** יֵשׁ שְׁנֵי פֵּרוּשִׁים שׁוֹנִים:

1. בְּצוּרַת חִזּוּק לְמִשְׁפָּט קוֹדֵם, הַפֵּרוּשׁ הוּא "בֶּאֱמֶת":

הִבְטַחְתִּי לָבוֹא, ו **אָמְנָם** בָּאתִי.
(הִבְטַחְתִּי לָבוֹא, וְלָכֵן בֶּאֱמֶת בָּאתִי)

2. לִפְנֵי מִשְׁפָּט, הַפּוֹתֵחַ בְּמִלַּת נִגּוּד, הַפֵּרוּשׁ הוּא "לַמְרוֹת הָאֱמֶת שֶׁבַּדָּבָר", אוֹ "נָכוֹן בְּאֹפֶן תֵּאוֹרֶטִי, אֲבָל לֹא בְּאֹפֶן מַעֲשִׂי":

אָמְנָם הִבְטַחְתִּי לָבוֹא, **אֲבָל** שָׁכַחְתִּי.
(לַמְרוֹת שֶׁהִבְטַחְתִּי, לֹא בָּאתִי)

הוּא **אָמְנָם** נוֹהֵג בִּמְכוֹנִית יְקָרָה, **אַךְ לְמַעֲשֶׂה** אֵין לוֹ פְּרוּטָה בַּכִּיס.
(לַמְרוֹת הַחִיצוֹנִיּוּת שֶׁלּוֹ, הוּא אֵינוֹ עָשִׁיר)

. . . .

חבר את המשפטים הבאים בעזרת מילים כ- אמנם, באמת, אבל, ו-אך למעשה

1. הוא חושב שאהבת האדם היא הדרך לגאולת העולם, והוא נוהג בכל אדם בהִתְחַשְּׁבוּת.

____

2. אף על פי שלרוקח היתה דיפלומה, הוא לא ידע דבר על רפואה.

____

3. ד"ר גמלן הִטִּיף לאהבת האדם; אף על פי כן, הוא עצמו לא נהג בילדים בסַבְלָנוּת.

____

4. איבי לא חשב שדברים חָמְרִיִּים הם חשובים, והוא התלבש בפַּשְׁטוּת.

____

שעור מ"ה

תלמידים מספרים את תוכן חיבוריהם.
הכיתה מוזמנת להגיב אחרי כל הרצאה.

שיחה על היחס בין האחים ועל אפיים

1. האח הצעיר מְסַפֵּר שאי אפשר לחיות עם דני בשלום. מה, בסיפור, מצדיק את האַבְחָנָה הזאת?
2. האח הצעיר מְסַפֵּר שדני הִתְכַּעֵר, ושהוא עצבני. מה הסיבה לשתי התופעות האלה?
3. למרות שהצעיר מְתָאֵר את דני בצורה לא כל-כך חיובית, יחסו כְּלַפֵּי דני מוכיח שהוא קשור אליו ואפילו גֵּאֶה בו. מצא דוגמאות לכך.

דאגה ל-/טיפול ב-

נכונות לְהָגֵן על

גַּאֲוָה ב-

אֵמוּן ב-

4. אילו דני סיפר את הסיפור, איך היה הוא מציג לפנינו את אחיו? אֵילוּ תארים היה הוא מַדְבִּיק לאח הצעיר?

אמור במילים מהטקסט את הביטויים המובלטים:

1. החנויות סגורות *מ-2 עד 5 לפנות ערב*
2. ליד הקיוסק, יש *חנות לתרופות*
3. אני *מבקש מאד* שלא תכניס איש הביתה.
4. *לשם מה את צריכה* את דני?
5. לא *יהיה לי מספיק זמן* לנוח לפני הנסיעה.
6. הוא נכנס *לתוך הבית*
7. הוא *לא דִבֵּר.*
8. לא קר היום; *למרות זאת*, כדאי ללבוש סוודר.

ח ז ר ה

פ ע ל י ם

בנין	שרש	זמן	גוף	צורה	שם פעל
פִּעֵל	חבר	הווה	רבים		
פֻּעַל	חבר	הווה	רבים		
הִתְפַּעֵל	חבר	הווה	רבים		
פִּעֵל	בער	הווה	רבים		
פֻּעַל	בער	הווה	רבים		
הִתְפַּעֵל	בער	הווה	רבים		
פִּעֵל	זכה	עתיד	אתה		
פֻּעַל	זכה	עתיד	אתה		
הִתְפַּעֵל	זכה	עתיד	אתה		
פִּעֵל	רפא	עתיד	אתה		
פֻּעַל	רפא	עתיד	אתה		
הִתְפַּעֵל	רפא	עתיד	אתה		
פִּעֵל	שוב	עבר	אני		
פֻּעַל	שוב	עבר	אני		
הִתְפַּעֵל	שוב	עבר	אני		

מ רֹ ב

השלם בעזרת שם עצם מתאים:

1. כשהילד שאל שאלות תמימות, ד"ר גמלן כמעט התנפל עליו מרֹב ________
2. הרוקח נפל כמעט מהשולחן מרֹב ________
3. לא ישנתי כל הלילה, ועכשיו אני כמעט נרדם מרֹב ________
4. כמעט פרצתי בשיר מרֹב ________, שכקיבלתי את מכתבך.
5. מרֹב ________, היא חדלה לאכול.

צווי

הפוך מצווי רגיל ל"צווי" לגוף ראשון:

1. עוֹרֵר אותו משנתו! ______________________
2. הִתְחַבְּאִי מאחורי העץ! ______________________
3. דַּבְּרוּ רק עברית! ______________________

הפוך מצווי רגיל ל"צווי" לגוף שלישי:

1. אל תספר לי על אהבת האדם! (הוא): ______________________
2. דַּאֲגִי לענייניך! (היא): ______________________
3. טַפְּלוּ קודם בעצמכם! (הם): ______________________

מילות יחס מוצרכות

השלם במילות יחס:

כשהמספר נכנס _ בית המרקחת, הוא ראה __ הרוקח יושב __ השולחן, ומדבר __ רינה ודני. הוא סיפר __ ילדים, שלפני שנים היו רק שדות וסלעים במקום. הילדים הסתכלו __ רוקח המשונה, והקשיבו __ סיפורו המבולבל. ואז הגיע __ מקום חברו של הרוקח. הוא הסביר __ ילדים איך לגאול את העולם, ושלח אותם להתחיל __ עבודת הגאולה.

אמנם / ואמנם

חבר את המשפטים הבאים בעזרת מלים כ- אמנם, באמת, אבל, ו-אך למעשה

1. הרוקח אמר לילדים, שהוא עומד מלא בושה לפניהם; היתה לו סיבה טובה להתבייש.
2. המסַפר חָשב שדני מכוער. דני היה נָאֶה.
3. איבי בא לארץ מתוך כוונה ללכת לקיבוץ, וכעבור חודש הוא הלך לחיות בקיבוץ.

אוצר מילים וביטויים

השלם במילים מהסיפור:

1. המספר שאל את הרוקח ________ הוא יודע שהוא אחיו של דני.
2. הרוקח ________ את הילדים ________ ד"ר גמלן בחגיגיות רבה.
3. בערב, ניסה המסַפר לצייר לעצמו ב ________ את ירושלים לפני שביתו נבנה.
4. המספר ________ בחוברת שד"ר גמלן נתן לו.
5. הוא לא הבין איך אפשר לאהוב כל אדם ו________
6. דני כל-כך מכוער. מדוע רינה אוהבת אותו, רק ________ ________ ________. . .
7. הרוקח חשב, שעל ידי קיצוץ ה________, הוא יהפוך לציוני.
8. ד"ר גמלן הסביר ש________ העולם תלוי בכל אדם, אפילו בילדים.
9. איך ילד כמו דני, ילדה כמו רינה וילד ________ יכולים לגאול את העולם?
10. דני אמר, שבצרפת, הסטודנטים משלמים ________ לפרופסורים, כדי להצליח בבחינות.

לבוא/להביא לידי

אמור מחדש בעזרת צורות של *לבוא/להביא לידי*:

1. השאלות של המספר גרמו שד"ר גמלן יכעס.
2. המסַפר הִסִּיק, שהרוקח הוא אדם מבולבל מאד.

ניקוד

חלק להברות, ציין את הטעם ונקד:

השכונה הירושלמית, בה התגוררה משפחת המספר, לא היתה קימת עשרים וחמש שנים לפני הסיפור.

____

____

תַּשְׁבֵּץ סֻלָּם

א. כְּתֹב בִּמְשֻׁבֶּצֶת מִסְפָּר 1 אֶת הַתְּשׁוּבָה לַהַגְדָּרָה מִסְפָּר 1.

ב. הַשְׁמֵט אוֹת אַחַת, וְשַׁנֵּה אֶת סֵדֶר הָאוֹתִיּוֹת, כְּדֵי לִיצֹר אֶת הַתְּשׁוּבָה לַהַגְדָּרָה מִסְפָּר 2.

ג. הַשְׁמֵט אוֹת נוֹסֶפֶת, וְסַדֵּר מֵחָדָשׁ, כְּדֵי לְהַגִּיעַ לַתְּשׁוּבָה לַהַגְדָּרָה מִסְפָּר 3.

ד. כְּתֹב אֶת הָאוֹת הָרִאשׁוֹנָה שֶׁהִשְׁמַטְתָּ בַּמְּשֻׁבֶּצֶת מִיָּמִין לַתְּשׁוּבָה הָרִאשׁוֹנָה; אֶת הָאוֹת הַשְּׁנִיָּה, בַּמְּשֻׁבֶּצֶת מִשְּׂמֹאל לַתְּשׁוּבָה הַשְּׁלִישִׁית.

ה. אִם תְּשׁוּבוֹתֶיךָ נְכוֹנוֹת, הָאוֹתִיּוֹת שֶׁהִשְׁמַטְתָּ לַמְּשֻׁבָּצוֹת מִיָּמִין וּמִשְּׂמֹאל, כְּשֶׁהֵן נִקְרָאוֹת מִלְמַעְלָה לְמַטָּה, יְהַוּוּ מִלִּים שֶׁיֵּשׁ בֵּינֵיהֶן קֶשֶׁר.

דגמה: ה 1 ת ש ו ב ה 2 ת ו ש ב 3 ש ב ת ו

	3	2	1	
	6	5	4	
	9	8	7	
	12	11	10	
	15	14	13	
	18	17	16	
	21	20	19	

1 לֹא (מִשְׁפָּטִים) עִקָּרִיִּים
2 גּוֹרֵם לְמַשֶּׁהוּ שֶׁיִּפֹּל
3 חַיָּה גְּדוֹלָה, בַּעֲלַת עוֹר עָבֶה
4 לֹא חוֹלָה
5 פַּחַד, אֵימָה
6 הַשֹּׁרֶשׁ שֶׁל "מוֹרֶה"
7 לִבְרֹא, לִיצֹר
8 נוֹטֵעַ
9 שַׁיָּךְ לוֹ
10 קַרְקַע, אֶרֶץ
11 הַחַיָּה הַחֲכָמָה בְּיוֹתֵר
12 אִשְׁתּוֹ שֶׁל אָב
13 נָשִׁים וּגְבָרִים
14 תְּקוּפוֹת בְּנוֹת 365 יוֹם
15 סוּג
16 לֹא יְשֵׁנִים
17 יָבוֹא בְּסוֹף הַיָּמִים
18 קוֹרְאִים לִי . . .
19 הַשֶּׁמֶשׁ שׁוֹקַעַת בּוֹ
20 רוֹצֶה לֶאֱכֹל
21 עָנָן

שעור מ"ו

מִן הַהַגָּדָה

אַרְבַּע הַקוּשְׁיוֹת

מַה נִּשְׁתַּנָּה הַלַּיְלָה הַזֶּה מִכָּל הַלֵּילוֹת.
שֶׁבְּכָל הַלֵּילוֹת אָנוּ אוֹכְלִין חָמֵץ וּמַצָּה, הַלַּיְלָה הַזֶּה כֻּלּוֹ מַצָּה.
שֶׁבְּכָל הַלֵּילוֹת אָנוּ אוֹכְלִין שְׁאָר יְרָקוֹת, הַלַּיְלָה הַזֶּה מָרוֹר.
שֶׁבְּכָל הַלֵּילוֹת אֵין אָנוּ מַטְבִּילִין אֲפִילוּ פַּעַם אֶחָת, הַלַּיְלָה הַזֶּה שְׁתֵּי פְעָמִים.
שֶׁבְּכָל הַלֵּילוֹת אָנוּ אוֹכְלִין בֵּין יוֹשְׁבִין וּבֵין מְסֻבִּין, הַלַּיְלָה הַזֶּה כֻּלָּנוּ מְסֻבִּין.

פרושי מלים ובטויים

קוּשְׁיָה - שְׁאֵלָה קָשָׁה
חָמֵץ - אָסוּר לַאֲכִילָה בְּפֶסַח
שְׁאָר - יֶתֶר
מַטְבִּילִין - מַטְבִּילִים - שָׂמִים בְּתוֹךְ נוֹזְלִים (בְּפֶסַח מַטְבִּילִים יְרָקוֹת בְּמַיִם מְלוּחִים)
מְסֻבִּים (מֵסֵב) - יוֹשְׁבִים סְבִיב הַשֻּׁלְחָן, וְנִשְׁעָנִים קְצָת עַל הַצַּד; יוֹשְׁבִים בִּרְחָבוּת, כַּאֲדוֹנִים וְלֹא כַּעֲבָדִים

סמן ב-x את ההצהרות הנכונות:

1. ___ ליל פסח שונה מכל הלילות במִנְהֲגֵי האכילה שבו.
2. ___ בליל פסח מותר לאכול מאכלים בלתי כְּשֵׁרִים.
3. ___ בליל פסח אוכלים רק מאכלים טעימים.
4. ___ בכל הלילות, אנחנו מטבילים רק פעם אחת.
5. ___ בליל פסח, כולנו יושבים בנוחיות וברחבות.

מִן הַהַגָּדָה

כְּנֶגֶד אַרְבָּעָה בָנִים דִּבְּרָה תוֹרָה: אֶחָד חָכָם, וְאֶחָד רָשָׁע, וְאֶחָד תָּם, וְאֶחָד שֶׁאֵינוֹ יוֹדֵעַ לִשְׁאוֹל.

חָכָם מַה הוּא אוֹמֵר: מָה הָעֵדֹת וְהַחֻקִּים וְהַמִּשְׁפָּטִים אֲשֶׁר צִוָּה יְיָ אֱלֹהֵינוּ אֶתְכֶם. וְאַף אַתָּה אֱמָר-לוֹ כְּהִלְכוֹת הַפֶּסַח, אֵין מַפְטִירִין אַחַר הַפֶּסַח אֲפִיקוֹמָן.

רָשָׁע מַה הוּא אוֹמֵר: מָה הָעֲבֹדָה הַזֹּאת לָכֶם. לָכֶם וְלֹא לוֹ. וּלְפִי שֶׁהוֹצִיא אֶת עַצְמוֹ מִן הַכְּלָל כָּפַר בָּעִקָּר. וְאַף אַתָּה הַקְהֵה אֶת שִׁנָּיו, וֶאֱמָר-לוֹ: בַּעֲבוּר זֶה עָשָׂה יְיָ לִי בְּצֵאתִי מִמִּצְרָיִם. לִי וְלֹא לוֹ, אִלּוּ הָיָה שָׁם לֹא הָיָה נִגְאָל.

תָּם מַה הוּא אוֹמֵר: מַה זֹּאת. וְאָמַרְתָּ אֵלָיו: בְּחֹזֶק יָד הוֹצִיאָנוּ יְיָ מִמִּצְרַיִם, מִבֵּית עֲבָדִים.

וְשֶׁאֵינוֹ יוֹדֵעַ לִשְׁאוֹל - אַתְּ פְּתַח לוֹ, שֶׁנֶּאֱמַר: וְהִגַּדְתָּ לְבִנְךָ בַּיּוֹם הַהוּא לֵאמֹר: בַּעֲבוּר זֶה עָשָׂה יְיָ לִי בְּצֵאתִי מִמִּצְרָיִם.

<u>פרושי מלים ובטויים</u>

רָשָׁע = רָע; עוֹשֶׂה מַעֲשִׂים רָעִים

עֵדֹת, חֻקִּים וּמִשְׁפָּטִים = חֻקִּים וּמִצְווֹת

הִלְכוֹת פֶּסַח = הַחֻקִּים וְהַמִּנְהָגִים שֶׁל פֶּסַח

מַפְטִירִים = מַשְׁאִירִים לַסּוֹף

פֶּסַח = (גַּם) קָרְבַּן הַפֶּסַח; הַמַּצָּה הַמְּסַמֶּלֶת אֶת קָרְבַּן הַפֶּסַח

אֲפִיקוֹמָן = הַמַּאֲכָל שֶׁבּוֹ מְסַיְּמִים אֶת הָאֲרוּחָה; מַחֲצִית הַמַּצָּה הָאֶמְצָעִית, שֶׁמַּחְבִּיאִים בְּלֵיל הַסֵּדֶר

כּוֹפֵר בָּעִקָּר = אוֹמֵר שֶׁאֱלֹהִים לֹא קַיָּם, אוֹ שֶׁהוּא עַצְמוֹ אֵינֶנּוּ חֵלֶק מֵעַם יִשְׂרָאֵל

לְהַקְהוֹת אֶת שִׁנָּיו = לְבַיֵּשׁ אוֹתוֹ עַל יְדֵי תְּשׁוּבָה טוֹבָה

בַּעֲבוּר = בִּגְלַל

אַתְּ = אַתָּה

ענה על השאלות:

1. מה שואל הבן החכם?
2. מה שואל הבן הרשע?
3. מה שואל הבן התם?
4. מה שואל הבן שאינו יודע לשאול?
5. גם החכם וגם הרשע משתמשים בגוף שני ("אֶתְכֶם/לָכֶם"). מדוע נאמר שרק הרשע מוציא את עצמו מן הכלל? מה בשאלתו מראֶה על יחס שונֶה מזה של החכם?
6. מה פירוש "פְּתַח לו" (לשאינו יודע לשאול)?
7. סַדֵּר את ארבעת הבנים לפי אורך השאלות שלהם, מֵהשאלה הארוכה ביותר לקצרה ביותר:

א. ________________

ב. ________________

ג. ________________

ד. ________________

בשיעור הבא נתחיל בקריאת שירָהּ של המשוררת לֵאָה גוֹלְדְבֶּרְג, "כנגד ארבע בנים".
לְפָנֶיךָ תיאור מִבְנֵה השיר. מה משוּנֶה בו מִמַּבָּט ראשון?

א. שאינו יודע לשאול (6 בתים)
ב. רשע (5 בתים)
ג. תם (4 בתים)
ד. חכם (בית אחד)

התחלת הקריאה בסיפור "על החלומות", עמודים 42-44 (". . . עני וחסר כל.")

סמן ב-x את ההצהרות הנכונות:

___ 1. במשפחה היו אנשים מוכשרים, אבל חסרֵי מזל.

___ 2. ליפא הִצְטַיין בלימודי כלכלה.

___ 3. הוא היה בעל מקצוע מצליח.

___ 4. נחמיה ניגן בכינור.

5. ___ היהודים בארץ ישראל דיברו עברית בתחילת המאה העשרים.
6. ___ נחמיה שלח את סיפוריו לעיתוני היידיש באמריקה.
7. ___ ליפא ונחמיה נשארו ללא פרנסה מְכֻבֶּדֶת.

קרא בבית עד סוף פרק א (עמוד 46)

==

מִשְׁפָּטִים הַמַּבִּיעִים צֹרֶךְ/חוֹבָה בַּהוֹוֶה

1. בְּמִשְׁפָּטִים בַּעֲלֵי נוֹשֵׂא: עַל + **נוֹשֵׂא/כִּנּוּי גוּף + שֵׁם פֹּעַל**:

עַל **הַתַּלְמִיד לְמַהֵר** לַשִּׁעוּר.
(הַתַּלְמִיד צָרִיךְ/חַיָּב לְמַהֵר לַשִּׁעוּר)

עָלֶי**ךָ לַחְתֹּם** עַל הַמִּכְתָּב.
(אַתָּה צָרִיךְ/חַיָּב לַחְתֹּם עַל הַמִּכְתָּב)

2. בְּמִשְׁפָּטִים סְתָמִיִּים (לְלֹא נוֹשֵׂא מֻגְדָּר): **יֵשׁ + שֵׁם פֹּעַל**

כְּדֵי לְהַצְלִיחַ בָּעֲבוֹדָה, יֵשׁ **לְהִתְאַמֵּץ**.
(אָדָם שֶׁרוֹצֶה לְהַצְלִיחַ, צָרִיךְ/חַיָּב לְהִתְאַמֵּץ)

הוּא הֶחֱלִיט, שֶׁיֵּשׁ **לִכְתֹּב** בִּשְׂפַת הַדִּבּוּר.
(הוּא הֶחֱלִיט שֶׁצָּרִיךְ/רָצוּי לִכְתֹּב . . .)

==

אמור מחדש, בעזרת צורות של עַל או בעזרת יֵשׁ

1. כל אזרח טוב חייב לְשַׁלֵּם מִסִּים.
2. צריך לדעת עברית, כדי לְהָבִין את התנ"ך.
3. אם רוצים שלום, חייבים להתכונן למלחמה.
4. אנחנו צריכים לזכור תמיד את יציאת מצריים.

שעור מ"ז

תלמידים מספרים את תוכן עמודים 46-42 ב"על החלומות"

אמור במילים אחרות:

המזל לא האיר להם פנים, לְפֶתַע

לא היה בהם מַמָּש, יותר מִדַּי, חֲסַר-כֹּל

ענה על השאלות:

1. מה היה כשרונו של נחֶמיה?
2. מדוע הוא לא הצליח בו?
3. איפה למד ליפא לתואר הראשון?
4. מה הוא למד?
5. מה היה כשרונו האמיתי של ליפא?
6. מדוע הוא לא הצליח לפַתח אותו?
7. מה היה כשרונו האָמָנוּתִי של צֶמח?
8. עד איזה גיל הוא פִּיתֵח אותו?
9. מדוע החליט צמח להיות איש המעשה?
10. באיזו סיסְמה סיים ליפא את נאומו במסיבה שערך צֶמח לכבוד עצמו?

קרא בבית עד סוף עמוד 48 ב"על החלומות"

• • •

שיחת הכנה לקריאה ראשונה ב"כנגד ארבעה בנים", מאת לאה גולדברג

שם החג "פֶּסַח", מקורו בפועל "לִפְסֹחַ": מלאך המָוֶת הרג את כל הבְּכוֹרוֹת במצריים, אך פָּסַח על (= קפץ מעל, לא נגע ב-) בבָתֵּי היהודים.

בשיר מופיעות כמה מילים ששרשן "**שאל**": 1. לִשְׁאֹל שְׁאֵלָה

2. לִשְׁאֹל = לבקֵש בקשה

3. שְׁאוֹל = עוֹלָם הַמֵּתִים, שֶׁמִּתַּחַת לָאֲדָמָה

לֵאָה גוֹלְדְבֶּרְג

כְּנֶגֶד אַרְבָּעָה בָנִים

א. שֶׁאֵינוֹ יוֹדֵעַ לִשְׁאֹל

אָמַר שֶׁאֵינֶנּוּ יוֹדֵעַ לִשְׁאֹל:
גַּם הַפַּעַם, אָבִי, גַּם הַפַּעַם
אֶת נַפְשִׁי, שֶׁחָזְרָה מֵעִמְקֵי הַשְּׁאוֹל,
מַלְטָה מֵעֶבְרָה וָזַעַם.

כִּי קָטְנוּ הַמִּלִּים מֵהַבִּיעַ הַשְּׁאוֹל,
כִּי לַמָּוֶת אֵין נִיב-שְׂפָתַיִם,
וַאֲנִי שֶׁאֵינֶנִּי יוֹדֵעַ לִשְׁאֹל
כְּבַד-פֶּה אָנֹכִי שִׁבְעָתַיִם.

כִּי צֻוֵּיתִי לָנוּד בִּדְרָכִים אֲרֻכּוֹת -
לֹא חֶדְוָה, לֹא שַׁלְוָה, לֹא מָנוֹחַ,
כִּי צֻוֵּיתִי לִרְאוֹת בְּיִסּוּרֵי תִינוֹקוֹת,
עַל גְּוִיּוֹת עוֹלָלִים לִפְסֹחַ.

כִּי הִכּוּ עַל עֵינַי מַגְלְבֵי פָּרָשִׁים
וְצִוּוּנִי עֵינַי לִפְקֹחַ,
זָחֲלוּ אֶל לֵילִי נְחָשִׁים לוֹחֲשִׁים:
לֹא לָנוּם, לֹא לַחְלֹם, לֹא לִשְׁכֹּחַ.

וַאֲנִי לֹא יָדַעְתִּי, הֲלִי הָאָשָׁם,
הֲבָגַדְתִּי, הֲמָעַלְתִּי -
לֹא רָשָׁע אָנֹכִי, לֹא חָכָם אַף לֹא תָּם,
וְעַל כֵּן שְׁאֵלוֹת לֹא שָׁאַלְתִּי.

וְעַל-כֵּן לֹא דָרַשְׁתִּי נָקָם וְשִׁלֵּם,
וְלֹא אָח לִי וְלֹא מַלְאָךְ לִי -
וְהִגַּעְתִּי אֵלֶיךָ בּוֹדֵד וְשָׁלֵם -
וְאַתָּה אִם תּוּכַל, פְּתַח לִי.

פֵּרוּשֵׁי מִלִים וּבִטּוּיִים

לְמַלֵּט - לְהַצִּיל, לְהוֹצִיא מִסַּכָּנָה

(מַלְטָה - צוּרַת חִזּוּק שֶׁל הַבַּקָּשָׁה "מַלֵּט")

עֶבְרָה - כַּעַס גָּדוֹל (בְּדֶרֶךְ כְּלָל כַּעֲסוֹ שֶׁל אֱלֹהִים)

זַעַם - כַּעַס רַב, קֶצֶף

לְהַבִּיעַ - לְבַטֵּא, לוֹמַר בְּמִלִים

נִיב שְׂפָתַיִם - דִּבּוּר, מִלִים

כְּבַד פֶּה - מִתְקַשֶּׁה בְּדִבּוּר; מְגַמְגֵּם

שִׁבְעָתַיִם - שֶׁבַע פְּעָמִים, כָּפוּל שִׁבְעָה, פִּי שִׁבְעָה

לָנוּד - לִנְדֹד; לָלֶכֶת מִמָּקוֹם לְמָקוֹם

חֶדְוָה - שִׂמְחָה

שַׁלְוָה - שֶׁקֶט, מְנוּחָה, חֹסֶר דְּאָגָה

מָנוֹחַ - מָקוֹם לָנוּחַ בּוֹ; מְנוּחָה, שַׁלְוָה

תִּינוֹק - יֶלֶד קָטָן שֶׁנּוֹלַד לֹא מִזְּמָן

גְּוִיָּה - גּוּף מֵת

עוֹלָל - תִּינוֹק

לְהַכּוֹת (שֹׁרֶשׁ: נכה) - לְהַלְקוֹת, לִפְגֹּעַ קָשֶׁה; לִדְפֹּק

מַגְלֵב - שׁוֹט (פַּס צַר מֵעוֹר) לְהַלְקוֹת בּוֹ

פָּרָשׁ - רוֹכֵב עַל סוּס; חַיָּל רָכוּב עַל סוּס

לִזְחֹל - "לָלֶכֶת" עַל הַבֶּטֶן

נָחָשׁ - בַּעַל חַיִּים אָרֹךְ וְצַר, הַזּוֹחֵל עַל בִּטְנוֹ (אֶחָד מִשְּׁלֹשֶׁת הַגִּבּוֹרִים בְּסִפּוּר גַּן עֵדֶן: אָדָם, חַוָּה וְהַנָּחָשׁ)

אָשָׁם - חֵטְא, פֶּשַׁע, אַחֲרָיוּת לְמַעֲשֶׂה רַע

לִבְגֹּד - לֹא לִהְיוֹת נֶאֱמָן; לִרְמוֹת

לִמְעֹל - לִבְגֹּד בְּאֵמוּן

אָנֹכִי - אֲנִי

נָקָם - עֹנֶשׁ (תַּשְׁלוּם רָע) עַל מַעֲשֶׂה רַע

שִׁלֵּם - תַּשְׁלוּם; נָקָם

שאלות מַנְחוֹת:

1. בבית הראשון, "שאינו יודע לשאל" מַבִּיעַ שְׁאֵלָה = בקשה. אל מי הוא פונה בבקשתו?
2. את מה הוא מבקש לְמַלֵּט?
3. מאיין?
4. בבית השני, מדוע נֶאֱמָר שקשה לתָאר/להביע את השאול?
5. מדוע זה קשה במיוחד ל"שאינו יודע לשאל"?
6. בבית השלישי, מה צווה "שאינו יודע לשאל" לעשות?
7. "לראות ב-", פירושו לא רק לראות, אלא גם להזדהות עם/להרגיש: "ראה בטוב" = היה מאושר, נהנה, הרגיש שמחה; איך "לראות ביסורי תינוקות" מסביר את הירידה לשאול?
8. מלאך המָוֶת פסח על בתי היהודים במצריים, ובניהם לא מֵתו. על מה צווה "שאינו יודע לשאל" לפסוח?
9. איזה רגש מביע השימוש האירוני במילה "לפסוח" בשיר?
10. מהי, לדעתך, השאול בשיר? לאיזה מאורע הִסטורי בעבר הקרוב היא מתייחסת?
11. בבית הרביעי, הנחשים שזוחלים בלילות אל עיני "שאינו יודע לשאל" הם חלומותיו. על מה הוא חולם בלילות?
12. בבית החמישי, מהן שתי הסיבות בגללן "שאינו יודע לשאל" לא שאל שאלות?
13. בבית האחרון, "לא אח לי ולא מלאך לי", פירושו "אין מי שיעזור לי, שיגן עלי". מי צריך לנקום את נקמתו?

שעור מ"ח

תלמידים מספרים את תוכן עמודים 46-48 ב"על החלומות"

אמור במילים אחרות:

שלא מן העולם הזה, בשעות הפנַאי
נשׂא אותה לאישה

ענה על השאלות

1. כמה שנים למד צמח באנגליה לתואר הדוקטור למשפטים?
2. מדוע ריח הטבק של צֶמח מזכיר למסַפר "ריח חיילים אנגלים"?
3. איך נראתה סטלה?
4. מדוע צמח התחתן איתה?
5. מתי היה צמח מצייר?
6. מי אסף ושמר על ציוריו?

קרא בבית עד עמוד 51 ("... כבר עשה את כל הדרוש.")

• • •

שיחה על "כנגד ארבעה בנים"

ליל פסח נקרא "ליל הסדר", בגלל הסדר הקבוע של הפעולות הנעשות בו.

בהגדה אפשר לקרוא את סדר הפעולות: קַדֵּש וּרְחַץ, כַּרְפַּס, יַחַץ . . . וכו'

בחלק "המגיד" (סיפור יציאת מצריים, ושבח לאלוהים שגאל את ישראל)

מְצַטֵּט רבי אליעזר פסוק מתְּהִלִּים עח:49: "יְשַׁלַּח בָּם חֲרוֹן אַפּוֹ, עֶבְרָה וָזַעַם, וְצָרָה, מִשְׁלַחַת מַלְאֲכֵי רָעִים." רבי אליעזר מְיַחֵס את הפסוק למַכּוֹת שאלוהים הביא על המצרִים, ופירוּשָׁן - גאולה ליהודים.

אילו מילים מהפסוק מופיעות בשיר "כנגד ארבעה בנים"? נגד מי הן מופנות?

לֵאָה גּוֹלְדְבֶּרְג

כְּנֶגֶד אַרְבָּעָה בָּנִים

א. שֶׁאֵינוֹ יוֹדֵעַ לִשְׁאֹל

אָמַר שֶׁאֵינֶנּוּ יוֹדֵעַ לִשְׁאֹל:
גַּם הַפַּעַם, אָבִי, גַּם הַפַּעַם
אֶת נַפְשִׁי, שֶׁחָזְרָה מֵעִמְקֵי הַשְּׁאוֹל,
מַלְּטָה מֵעֶבְרָה וָזַעַם.

כִּי קָטְנוּ הַמִּלִּים מֵהַבִּיעַ הַשְּׁאוֹל,
כִּי לַמָּוֶת אֵין נִיב-שְׂפָתַיִם,
וַאֲנִי שֶׁאֵינֶנִּי יוֹדֵעַ לִשְׁאֹל
כְּבַד-פֶּה אָנֹכִי שִׁבְעָתַיִם.

כִּי צֻוֵּיתִי לָנוּד בִּדְרָכִים אֲרֻכּוֹת -
לֹא חֶדְוָה, לֹא שַׁלְוָה, לֹא מָנוֹחַ,
כִּי צֻוֵּיתִי לִרְאוֹת בִּיסּוּרֵי תִינוֹקוֹת,
עַל גְּוִיּוֹת עוֹלָלִים לִפְסֹחַ.

כִּי הִכּוּ עַל עֵינַי מַגְלְבֵי פָּרָשִׁים
וְצִוּוּנִי עֵינַי לִפְקֹחַ,
זָחֲלוּ אֶל לֵילַי נְחָשִׁים לוֹחֲשִׁים:
לֹא לָנוּם, לֹא לַחְלֹם, לֹא לִשְׁכֹּחַ.

וַאֲנִי לֹא יָדַעְתִּי, הֲלִי הָאָשָׁם,
הֲבָגַדְתִּי, הֲמָעַלְתִּי -
לֹא רָשָׁע אָנֹכִי, לֹא חָכָם אַף לֹא תָּם,
וְעַל כֵּן שְׁאֵלוֹת לֹא שָׁאַלְתִּי.

וְעַל-כֵּן לֹא דָרַשְׁתִּי נָקָם וְשִׁלֵּם,
וְלֹא אָח לִי וְלֹא מַלְאָךְ לִי -
וְהִגַּעְתִּי אֵלֶיךָ בּוֹדֵד וְשָׁלֵם -
וְאַתָּה אִם תּוּכַל, פְּתַח לִי.

פרושי מלים ובטויים

לְמַלֵּט = לְהַצִּיל, לְהוֹצִיא מִסַּכָּנָה

(מַלְּטָה = צוּרַת חִזּוּק שֶׁל הַבַּקָּשָׁה "מַלֵּט")

עֶבְרָה = כַּעַס גָּדוֹל (בְּדֶרֶךְ כְּלָל כַּעֲסוֹ שֶׁל אֱלֹהִים)

זַעַם = כַּעַס רַב, קֶצֶף

לְהַבִּיעַ = לְבַטֵּא, לוֹמַר בְּמִלִּים

נִיב שְׂפָתַיִם = דִּבּוּר, מִלִּים

כְּבַד פֶּה = מִתְקַשֶּׁה בְּדִבּוּר; מְגַמְגֵּם

שִׁבְעָתַיִם = שֶׁבַע פְּעָמִים, כָּפוּל שִׁבְעָה, פִּי שִׁבְעָה

לָנוּד = לִנְדֹּד; לָלֶכֶת מִמָּקוֹם לְמָקוֹם

חֶדְוָה = שִׂמְחָה

שַׁלְוָה = שֶׁקֶט, מְנוּחָה, חֹסֶר דְּאָגָה

מָנוֹחַ = מָקוֹם לָנוּחַ בּוֹ; מְנוּחָה, שַׁלְוָה

תִּינוֹק = יֶלֶד קָטָן שֶׁנּוֹלַד לֹא מִזְּמַן

גְּוִיָּה = גּוּף מֵת

עוֹלָל = תִּינוֹק

לְהִכּוֹת (שרש: נכה) = לְהַלְקוֹת; לִפְגֹּעַ קָשֶׁה; לְדַפֵּק

מַגְלֵב = שׁוֹט (פַּס צַר מֵעוֹר) לְהַלְקוֹת בּוֹ

פָּרָשׁ = רוֹכֵב עַל סוּס; חַיָּל רָכוּב עַל סוּס

לִזְחֹל = "לָלֶכֶת" עַל הַבֶּטֶן

נָחָשׁ = בַּעַל חַיִּים אָרֹךְ וְצַר, הַזּוֹחֵל עַל בִּטְנוֹ (אֶחָד מִשְּׁלֹשֶׁת הַגִּבּוֹרִים בְּסִפּוּר גַּן עֵדֶן: אָדָם, חַוָּה וְהַנָּחָשׁ)

אָשָׁם = חֵטְא, פֶּשַׁע; אַחְרָיוּת לְמַעֲשֶׂה רָע

לִבְגֹּד = לֹא לִהְיוֹת נֶאֱמָן; לְרַמּוֹת

לִמְעֹל = לִבְגֹּד בְּאֵמוּן

אָנֹכִי = אֲנִי

נָקָם = עֹנֶשׁ (תַּשְׁלוּם רָע) עַל מַעֲשֶׂה רָע

שִׁלֵּם = תַּשְׁלוּם; נָקָם

בחלק ה"הַלֵּל" של הסדר, קוראים פסוקים מִסֵּפֶר "תהילים", המְשַׁבְּחִים וּמְפָאֲרִים את אלוהים ואת חַסְדוֹ. תהילים קטז:3-5:

אֲפָפוּנִי חֶבְלֵי מָוֶת, וּמְצָרֵי שְׁאוֹל מְצָאוּנִי; צָרָה וְיָגוֹן אֶמְצָא.
וּבְשֵׁם יְיָ אֶקְרָא, אָנָּא יְיָ, מַלְּטָה נַפְשִׁי.
חַנּוּן יְיָ וְצַדִּיק, וֵאלֹהֵינוּ מְרַחֵם.

פסוקים אלה מסבירים, אולי, מדוע "שאינו יודע לשאל"אומר "גם הפעם":

הִצַּלְתָּ אותי בֶּעָבָר, עֲשֵׂה זאת גם הפעם!

מצא בשיר מילים/ביטויים, הלקוחים מן ההגדה ומסיפור יציאת מצריים (בנוסף ל"עֶבְרָה וָזַעַם", "שְׁאוֹל", ו"מַלְּטָה נַפְשִׁי"). האם הביטויים מופיעים במַשְׁמָעוּת דוֹמָה, או שׁוֹנָה מזו שבסיפור יציאת מצריים?

גם למילים/ביטויים הבאים יש קשר לסיפור יציאת מצריים:

1. לָנוּד (בני ישראל נודדים במדבר, בדרכם אל ארץ ישראל)
2. הִכּוּ (עשר המַכּוֹת שאלוהים הביא על המצרים)
3. פָּרָשִׁים (חֵיל פַּרְעֹה וּפָרָשָׁיו טָבְעוּ בים סוף)
4. אָח (מֹשֶׁה ראה איש מצרי מַכֶּה איש עברי מֵאֶחָיו; משה הוציא את אֶחָיו ממצריים)
5. מַלְאָךְ (מלאך המוות פסח על בתי היהודים במצריים)

בדוק בכל מִקְרֶה, אם המשוררת משתמשת בביטוי בצורה מַקְבִּילָה, או מנוגדת לזו שבסיפור יציאת מצריים.

מהן המילים, הלקוחות הַיְשֵׁר מ"שאינו יודע לשאל" בהגדה?
המילים נמצאות בשורה הראשונה ובשורה האחרונה של השיר, וּמְהַוּוֹת מִסְגֶּרֶת:

התוכן של הבית הראשון והשישי הופך את המילה "שאל" לשאלה, או לבקשה? מהי?

השווה בין הבית הראשון לבית השישי:

בית א, שורה 4 "מַלְּטָה" (בקשה) || בית ו, שורה 4 "פְּתַח" (בקשה)

בית א, שורה 2 "אָבִי" (קָרוֹב/גּוֹאֵל) || בית ו, שורה 2 "אָח" (גואל)

הַמֻּשָּׂא הַפְּנִימִי

מֻשָּׂא, הַנּוֹצָר מֵהַשֹּׁרֶשׁ שֶׁל הַפֹּעַל הַנָּשׂוּא, נִקְרָא מֻשָּׂא פְּנִימִי.

סְטֶלָּה **אָהֲבָה** אֶת צֶמַח **אַהֲבָה** רַבָּה. (אָהֲבָה מְאֹד)
פָּחַדְתִּי מִמֶּנּוּ **פַּחַד** מָוֶת. (פָּחַדְתִּי מְאֹד)

שֶׁלֹּא כִּבְשָׂפוֹת אֲחֵרוֹת, בָּהֶן מִשְׁתַּדְּלִים לְגַוֵּן בְּמִלּוֹת הַמִּשְׁפָּט,
מְאַפְיֵן הַשִּׁמּוּשׁ בַּמֻּשָּׂא הַפְּנִימִי אֶת הָעִבְרִית הַסִּפְרוּתִית,
וְרָצוּי לְהִשְׁתַּמֵּשׁ בּוֹ בִּכְתִיבָה.

אמור מחדש, בעזרת מושא פנימי:

1. השכינה חרדה מאוד על הגוזל.
2. הוא צחק בעליזות.
3. היא נאנחה בכבדות.
4. בכיתי במרירות.

* *

מְעַט נִקּוּד

חוֹלָם מָלֵא וְחוֹלָם חָסֵר

חוֹלָם חָסֵר מוֹפִיעַ בִּשְׁלֹשָׁה מִקְרִים:

1. בַּשֵּׁמוֹת הַסֶּגוֹלִיִּים כְּמוֹ בֹּקֶר, חֹדֶשׁ
2. כְּתַשְׁלוּם דָּגֵשׁ בְּמָקוֹם קָבוּץ: מְשֹׁעָר/מְשֻׁמָּר
3. כַּאֲשֶׁר בְּצוּרוֹת נְקֵבָה אוֹ רַבִּים הוּא
   מִשְׁתַּנֶּה לְקָבוּץ: כֹּחַל/כְּחֻלָּה
   הַכֹּל/כֻּלָּם

חוֹלָם מָלֵא מוֹפִיעַ בְּכָל תְּנוּעָה גְדוֹלָה אַחֶרֶת,
שֶׁמְּבַטְּאִים כְּחוֹלָם (O).

* *

חולם מלא או חסר? העתק ונקד:

1. גדול ______________
2. אדום ______________
3. מבורך ______________
4. ארון ______________
5. חורף ______________
6. גבוה ______________

שעור מ"ט

תלמידים מספרים את תוכן עמודים 49-51 ב"על החלומות"

אמור במילים אחרות:

עמדתי בְּלֵב כָּבֵד, חצתה את הכביש, הִשְׁתַּדְּלָה

ענה על השאלות:

1. מדוע הרגיש המספר כ"חייל שהשאיר את חברו פצוע מאחור, בשְׁעַת האוייב וברח"?
2. מדוע חושב המסַפר, שצמח חייב לאהוב רק את סטלה?
3. מדוע הרכיבה סטלה משקפי שמש, בצֵאתָהּ ממשרדו של צמח?
4. מדוע היתה סטלה מטלפנת אל צמח לפני בּוֹאָהּ למשרדו?

קרא בבית עד סוף פרק ג ב"על החלומות" (עמוד 54)

• • •

תלמידים מספרים את תוצאות ההשוואה בין הבתים החיצוניים ב"שאינו יודע לשאל".

המשך השיחה על "כנגד ארבעה בנים"

ראינו שהבתים החיצוניים מהווים מִסְגֶרֶת לשיר, ותַמְצִית תוכנם היא פנייה, או קריאה לעזרה--אולי אפילו דפיקה בדלת: פתח לי!

מהפסוקים הבאים בספר "דְּבָרִים", אפשר להסיק שהפנייה היא אל אלוהים, הנוקם את נקמת עַמו.

דברים לב:35 (דִּבְרֵי אלוהים): "לִי נָקָם וְשִׁלֵּם"

דברים לב:43 (על אלוהים): "כִּי דַם-עֲבָדָיו [המאמינים בו] יִקּוֹם,
וְנָקָם יָשִׁיב לְצָרָיו."

כִּשְׁלִישׁ מהמילים בבתים א' ו-ו' לקוחות מן ההגדה לפסח. זִיקָה נוספת לפסח אפשר למצוא בסדר המדוייק שבמִבְנֶה השיר. קיימת סימטריה מושלמת בין הבתים:

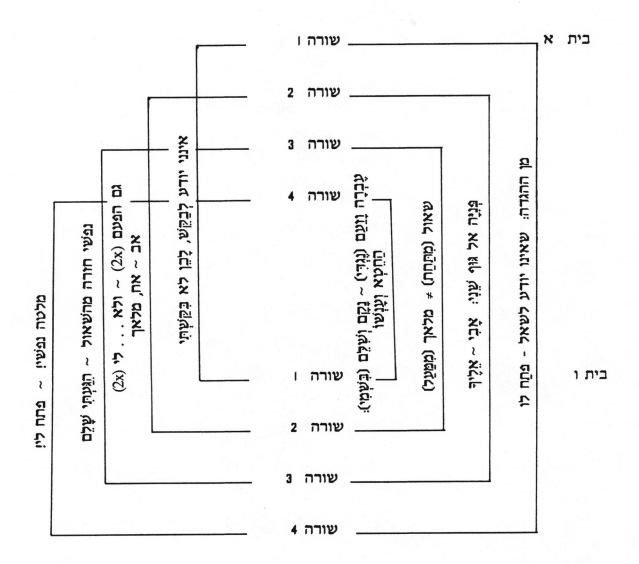

הבית השני והחמישי ב"שאינו יודע לשאל"

מהן שלוש הסיבות, המופיעות בבית השני והחמישי, לכך שהמדבר "לא שאל"?
מהן שתי הצורות, בהן מציג המדבר את עצמו ?
השווה בין הבית השני והחמישי בשיר, ונסה לברר מהי תַּמְצִית תוכנם.

לֵאָה גוֹלְדְבֶּרְג

כְּנֶגֶד אַרְבָּעָה בָנִים

א. שֶׁאֵינוֹ יוֹדֵעַ לִשְׁאֹל

אָמַר שֶׁאֵינֶנּוּ יוֹדֵעַ לִשְׁאֹל:
גַּם הַפַּעַם, אָבִי, גַּם הַפַּעַם
אֶת נַפְשִׁי, שֶׁחָזְרָה מֵעִמְקֵי הַשְּׁאוֹל,
מַלְּטָה מֵעֶבְרָה וָזַעַם.

כִּי קָטְנוּ הַמִּלִּים מֵהַבִּיעַ הַשְּׁאוֹל,
כִּי לַמָּוֶת אֵין נִיב-שְׂפָתַיִם,
וַאֲנִי שֶׁאֵינֶנִּי יוֹדֵעַ לִשְׁאֹל
כְּבַד-פֶּה אָנֹכִי שִׁבְעָתַיִם.

כִּי צֻוֵּיתִי לָנוּד בִּדְרָכִים אֲרֻכּוֹת -
לֹא חֶדְוָה, לֹא שַׁלְוָה, לֹא מָנוֹחַ,
כִּי צֻוֵּיתִי לִרְאוֹת בְּיִסּוּרֵי תִּינוֹקוֹת,
עַל גְּוִיּוֹת עוֹלָלִים לִפְסֹחַ.

כִּי הִכּוּ עַל עֵינַי מַגַּלְבֵי פָּרָשִׁים
וְצִוּוּנִי עֵינַי לִפְקֹחַ,
זָחֲלוּ אֶל לֵילִי נְחָשִׁים לוֹחֲשִׁים:
לֹא לָנוּם, לֹא לַחְלֹם, לֹא לִשְׁכֹּחַ.

וַאֲנִי לֹא יָדַעְתִּי, הֲלִי הָאָשָׁם,
הֲבָגַדְתִּי, הֲמָעַלְתִּי -
לֹא רָשָׁע אָנֹכִי, לֹא חָכָם אַף לֹא תָּם,
וְעַל כֵּן שְׁאֵלוֹת לֹא שָׁאַלְתִּי.

וְעַל-כֵּן לֹא דָרַשְׁתִּי נָקָם וְשִׁלֵּם,
וְלֹא אָח לִי וְלֹא מַלְאָךְ לִי -
וְהִגַּעְתִּי אֵלֶיךָ בּוֹדֵד וְשָׁלֵם -
וְאַתָּה אִם תּוּכַל, פְּתַח לִי.

תוכן הבתים ב׳ ו-ה׳ הוא הִזְדַּהוּת "שאינו יודע לשאֹל" -- פעם באופן יָשִׁיר ("אני שאינני יודע לשאל"), ופעם בדרך של אֶלִימִינַצְיָה ("לא רשע אנכי, לא חכם אף לא תם") וכך, אם הבתים החיצוניים הם קריאה לעזרה, הבתים ב׳ ו-ה׳ מסבירים מי הוא המבקש עזרה, ומדוע.

הבתים ב׳ ו-ה׳ הם הסיבות לבתים החיצוניים א׳ ו-ו׳:

הקשר בין א׳ ל-ב׳ הוא "כי" -- בית א׳, כי בית ב׳

הקשר בין ה׳ ל-ו׳ הוא "ועל כן" -- בית ו׳, כי בית ה׳

הסיבה היא חוסר הַיְכֹלֶת לְהִתְבַּטֵּא במילים = חוסר היכולת לשאל/לבקש, והיא מופיעה בשלוש צורות:

א. המוות איננו ניתָן לתיאור
ב. ללא ידיעה אם הסֵבֶל מֻצְדָּק, אי אפשר לדרֹש נְקָמָה
ג. טבעו של המדבר איננו מאפשר לו לשאול/לבקש

הבתים ב׳ ו-ה׳ מרחיבים את הפירוש של "מַלְטָה" (בית א), וּמְחַזְּקִים את זה של "פְּתַח" (בית ו): מַלֵּט אותי מהשְׁתִיקָה, פְּתַח את פי; עזור לי לְנַסֵּחַ שאלה/בקשה!

הבתים המֶרְכָּזִיִּים ג-ד

מה הקֶשֶׁר בין "צֻוֵּיתִי לִרְאוֹת בְּ-" ל"הֻכּוּ עַל עֵינַי"?
מה הקשר בין "הֻכּוּ עַל עֵינַי" ל"זָחֲלוּ אֶל לֵילִי נְחָשִׁים"?
האם אתה רואה קשר בין "דְּרָכִים אֲרֻכּוֹת", "מַגְלְבֵי פָּרָשִׁים", ו"נְחָשִׁים לוֹחֲשִׁים"? מהו?

מה מְתָאֲרִים הבתים המרכזיים?
מה מקור הסֵבֶל העיקרי בבתים אלה?
הַשווה בין שני הבתים, ונסה לְבָרֵראת תמצית תוכנם.

שעור נ

תלמידים מספרים את תוכן העמודים שקראו בבית

אמור במלים אחרות:

לא מצא לנחוץ להודות לו, מזמינה כוס תֵּה
לָקוּחַ, חָרוּץ

ענה על השאלות:

1. **מדוע הפריעה מחלתה של סטלה לצמח?**
2. **לאיזה תפקיד הגיע צמח ב"שִׂיא הצלחתו"?**
3. **מדוע לא הִתְפַּלֵא צמח על כך שליפא טיפל בסטלה?**
4. **מדוע נֶחשבו נשים יהודיות, שנכנסו לקפה "תמר", לנערות הֶפְקֵר?**
5. **מדוע היתה סטלה יושבת בקפה "תמר"?**
6. **מדוע הלך צמח לביתה של הציירת?**

קרא בבית עד עמוד 57 ("... לא היתה סטלה מתה.")

• • •

תלמידים מספרים את תוכן חיבוריהם

המשך השיחה על "כנגד ארבעה בנים"

הקשר בין ה **שְׁאוֹל** לבין "שאינו יודע **לִשְׁאֹל**" מִתְבָּרֵר עכשיו: חוסר היכולת לשאול ולקבל תשובה מְסַפֶּקֶת היא השאול של הבֵּן, היא מקור ייסוריו.

בחלק ה"הַלֵּל", תהילים קטו:17-18, נֶאֱמַר:

לֹא הַמֵּתִים יְהַלְלוּ יָהּ, וְלֹא כָּל יֹרְדֵי דוּמָה
וַאֲנַחְנוּ נְבָרֵךְ יָהּ מֵעַתָּה וְעַד עוֹלָם, הַלְלוּיָהּ.

המוות אינו מדַבר, והמֵתִים אינם מדברים ("לַמָּוֶת אֵין נִיב-שְׂפָתַיִם".)

המילים מַקְבִּילוֹת, אם כך, לחיים. בקשת "שאינו יודע לשאל" היא, לכן, לא רק למילים, אלא לחיים, להִשָּׂרְדוּת.

הרָצוֹן לִחְיוֹת יכול לְהִתְפָּרֵשׁ גם כרצון להמשיך ולהאמין באלוהים ובתוֹרָתוֹ (עֵץ חַיִּים הִיא לַמַּחֲזִיקִים בָּהּ).

אם "שאינו יודע לשאול" ימות, הוא לא יוכל לשאול את הקושיות (להמשיך במסורת היהודית), ולא לְהַלֵּל את אלוהים (התשובה לשאלת הבן בליל הסדר כוללת דִּבְרֵי הַלֵּל לאלוהים).

אם היהודים יְשֻׁמְדוּ, לא יִשָּׁאֵר מי שיקיים את מצוות אלוהים וִיפָאֵר את שמו בעולם.

הבתים המרכזיים בשיר מתארים את השאול

מֶרְכָּזִיּוּתָם בַּשִּׁיר מְחַזֶּקֶת את הנֶאמר בבתים החיצוניים: הבן יָרַד אל עִמְקֵי השאול--מרכַּז, עמקי השיר-- וחָזַר ועָלָה מִמֶּנָּה.

אָמַר שֶׁאֵינֶנּוּ יוֹדֵעַ לִשְׁאֹל:
גַּם הַפַּעַם, אָבִי, גַּם הַפַּעַם
אֶת נַפְשִׁי, שֶׁחָזְרָה מֵעִמְקֵי הַשְּׁאוֹל,
מַלְּטָה מֵעֶבְרָה וָזַעַם.

כִּי קָטְנוּ הַמִּלִּים מֵהַבִּיעַ הַשְּׁאוֹל,
כִּי לַמָּוֶת אֵין נִיב-שְׂפָתַיִם,
וַאֲנִי שֶׁאֵינֶנִּי יוֹדֵעַ לִשְׁאֹל
כְּבַד-פֶּה אָנֹכִי שִׁבְעָתַיִם.

כִּי צֻוֵּיתִי לָנוּד בִּדְרָכִים אֲרֻכּוֹת -
לֹא חֶדְוָה, לֹא שַׁלְוָה, לֹא מָנוֹחַ,
כִּי צֻוֵּיתִי לִרְאוֹת בְּיִסּוּרֵי תִּינוֹקוֹת,
עַל גְּוִיּוֹת עוֹלָלִים לִפְסֹחַ.

כִּי הִכּוּ עַל עֵינַי מַגְלְבֵי פָּרָשִׁים
וְצִוּוּנִי עֵינַי לִפְקֹחַ,
זָחֲלוּ אֶל לֵילִי נְחָשִׁים לוֹחֲשִׁים:
לֹא לָנוּם, לֹא לַחֲלֹם, לֹא לִשְׁכֹּחַ.

וַאֲנִי לֹא יָדַעְתִּי, הֲלִי הָאָשָׁם,
הֲבָגַדְתִּי, הֲמָעַלְתִּי -
לֹא רָשָׁע אָנֹכִי, לֹא חָכָם אַף לֹא תָּם,
וְעַל כֵּן שְׁאֵלוֹת לֹא שָׁאַלְתִּי.

וְעַל-כֵּן לֹא דָרַשְׁתִּי נָקָם וְשִׁלֵּם,
וְלֹא אָח לִי וְלֹא מַלְאָךְ לִי -
וְהִגַּעְתִּי אֵלֶיךָ בּוֹדֵד וְשָׁלֵם -
וְאַתָּה אִם תּוּכַל, פְּתַח לִי.

סִבְלוֹ של הבן הם הַמַּרְאוֹת שהוא חייב לראות:

יִסּוּרֵי תִּינוֹקוֹת/גְּוִיּוֹת עוֹלָלִים.

הוא חָשׁ בייסורים בְּאֶמְצָעוּת עֵינָיו:

לִרְאוֹת/לִרְאוֹת בְּ-, לִפְקֹחַ עֵינַיִם, וְכַדּוֹמֶה.

מַכְשִׁירֵי הייסורים דְּמוּיֵי פַּסִּים ארוכים:

ביום - המראות שהוא רואה בדרכים ארוכות, כמו ה **מַגְלְבִים** המכריחים אותו לראות, מַכִּים על עֵינָיו.

בלילה - המראות (ה **נְחָשִׁים**) זוחלים אל עֵיניו.

- שִׂים לֵב לְאַלִיטֶרַצְיָה "זָחֲלוּ אֶל לֵילִי נְחָשִׁים לוֹחֲשִׁים": המראות הַלֵּילִיִּים הם הֵד אַרְסִי לְמַרְאוֹת הַיּוֹם.
- הבן עובר בְּדַרְכֵי הייסורים הארוכות, ודרכי הייסורים עוברות בו.

הסבל מודגש גם בתיאור הַסָּבִיל של הִתְנַסּוּתוֹ בשאול:

- "צֻוֵּיתִי" (פעמיים), "הֻכּוּ עַל עֵינַי", "צִוּוּנִי", "זָחֲלוּ אֶל לֵילִי".
- אפילו הכאב ה"פעיל" ביותר מובע על דרך השלילה (חוסר הפעולה):

"לֹא חֶדְוָה, לֹא שַׁלְוָה, לֹא מָנוֹחַ"; "לֹא לָנוּם, לֹא לַחְלֹם, לֹא לִשְׁכֹּחַ".

השאול היא המראות הנוראים וחוסר יכלתו של הבן להבין את הסיבה לַסֵּבֶל.

הוא חוזר אל אביו שָׁלֵם: הוא מוכן לשמוע דברי הֶסְבֵּר, ואולי אף לְקַבֵּל אותם. אבל האם הוא שלם, באמת, באמונתו?

הוא אומר "אִם תּוּכַל, פְּתַח לִי". "אם תוכל" מַבִּיטָא סָפֵק שֶׁאָכֵן קיים הֶסְבֵּר מְשַׁכְנֵעַ, שיוכל להצדיק את הייסורים, ואת האמונה בכוחו ובחַסְדּוֹ של אלוהים.

ה"סדר", כפי שראינו, היא מילת מַפְתֵּחַ בכל הקשור בפסח:

סיפור יציאת מצריים מראה על תכנית "מסודרת" של אלוהים לגאול את עמו מעבדות,
ומַרְאֶה שיש טַעַם וסדר בעולם;
ליל הפסח מאורגן בצורה מסודרת וקבועה מִשָּׁנָה לשנה, מֶשֶׁךְ דורות.

בשיר "כנגד ארבעה בנים", אנחנו מוצאים אלמנטים שונים של אִי-סדר:

א. "שאינו יודע לשאול" מופיע ראשון, ולא אחרון כפי שהוא מופיע בהַגָּדָה
ב. בניגוד לבן הרביעי בהגדה, הוא כֵּן שואל, ושאלתו ארוכה ביותר
ג. מילים מהמקורות מופיעות בשיר, במַשְׁמָעוּת שׁוֹנָה/הָפוּכָה מזו שבהגדה

האם אִי הסדר הזה מִקְרִי, או מְכֻוָּן?

בשיר מופיעים גם אלמנטים רבים של סדר:

א. חֲרוּזִים א-ב, א-ב
ב. קֶצֶב מדויק
ג. אִזְכּוּרִים של מונָחים ומושָׂגים שונים מההגדה (ליל הסדר)
ד. סימֶטריה בין הבתים בקְצוֹת השיר השונים
ה. הִתְקַדְּמוּת מסודֶרת מהחוץ אל הפְּנִים

נוֹכַח הסדר והדִיּוּק בּפְּרָטִים שלמעלה, קשה לְהַעֲלוֹת עַל הַדַּעַת שאי הסדר שהוזכר קוֹדֶם הוא מִקְרִי. מה, לדעתך, ניסתה המשוררת להבִּיע בִּשְׁבִירַת הסדר?

שעור נ"א

תלמידים מספרים את תוכן עמודים 54-57 בסיפור

אמור במלים אחרות:

לא אמרה מה שהיה בלִבָּהּ, הֵרים עליה את קולו

ענה על השאלות:

1. מדוע דיבר ליפא על סטלה כאילו היתה ילדה? מה באפייה הצדיק זאת?
2. בפני איזו ממשלה הופיע צמח כְּנְצִיג היישוב?
3. מדוע לא רָב צמח עם סטלה במשך חייה?
4. מדוע, לדעתך, היו ציוּרָיו של צמח יקרים לסטלה? מה היא רָאֲתָה בהם?

קרא בבית עד סוף פרק ד (עמוד 61)

• • •

תלמידים מספרים את תוכן חיבוריהם

שיחת סיכום על "שאינו יודע לשאל"

ב"הַלֵּל" מוֹדֶה המשורר לאלהים על שהוא הִצִּילוֹ תמיד מִצָּרָה. תהילים קטז:7-9:

שׁוּבִי נַפְשִׁי לִמְנוּחָיְכִי, כִּי יְיָ גָּמַל עָלָיְכִי
כִּי חִלַּצְתָּ נַפְשִׁי מִמָּוֶת, אֶת עֵינִי מִן דִּמְעָה, אֶת רַגְלִי מִדֶּחִי.
אֶתְהַלֵּךְ לִפְנֵי יְיָ בְּאַרְצוֹת הַחַיִּים.

לאה גולדברג מראָה בשירָהּ את ההיפך: **נַפְשׁ** הבן איננה שָׁבָה ל **מְנוּחָתָהּ**; היא לא **חֻלְּצָה מִמָּוֶת**; הבן אינו חָדֵל לראות ב **עֵינָיו** מַראות נוֹרָאים (שגורמים לו סבל/ **דִּמְעָה**); **רַגְלָיו** ממשיכות לָשֵׂאת אותו בדרכי ייסורים ארוכות; הוא מתהלך ב **אַרְצוֹת הַמֵּתִים** (פוסח על גוויות עוללים).

שבירת הסדר בשירָהּ של לאה גולדברג מביעה הִתְקוֹמְמוּת נגד אלהים, ונגד "סִדְרֵי העולם" שלו: איך יכול להיות צדק בעולם, שבו תינוקות מתייסרים ונהרגים? איך יכול אלוהים להרשות לעָוֶל שבזה לקרות?

אפילו אם אלהים ירצה לְהַעֲנִישׁ את האֲשֵׁמִים, אין עֹנֶשׁ מתאים לעָוֶל הנורא:

נְקָמָה כָזֹאת, נִקְמַת דַּם יֶלֶד קָטָן
עוֹד לֹא-בָרָא הַשָּׂטָן . . . .
(ח. נ. ביאליק, "עַל הַשְּׁחִיטָה")

כְּנֶגֶד אַרְבָּעָה בָנִים

ב. רָשָׁע

אָמַר הָרָשָׁע: אָבִי, אָבִי,
אֵינֶנִּי חָפֵץ לְרַחֵם,
כִּי יָבְשָׁה דִמְעָתִי, וַיִּקְשֶׁה לְבָבִי
בִּרְאוֹתִי מָה עָשׂוּ לָכֶם.

בִּרְאוֹתִי אֶת בִּתְּךָ הַקְּטַנָּה בְּדָמָהּ
מְקַמֶּצֶת אֶגְרוֹף פָּעוּט
וְרִיסֶיהָ נוֹגְעִים בַּעֲפַר-אֲדָמָה,
וְעֵינָהּ מְשַׁוַּעַת: לָמוּת!

בִּרְאוֹתִי לְהָקוֹת שֶׁל כְּלָבִים מְשַׁסִּים
בְּתִינוֹק כְּחוּשׁ-בָּשָׂר בֶּן חָמֵשׁ;
בִּרְאוֹתִי הַנָּסִים מֻכָּתִים הֲרוּסִים
אֶל הַשְּׁחוֹר, אֶל הַבּוֹר, אֶל הָאֵשׁ.

וְנָדַרְתִּי לִהְיוֹת עֲרִירִי וְחָפְשִׁי,
אַכְזָרִי וְצוֹנֵן וְזָר, -
עַד שֶׁבָּאוּ אֵלַי מְבַקְשֵׁי-נַפְשִׁי
וְדִינִי, גַּם דִּינִי, נִגְזַר.

אֵין מְתֹם בְּנַפְשִׁי, אֵין מְתֹם בִּבְשָׂרִי,
הִשִּׂיגַתְנִי נִקְמַת אֲדֹנָי.
וְהִגַּעְתִּי אֵלֶיךָ בּוֹדֵד וְנָכְרִי
וְאַתָּה הַקְהֵה אֶת שִׁנָּי.

פרושי מלים ובטויים

חָפֵץ = רוֹצֶה

לְקַמֵּץ = לִסְגֹּר בְּכֹחַ

אֶגְרוֹף = כַּף יָד קְמוּצָה (סְגוּרָה)

פָּעוּט = קָטָן מְאֹד

רִיס, רִיסִים = הַשְּׂעָרוֹת מִסָּבִיב לָעַיִן (בִּקְצוֹת הָעַפְעַפַּיִם)

עָפָר = חֹמֶר-הָאֲדָמָה

לְשַׁוֵּעַ = לִצְעֹק, לִקְרֹא בְּקוֹל לְעֶזְרָה

לַהֲקָה = קְבוּצָה, חֲבוּרָה

לְשַׁסּוֹת = לְעוֹרֵר לִתְקֹף; לְעוֹרֵר לְמַעֲשֶׂה רָע

כָּחוּשׁ = רָזֶה; דַּל

לָנוּס = לִבְרֹחַ

בּוֹר = חֲפִירָה בָּאֲדָמָה; כִּנּוּי לְקֶבֶר, שְׁאוֹל

לִנְדֹּר (נֶדֶר) = לְהִתְחַיֵּב בִּשְׁבוּעָה

עֲרִירִי = לְלֹא בָּנִים; בּוֹדֵד

אַכְזָרִי = חֲסַר רַחֲמִים, קְשֵׁה לֵב

צוֹנֵן = קַר, קָרִיר

גְּזַר-דִּין = הַחְלָטָה שֶׁל הַשּׁוֹפְטִים; הַחְלָטָה שֶׁל אֱלֹהִים עַל גּוֹרַל אָדָם; עֹנֶשׁ מִשָּׁמַיִם

מְתֹם = מָקוֹם שָׁלֵם בַּגּוּף; מָקוֹם בָּרִיא, שֶׁאֵין בּוֹ פֶּצַע אוֹ פְּגָם

סמן ב-x את ההצהרות הנכונות:

____ 1. הרשע איננו רוצה לְרַחֵם.

____ 2. אדם שמְרַחֵם הוא בעל לֵב רַךְ.

____ 3. הרשע רואה תינוקת מַכֵּיטה באדמה.

____ 4. התינוקת מבקשת לִחיות.

____ 5. הרשע רואה כלבים מִתְנַפְּלִים על ילד קטן.

____ 6. הרשע רואה אנשים בורחים משאול אחת לשאול אחרת.

____ 7. הרשע החליט לסבול עם האחרים.

____ 8. "מְבַקְשֵׁי נַפְשִׁי" הם "אוֹהֲבַי".

____ 9. הרשע שבור בגופו ובנפשו.

____ 10. הוא מבקש עֶזרה מאביו.

שאלות מַנחות:

1. אֵילו מילים, בבית הראשון, שְׁאוּבות מֵהַהַגָּדָה?
2. בסיפור יציאת מצרים, את ליבו של מי הִקְשָׁה אלוהים?
3. מה, בבית השני, מראה שה"רשע" מוציא את עצמו מן הכלל?
4. מה, בבית השני, מראה על הִזְדַּהוּתוֹ של ה"רשע" עם הסובלים?
5. מה, בבית השלישי, דומה לבתים המרכזיים ב"שאינו יודע לשאל"?
6. מדוע נודר ה"רשע" להיות צונן וזָר?
7. האם ההִתְנַכְּרוּת עוזרת לו לְהִמָּלֵט מגורַל הכלל?
8. כיצד "אין מתֹם בנפשי" מתקשר עם "הִגַּעְתִּי אֵלֶיךָ בּוֹדד וְנָכְרִי"?
9. מה, בבית האחרון, לָקוּחַ מן ההגדה?
10. האם זה נֶאֱמָר ברוח דומָה לזו שבהגדה?

שעור נ"ב

תלמידים מספרים את תוכן עמודים 57-61 ב"על החלומות"

אמור במלים אחרות:

יצאתי מדַעְתִּי, מעֶברו השֵׁני (של הציור)

ענה על השאלות:

1. **מדוע לא הצליח צמח לצייר את סטלה מהזיכרון?**
2. **מדוע החליט צמח לשׂרוף את כל הציורים בארגז?**
3. **מדוע אמר צמח, "אמור לערבי . . . ההוא שיֵשׁ לי שֵׁם"?**
4. **מדוע כעס/צעק צמח על כל העולם?**
5. **מדוע נבהל צמח, כשהוא מצא את עצמו עולֶה במדרֵגות בֵּיתָהּ של הציירת?**

קרא בבית עד עמוד 64 (". . . מסר זאת . . . לידיו.")

• • •

תלמידים מספרים את תוכן חיבוריהם

המשך השיחה על "רשע"

גם ב"רשע", הבתים החיצוניים - המְצַטְטִים את מילות ההגדה - מְהַוִים מִסְגֶרֶת:
אמר הרשע - לכם - הַקְהֵה את שִׁינָיו

אִפיוּן ה"רשע", כמי שמוציא את עצמו מן הכלל, מחוזק גם

א. במילים "זָר" (בית ד), ו"נָכְרִי" (בית ה)

ב. לעומת "שאינו יודע לשאל", האומר שהוא כְּבַד פֶּה (כמו מֹשה העִברי), מקַשֶׁה ה"רשע" את ליבו (כמו פַּרְעֹה המִצרי, האוֹיֵב ההִסטורי)

ירידת ה"רשע" לשאול איננה הַדְרָגָתִית, כמו זו של "שאינו יודע לשאל", והיא מְמַלֵאת את שלושת הבתים המֶרכזיים.

לֵאָה גוֹלְדְבֶּרְג

כְּנֶגֶד אַרְבָּעָה בָנִים

ב. רָשָׁע

אָמַר הָרָשָׁע: אָבִי, אָבִי,
אֵינֶנִּי חָפֵץ לְרַחֵם,
כִּי יָבְשָׁה דִמְעָתִי, וַיִּקְשֶׁה לְבָבִי
בִּרְאוֹתִי מֶה עָשׂוּ לָכֶם.

בִּרְאוֹתִי אֶת בִּתְּךָ הַקְּטַנָּה בְּדָמָהּ
מְקַמֶּצֶת אֶגְרוֹף פָּעוּט
וְרִיסֶיהָ נוֹגְעִים בַּעֲפַר-אֲדָמָה,
וְעֵינָהּ מְשַׁוַּעַת: לָמוּת!

בִּרְאוֹתִי לַהֲקוֹת שֶׁל כְּלָבִים מְשַׁסִּים
בְּתִינוֹק כְּחוּשׁ-בָּשָׂר בֶּן חָמֵשׁ;
בִּרְאוֹתִי הַנָּסִים מִבָּתִּים הֲרוּסִים
אֶל הַשְּׁחוֹר, אֶל הַבּוֹר, אֶל הָאֵשׁ.

וְנָדַרְתִּי לִהְיוֹת עֲרִירִי וְחָפְשִׁי,
אַכְזָרִי וְצוֹנֵן וְזָר, -
עַד שֶׁבָּאוּ אֵלַי מְבַקְשֵׁי-נַפְשִׁי
וְדִינִי, גַּם דִּינִי, נִגְזָר.

אֵין מְתֹם בְּנַפְשִׁי, אֵין מְתֹם בִּבְשָׂרִי,
הִשִּׂיגַתְנִי נִקְמַת אֲדֹנָי.
וְהִגַּעְתִּי אֵלֶיךָ בּוֹדֵד וְנָכְרִי
וְאַתָּה הַקְהֵה אֶת שִׁנָּי.

פרושי מלים ובטויים

חָפֵץ - רוֹצֶה

לִקְמֹץ - לִסְגֹר בְּכֹחַ

אֶגְרוֹף - כַּף יָד קְמוּצָה (סְגוּרָה)

פָּעוּט - קָטָן מְאֹד

רִיס, רִיסִים - הַשְּׂעָרוֹת מִסָּבִיב לָעַיִן (בִּקְצוֹת הָעַפְעַפַּיִם)

עָפָר - חֹמֶר-הָאֲדָמָה

לְשַׁוֵּעַ - לִצְעֹק, לִקְרֹא בְּקוֹל לְעֶזְרָה

לַהֲקָה - קְבוּצָה, חֲבוּרָה

לְשַׁסּוֹת - לְעוֹרֵר לִתְקֹף; לְעוֹרֵר לְמַעֲשֶׂה רָע

כָּחוּשׁ - רָזֶה; דַּל

לָנוּס - לִבְרֹחַ

בּוֹר - חֲפִירָה בָּאֲדָמָה; כִּנּוּי לַקֶּבֶר, שְׁאוֹל

לִנְדֹּר (נֶדֶר) - לְהִתְחַיֵּב בִּשְׁבוּעָה

עֲרִירִי - לְלֹא בָּנִים; בּוֹדֵד

אַכְזָרִי - חֲסַר רַחֲמִים, קְשֵׁה לֵב

צוֹנֵן - קַר, קָרִיר

גְּזַר-דִּין - הַחְלָטָה שֶׁל הַשּׁוֹפְטִים; הַחְלָטָה שֶׁל אֱלֹהִים
עַל גּוֹרַל אָדָם; עֹנֶשׁ מִשָּׁמַיִם

מְתֹם - מָקוֹם שָׁלֵם בַּגּוּף; מָקוֹם בָּרִיא, שֶׁאֵין בּוֹ פֶּצַע
אוֹ פְּגָם

בשאול של ה"רשע" מוצאים

מוֹת תינוקות - זֵכֶר לְמַכַּת בְּכוֹרוֹת?

דָּם, שְׁחוֹר (חֹשֶׁךְ) - שתיים מעשׂר המכות במצריים?

אגרוף - הֵד לַיָּד הַחֲזָקָה והזְרוֹעַ הנְטוּיָה, בהן הוציא אלוהים את עַמו ממצריים?

שַׁוְעָה לָמוּת - "וַתַּעַל שַׁוְעָתָם אֶל-הָאֱלֹהִים" (שמות ב:23). בְּנֵי ישראל
מְשַׁוְּעִים לעֶזרה, ואלהים שומע אותם וגואל אותם.

שאלות:

1. מדוע מְשַׁוַּעַת התינוקת לָמוּת, ולא לִחְיוֹת?
2. מדוע מַקְשֶׁה ה"רשע" את ליבו?
3. מדוע הוא נודֵר להיות חָפְשִׁי/עֲרִירִי?
4. מה עולֶה בְּגוֹרָלוֹ בסוֹף?
5. בהגדה נאמר, "אִלּוּ הָיָה שָׁם, לֹא הָיָה נִגְאָל"; בשיר נֶאמר, "ודִינִי, גַּם דִּינִי, נִגְזָר". בַּמֶּה דומֶה דִינוֹ של ה"רשע" בשנֵי המִקרים? במה הוא שונֶה?
6. השאול של מי - "שאינו יודע לשאל" או ה"רשע" - מתוארת באֹפֶן מְפֹרָט יותר? מהי, לדעתך, הסיבה?

שעור נ"ג

תלמידים מספרים את תוכן עמודים 61-64 ב"על החלומות"

אמור במלים אחרות:

מְטַעֲמֵי בריאות, הידיעה עברה מִפֶּה לאֹזן,
רגישות יְתֵרָה

ענה על השאלות:

1. מדוע החליט צמח לְהִתְפַּטֵּר מתפקידו במחלקת הקרקעות?
2. מדוע נִזְכַּר פתאֹם צמח בשמועה שהוא הֵפִיץ פעם על חֲבֵרָה לְלימודים?
3. מה מרושע במיוחד בסיפור על נערה יהודיה, המְנַשקת קצין בריטי?
4. מדוע לא רצה צמח לפגוש מַכָּרִים באותו יום?

קרא בבית עד עמוד 68 (". . . את כוס הקוניאק הששית.")

• • •

תלמידים מספרים את תוכן חיבוריהם

המשך השיחה על "כנגד ארבעה בנים"

"שאינו יודע לשאל" **רואה** במראות: רואה ומרגיש, ומִזְדַהֶה עִם הסובלים.

ה"רשע" רק **רואה**: ולִדְבָרָיו לפחות, איננו מזדהה, אלא **מִתְבַּדֵל**.

מדוע "שאינו יודע לשאל" רואה ב-?

תשובתו היא, "כי צוויתי". על ידי מי? על ידי מה?

המוּסָר, הַחֶבְרָה היהודית והשַיָּכוּת ההסטורית שלו הן ה"מִצְוות", עליהן הוא שומר.

"שאינו יודע לשאל" מתָאר את מַראות השאול בקַוִים כלליים - ייסורי תינוקות, גוויות עוללים.

ה"רשע" מתאר את המַראות לפִרְטֵי פְּרָטִים: אגרוף פעוט קמוץ; ריסֵי התינוקת; ועוד. הנורא ביותר הוא חֹסֶר הַבְּרֵירָה. הבחירה היא בין סֵבֶל אָנוּשׁ לָמוות (כּתֹּף); בין רָעָב לשינֵי הַכְּלָבִים (התינוק); בין בתים הֲרוסים לבּוֹר ולָאֵש.

אֵילו מהאפשרויות הבאות יכולות, לדעתך, להסביר את ההֶבדֵלים בתיאור?

א. ש"אינו יודע לשאל" שָׁקוּעַ בסבל, נמצא בתוכו, ולכן אינו יכול לראות הכֹּל; ה"רשע", לעומתו, מַבִּיט מֵהַצַּד, ויכול לראות את הפְּרָטִים השונים.

ב. "שאינו יודע לשאל" מתָאר יותר את סִבלו שלו - דַרְכֵי הייסורים, המַגלבים והנחשים המְיַסְּרִים אותו עצמו; ה"רשע" מביט על סִבְלוֹתֵיהֶם של כל האחֵרים ומתָאר אותם.

ג. "שאינו יודע לשאל" הוא טוב, ואיננו רוצה לתָאר את כל פִּרְטֵי הסֵבל; בְּעוֹד שֶׁה"רשע" נֶהֱנֶה לראות ולתאר את המַראות האַכְזריים.

ד. "שאינו יודע לשאל" הוא כְּבַד פֶּה, קשה לו לְהִתְבַּטֵא; ל"רשע", לעומת זאת, לא חסֵרות מילים, והוא יכול לתָאר את הסֵבל בצורה דְרָמָטִית יותר.

ה. "שאיננו יודע לשאל" מבקש תשובה/הֶסְבֵּר ממי שכבר יודע את כל הפְּרָטִים (אלוהים); ה"רשע" איננו מבקש הֶסבר. הוא כועס ומַאֲשִׁים את מי שהִרְשָׁה לכל הסבל לִקְרות. הוא מוֹנֶה את כל הַפְּשָׁעִים בצורה החֲרִיפָה ביותר, כפי שעושֶׂה תּוֹבֵעַ בבֵית הַמִּשְׁפָּט.

ראינו כבר שב"רשע", כמו ב"שאינו יודע לשאל", מהווים הבתים החיצוניים מסגרת, והשאול נמצֵאת במֶרכז. מצא קַוֵי דמיון נוספים בין "שאינו יודע לשאל" לבין ה"רשע" (שניהם מופיעים שוב בעמוד הבא).

א. שֶׁאֵינוֹ יוֹדֵעַ לִשְׁאֹל

אָמַר שֶׁאֵינֶנּוּ יוֹדֵעַ לִשְׁאֹל:
גַּם הַפַּעַם, אָבִי, גַּם הַפַּעַם
אֶת נַפְשִׁי, שֶׁחָזְרָה מֵעִמְקֵי הַשְּׁאוֹל,
מַלְּטָה מֵעֶבְרָה וָזַעַם.

כִּי קָטְנוּ הַמִּלִּים מֵהַבִּיעַ הַשְּׁאוֹל,
כִּי לַמָּוֶת אֵין נִיב-שְׂפָתַיִם,
וַאֲנִי שֶׁאֵינֶנִּי יוֹדֵעַ לִשְׁאֹל
כְּבַד-פֶּה אָנֹכִי שִׁבְעָתַיִם.

כִּי צֻוֵּיתִי לָנוּד בִּדְרָכִים אֲרֻכּוֹת -
לֹא חֶדְוָה, לֹא שַׁלְוָה, לֹא מָנוֹחַ,
כִּי צֻוֵּיתִי לִרְאוֹת בְּיִסּוּרֵי תִּינוֹקוֹת,
עַל גְּוִיּוֹת עוֹלָלִים לִפְסֹחַ.

כִּי הִכּוּ עַל עֵינַי מַגְלְבֵי פָּרָשִׁים
וְצִוּוּנִי עֵינַי לִפְקֹחַ,
זָחֲלוּ אֶל לֵילִי נְחָשִׁים לוֹחֲשִׁים:
לֹא לָנוּם, לֹא לַחְלֹם, לֹא לִשְׁכֹּחַ.

וַאֲנִי לֹא יָדַעְתִּי, הֲלִי הָאָשָׁם,
הֲבָגַדְתִּי, הֲמָעַלְתִּי -
לֹא רָשָׁע אָנֹכִי, לֹא חָכָם אַף לֹא תָּם,
וְעַל כֵּן שְׁאֵלוֹת לֹא שָׁאַלְתִּי.

וְעַל-כֵּן לֹא דָרַשְׁתִּי נָקָם וְשִׁלֵּם,
וְלֹא אָח לִי וְלֹא מַלְאָךְ לִי -
וְהִגַּעְתִּי אֵלֶיךָ בּוֹדֵד וְשָׁלֵם -
וְאַתָּה אִם תּוּכַל, פְּתַח לִי.

ב. רָשָׁע

אָמַר הָרָשָׁע: אָבִי, אָבִי,
אֵינֶנִּי חָפֵץ לְרַחֵם,
כִּי יָבְשָׁה דִמְעָתִי, וַיִּקְשֶׁה לְבָבִי
בִּרְאוֹתִי מֶה עָשׂוּ לָכֶם.

בִּרְאוֹתִי אֶת בִּתְּךָ הַקְּטַנָּה בְּדָמָהּ
מְקַמֶּצֶת אֶגְרוֹף פָּעוּט
וְרִיסֶיהָ נוֹגְעִים בַּעֲפַר-אֲדָמָה,
וְעֵינָהּ מְשַׁוַּעַת: לָמוּת!

בִּרְאוֹתִי לְהָקוֹת שֶׁל כְּלָבִים מְשַׁסִּים
בְּתִינוֹק כְּחוּשׁ-בָּשָׂר בֶּן חָמֵשׁ;
בִּרְאוֹתִי הַנָּסִים מִבָּתִּים הֲרוּסִים
אֶל הַשְּׁחוֹר, אֶל הַבּוֹר, אֶל הָאֵשׁ.

וְנָדַרְתִּי לִהְיוֹת עֲרִירִי וְחָפְשִׁי,
אַכְזָרִי וְצוֹנֵן וְזָר, -
עַד שֶׁבָּאוּ אֵלַי מְבַקְשֵׁי-נַפְשִׁי
וְדִינִי, גַּם דִּינִי, נִגְזַר.

אֵין מְתֹם בְּנַפְשִׁי, אֵין מְתֹם בִּבְשָׂרִי,
הִשִּׂיגַתְנִי נִקְמַת אֲדֹנָי.
וְהִגַּעְתִּי אֵלֶיךָ בּוֹדֵד וְנָכְרִי
וְאַתָּה הַקְהֵה אֶת שִׁנַּי.

שאלות:

1. האם אפשר לראות הַקְבָּלָה בין "שְׂפָתַיִם" לבין "אֶגְרוֹף" בבית השני של כל אחד מחלקי השיר? מהי?
2. האם אפשר לראות הקבלה בין ה"פֶּה" של הרואֶה לבין ה"עַיִן" של הנִראֵית בבית השני של שני חלקי השיר? מהי?
3. מה משותף ל-"לֹא אָח לִי וְלֹא מַלְאָךְ לִי" ול-"נָכְרִי"?
4. מה דומֶה ב-"לֹא רָשָׁע אָנֹכִי, לֹא חָכָם אַף לֹא תָּם" ל-"וְנָדַרְתִּי . . . וְזָר"?

שעור נ"ד

תלמידים מספרים את תוכן עמודים 64-68 ב"על החלומות"

אמור במלים אחרות:

אדם קרוב לליבו, לשוחח בגילוי לֵב,

(לדבר אל) אֹזן שומעת, לא היה רגיל במשקאות

ענה על השאלות:

1. הרופא מצא את צמח בריא בגופו. האם צמח בריא באמת?
2. בעמודים 64-66, מַרְבֶּה הסופר להשתמש בביטויים כמו "תוקף אותו עצב", "הרוגז שולט בו", "פחד תָּקַף אותו", "עצב כָּבֵד יָרַד עליו", ועוד ביטויים, בהם צמח הוא המוּשׂא. מה, לדעתך, רוצה הסופר להדגיש בביטויים אלה?
3. מדוע קשה לצמח לחשוב על אדם, שאיתו יוכל לשוחח בגילוי לב?
4. מדוע חשוב לצמח להיזכר בשמה של התלמידה בעלת החצאית הסקוטית?
5. מדוע הוא נכנס עכשיו לקפה "תמר"?
6. מדוע הוא התבַּייש בעבר להזכיר את שמו של בית הקפה הזה?
7. מיהו בנטון? מאיין הוא מכיר את צמח ואת ליפא?
8. רוחו של מי מופיעה, לדברי בנטון, בביתו שבקֶנְט?
9. לפי ה"מסורת", אילו מין רוחות אינן מוצאות מנוחה, וממשיכות להופיע בין החיים?
10. מדוע התוודָה צמח בפני בנטון?
11. האם אפשר להַשְׁוות את האמונה ברוחות למסורת היהודית העתיקה?

קרא בבית עד סוף פרק ה (עמוד 71)

• • •

תלמידים מספרים את תוכן חיבוריהם

סיכום ההשוואה בין "שאינו יודע לשאל" ל"רשע"

שני הבנים עוברים בשאול ורואים מראות נוראים, בעיקר ייסורי תינוקות.
בשניהם יש שימוש בעיניים, כאֶמְצָעִי לקְלִיטַת הסבל.
שניהם מגיעים לבסוף בודדים.

"שאינו יודע לשאל" סוֹפֵג הכל באֱמונה, ומחכה להֶסְבֵּר שלדעתו קיים (שְׁלֵמוּת דָּתִית); הרשע כופר בעיקר, אינו מאמין בְּצִדְקַת הסבר כָּלְשֶׁהוּ, ומחַפֵּשׂ דרך להתמודד בעצמו, שהיא הִתְנַכְּרוּת.

	<u>שאינו יודע לשאל (שאי"ל)</u>	<u>רשע</u>
<u>זהות הבֵּן</u>		
מִסְגֶּרֶת הַשִּׁיר, מֵהַהַגָּדָה	שאי"ל . . . פְּתַח	רָשָׁע . . . לָכֶם . . . הַקְהֵה אֶת שִׁנָּיו
בְּגוּף הַשִּׁיר		
- בְּשֵׁם	באופן יָשִׁיר (ב,3)	
	בעֲקִיפִין (ה,3)	
- באֹפִי	לא ידעתי, לא שאלתי (ה)	בתךְ (ב), עֲרִירִי, חָפְשִׁי, זָר (ד)
	לא דרשתי (ו)	אכזרי, צונן (ד)
- בתֵאור מהתנ"ך	כְּבַד-פֶּה (מֹשֶׁה)	קְשֵׁה-לֵב (פַּרְעֹה)

<u>שאינו יודע לשאול (שאי"ל)</u> **<u>רשע</u>**

<u>הנִסָּיוֹן בשאול</u>

יַחַס הבֵּן	רואה ב-	רואה
המַראות	תינוקות,עוללים	בִּתְּךָ הקטנה/ תינוק/הנָסִים
מַכְשִׁירֵי היִסורים	מַגְלְבֵי פָּרָשִׁים/נְחָשִׁים	כְּלָבִים מְשַׁסְּים/שְׁחוֹר, בּוֹר, אֵשׁ
תַּמְצִית השאול	אָבְדַן המנוחה	אָבדַן הלֵב/דמעות (צֶלֶם האדָם)
	רוצֶה "אֵל" (שַׁלְוָה, שַׁיָּכוּת)רוצֶה "לֹא" (לִסְבֹּל/לְהִשְׁתַּיֵּךְ)	
	וּמקַבל את ההֵפֶךְ: לא . . .	וּמקַבל את ההֵפֶךְ: אֵל . . . אֵל . . .
	לא . . . לא . . .(ג, ד)	אֵל (ג)
		המראות הופכים לחֲוָיות: גם דינוֹ נִגְזר, הוא נִגְרָף בְּעַל כָּרְחוֹ

<u>השִׁיבָה מהשאול</u>

אַשְׁמַת הבֵּן	סָפֵק בּאַשְׁמָה (לא יָדַעְתִּי)	הַכָּרָה באַשְׁמָה (נָדַרְתִּי . . .)
בַּקָּשַׁת הבֵּן	נְקָמָה באֲשֵׁמִים (כִּי אֵין לִי אָח)	נְקָמָה בעצמו (הקהֵה את שינָי)
תְּגוּבַת האָב	אֵין	אֵין
גְּזַר הַדִּין	בּוֹדֵד וְשָׁלֵם	בּוֹדֵד וְנָכְרִי/אֵין מְתֹם . . . עָנְשׁוֹ הוא ההִתְנַכְּרוּת עַצְמָהּ, הסֵרוּב להיות אֱנוֹשִׁי

הוזכר כבר, שהשיר מתייחס לשוֹאָה, בה נִסְפּוּ יהודים מאמינים ולא מאמינים כאחד.

1. בַּמָּה אָשֵׁם ה"רשע" בשיר?
2. למי/מה הוא מִתְנַכֵּר, ומדוע?
3. האם, לדעתך, הוא רשע בֶּאֱמֶת?

תַּשְׁבֵּץ סֻלָּם

(ראה הוראות בפרק מ"ה)

	3	2	1	
	6	5	4	
	9	8	7	
	12	11	10	
	15	14	13	
	18	17	16	
	21	20	19	

1. מְסֻלְמִי, אֶזְרַח סוּרְיָה, לְמָשָׁל
2. חֲצִי מֵחֲצִי
3. גָּדוֹל בַּתּוֹרָה
4. עִקָּרִי
5. אַף אֶחָד
6. דּוֹלֶקֶת בַּתַּנּוּר
7. סֵבֶל רַב
8. הַשְּׂעָרוֹת סְבִיב הָעֵינַיִם
9. יִגְמֹר
10. קָלְטָה בְּאֶמְצָעוּת הָאָזְנַיִם
11. מַטְבֵּעַ
12. יַחַד, בְּחֶבְרַת
13. לִהְיוֹת אוֹרֵחַ
14. הַהֵפֶךְ מִ"מִּתְרַחֵק"
15. "בֵּן" בַּאֲרָמִית
16. אַחְרָיוּת מְסֻיֶּמֶת, מָקוֹם בַּעֲבוֹדָה
17. אַל _____ בַּדֶּלֶת!
18. מוֹדָעָה קְטַנָּה
19. מְנַסֶּה לִמְצֹא
20. זְמַן פָּנוּי מֵעֲבוֹדָה אוֹ לִמּוּדִים
21. אֶפְשָׁר לָשֵׂאת בּוֹ נֵפְט

שעור נ"ה

תלמידים מספרים את תוכן עמודים 68-71 ב"על החלומות"

אמור במלים אחרות:

בעֶצם, דֶּרֶךְ אגב, אל יַעֲלֶה על דַעתךָ

ענה על השאלות:

1. איזו מסורת רָכַשׁ לעצמו צמח, לדבריו?
2. מדועהוא עשה זאת?
3. איך מתקשרת ה"מסורת" שלו עם הצהרתו (בעמוד 46), "אני יכול לחֲלוֹם ולא להיות עֶבֶד לחלומותַי"?
4. מדוע אומר צמח לליפא לא לשאת "אותה אנגליה זקֵנה" לאישה?
5. מדוע מספר צמח לליפא שסטלה מֵתה משֶׁבֶץ לֵב? (ליפא יודע זאת)
6. מדוע רואה צמח צורך לְבַטֵל את עונש המוות?
7. מה הקשר בין רוחו של ריצ'ארד המְסכֵּן לבין רוחָה של סטלה?
8. צמח איננו פחדן; אבל הוא איננו יכול להילחם ברוחות. מהי, בעצם, ה"רוח" המַטְרִידָה אותו?
9. האם אַשְׁמָתוֹ של צמח היא בכך שהוא לא צִייר את סטלה?
10. מדוע הוא לא צִייר אותה?
11. צמח נשׂא את סטלה לאישה בגלל עָשְׁרָהּ הרב של משפחתה. בְּמוֹתָהּ, השאירה לו סטלה סְכוּם כסף גדול ובית בשכונה יְקָרָה בירושלים. הוא צריך היה לשמוח, שֶׁהִשִּׂיג את מה שרצה. מדוע, למרות הכל, הוא מִתְיַסֵּר?
12. ליפא רואה בכְּנִיסָתוֹ של צמח לקפה "תמר" התחלה של פֶּרק חדש בחיי צמח. מה היה הפרק הקודם? היכן בדיוק הוא התחיל?

קרא בבית עד סוף עמוד 74

לאה גולדברג

כְּנֶגֶד אַרְבָּעָה בָנִים

ג. תָּם

שֶׁבְּכָל הַלֵּילוֹת נִדְלָקִים כּוֹכָבִים בַּשָּׁמַיִם.
וּתְלוּיִים הַטְּלָלִים עַל עָנָף כִּדְמָעוֹת עַל רִיסִים,
שֶׁבְּכָל הַלֵּילוֹת נִדְלָקִים כּוֹכָבִים בַּשָּׁמַיִם
וְאַנְשֵׁי הֶעָרִים מַדְלִיקִים פַּנָּסִים.

וְשַׁלְוָה עֲמֻקָּה וּבְרוּכָה אֶל עֵינֶיךָ נִבֶּטֶת
בְּזִכְרוֹן הַלִּבּוּב שֶׁל חִיּוּךְ-יְלָדִים יְשֵׁנִים,
שֶׁבְּכָל הַלֵּילוֹת דּוּמִיָּה, צִפִּיָּה וָרֶטֶט -
הַלַּיְלָה הַזֶּה כֻּלּוֹ יְגוֹנִים.

שֶׁבְּכָל הַלֵּילוֹת מוּל רָקִיעַ אָפֵל וְזָחוּחַ,
מוּל יָרֵחַ חוֹלֵה-הֲזָיוֹת וּמוּל שְׁבִיל-הֶחָלָב,
מְהַלְּכִים בְּגַנִּים אֲפֵלִים בֵּין בְּעוּת וְנִיחוֹחַ
רְפָאִים עֲגוּמִים וּגְדוֹלִים שֶׁל הַיּוֹם שֶׁחָלַף.

שֶׁבְּכָל הַלֵּילוֹת אֵיזוֹ יָד זֵידוֹנִית מְכַוֶּנֶת
אֶת רוּחִי הַתְּמֵהָה אֶל מִרְמַת הָאוֹרוֹת הַכָּבִים
שֶׁבְּכָל הַלֵּילוֹת צִפִּיָּה דּוּמִיָּה וַעֲנֶנֶת -
הַלַּיְלָה הַזֶּה כֻּלּוֹ כּוֹכָבִים.

<u>פרושי מלים ובטויים</u>

טַל, טְלָלִים = רְסִיסֵי לַיְלָה; טִפּוֹת הַמְּכַסּוֹת אֶת הָאֲדָמָה לִפְנוֹת בֹּקֶר
עָנָף = "זְרוֹעַ" שֶׁל עֵץ
פַּנָּס = מְנוֹרָה; כְּלִי הָאָרָה
לִבּוּב = מְשִׁיכַת הַלֵּב
דּוּמִיָּה = שְׁתִיקָה; שֶׁקֶט מֻחְלָט
צִפִּיָּה = תִּקְוָה; הַמְתָּנָה בְּקֹצֶר-רוּחַ לְמַשֶּׁהוּ

רֶטֶט = רַעַד

יָגוֹן = צַעַר עָמֹק; אֵבֶל

זָחוּחַ = רָם, גָּבוֹהַּ; גֵּאֶה

הֲזָיָה, הֲזָיוֹת = דִּמְיוֹן-שָׁוְא; חֲלוֹם בְּהָקִיץ (בִּזְמַן שֶׁלֹּא יְשֵׁנִים)

שְׁבִיל הֶחָלָב = שֵׁם שֶׁל מַעֲרֶכֶת כּוֹכָבִים (גָּלַקְסְיָה)

בְּעוּת = פַּחַד גָּדוֹל; מַרְאֶה מַפְחִיד; סִיּוּט

נִיחוֹחַ = נֹעַם; הֲנָאָה

רֵיחַ נִיחוֹחַ = רֵיחַ נָעִים

רְפָאִים = כִּנּוּי לַמֵּתִים אוֹ לְרוּחוֹת הַמֵּתִים בַּשְּׁאוֹל

עָגוּם = עָצוּב מְאֹד

זֵידוֹנִי = רָע, מְרֻשָּׁע

לְכַוֵּן = לְהַפְנוֹת

תָּמֵהַּ, תְּמֵהָה (שֵׁם עֶצֶם: תִּמָּהוֹן) = מִתְפַּלֵּא מְאֹד

כָּבֶה = דּוֹעֵךְ; חָדֵל לִבְעֹר אוֹ לִדְלֹק

עֲנֶנֶת = עֲנָנָה; גּוּשׁ עֲנָנִים

סמן ב-x את ההצהרות הנכונות:

1. ___ בכל הלילות יש אורות רק בשמיים.
2. ___ הטללים דומים לדְמָעות.
3. ___ בכל הלילות יש גם טוב וגם רע.
4. ___ חיוך ילדים ישֵׁנים הוא מַרְאֶה מְלַבֵּב.
5. ___ הלילה הזה יש ציפיה ורֶטֶט.
6. ___ בכל הלילות הרקיע אָפֵל.
7. ___ חולֵה-הֲזָיוֹת איננו רואה את המְצִיאוּת כְּפִי שהיא.
8. ___ "רְפָאִים של היום שֶׁחָלַף" יכולים להיות זִכְרוֹנוֹת עצובים.
9. ___ "רפאים של היום שחלף" יכולים להיות צְלָלִים.
10. ___ בכל לילה הכוכבים כָּבִים.
11. ___ הלילה הזה אין אורות של פַּנָּסִים.

שאלות מנחות:

1. מה מזכיר לך השיר "תם" בְּמִבְנֵהוּ?
2. לָמָה, בהגדה, מקבילה השורה "הלילה הזה כולו **יְגוֹנִים**"?
3. מה הפועל המציין רְאִיָּה בשיר?
4. הַשְׁוֵה אותו ל-"לראות ב-" (שאינו יודע לשאל), ול-"לראות" (רשע).
5. כיצד מְרַמֵּז הפועל על הִתְנַהֲגוּת ה"תם", ועל יַחֲסוֹ למראות?
6. מהן המילים הַמְצַיְּנוֹת חֲוָיוֹת נעימות בשיר?
7. מהן המילים המציינות חוויות בלתי נעימות?

שעור נ"ו

תלמידים מספרים את תוכן עמודים 71-74 ב"על החלומות"

אמור במלים אחרות:

תֵּכֶף ומייד, לא מְזֻמָּן, הַרְבֵּה לבַקר, לקנות חַיֵי עולם,

ענה על השאלות:

1. מה גרם לצמח לאהוב את סטלה דווקא לאחר מוֹתָהּ?
2. בעמוד 73, אומר צמח "הייתי צריך לצייר אותה [את סטלה]".
   עכשיו הוא איננו שיכור, ואיננו הוֹזֶה מתוך חום, וסָבִיר לְהַנִּיחַ שאיננו מִתכַּוון לומר שֶׁלּוּ צייר אותה, לא היתה סטלה מֵתה. למה הוא מִתכוון הפעם?
3. מדוע מתעקש צמח לשלוח את הכסף שֶׁיָּרַשׁ מסטלה אל אִמָּהּ?

קרא בבית עד סוף הסיפור (עמוד 78)

• • •

תלמידים מספרים את תוכן חיבוריהם

שיחה על "תם"

הדמיון לארבע הקוּשְׁיות:

א. המילים "שבכל הלילות . . . הלילה הזה"

ב. ארבעה בתים, כְּנֶגֶד ארבע הקושיות

ג. בכל הלילות יש אֶפשרות בחירה; הלילה אֵין.

ההבדלים:

א. כל שני בתים מקבילים לקושיה אחת, ומִסתַיימים ב"הלילה הזה. . ." כלומַר, רק שתי קושיות. ואולי זה דומה ל"תם" שבהגדה, שאיננו מסוגָל לשאול את הקושיות בִּמְלוֹאָן?

ב. בהגדה, "הלילה הזה" זוכרים מאורָע הִסטורי, שנִסתַיים בטוב; ב"תם", הלילה הזה חוֹוים סִיּוּט שאין לו תַּקְדִים בַּהִסטוריה.

לאה גולדברג

כְּנֶגֶד אַרְבָּעָה בָנִים

ג. תָּם

שֶׁבְּכָל הַלֵּילוֹת נִדְלָקִים כּוֹכָבִים בַּשָּׁמַיִם.
וּתְלוּיִים הַטְּלָלִים עַל עָנָף כְּדְמָעוֹת עַל רִיסִים,
שֶׁבְּכָל הַלֵּילוֹת נִדְלָקִים כּוֹכָבִים בַּשָּׁמַיִם
וְאַנְשֵׁי הֶעָרִים מַדְלִיקִים פַּנָּסִים.

וְשַׁלְוָה עֲמֻקָּה וּבְרוּכָה אֶל עֵינֶיךָ נִבֶּטֶת
בְּזִכְרוֹן הַלִּבּוּב שֶׁל חִיּוּךְ-יְלָדִים יְשֵׁנִים,
שֶׁבְּכָל הַלֵּילוֹת דּוּמִיָּה, צִפִּיָּה וָרֶטֶט -
הַלַּיְלָה הַזֶּה כֻּלּוֹ יְגוֹנִים.

שֶׁבְּכָל הַלֵּילוֹת מוּל רָקִיעַ אָפֵל וְזָחוּחַ,
מוּל יָרֵחַ חוֹלֵה-הֲזָיוֹת וּמוּל שְׁבִיל-הֶחָלָב,
מְהַלְּכִים בְּגַנִּים אֲפֵלִים בֵּין בְּעוּת וְנִיחוֹחַ
רְפָאִים עֲגוּמִים וּגְדוֹלִים שֶׁל הַיּוֹם שֶׁחָלַף.

שֶׁבְּכָל הַלֵּילוֹת אֵיזוֹ יָד זֵידוֹנִית מְכַוֶּנֶת
אֶת רוּחִי הַתְּמֵהָה אֶל מִרְמַת הָאוֹרוֹת הַכָּבִים
שֶׁבְּכָל הַלֵּילוֹת צִפִּיָּה דּוּמִיָּה וַעֲנָנֶת -
הַלַּיְלָה הַזֶּה כֻּלּוֹ כּוֹכָבִים.

<u>פרושי מלים ובטויים</u>

טַל, טְלָלִים = רְסִיסֵי לַיְלָה; טִפּוֹת הַמְּכַסּוֹת אֶת הָאֲדָמָה לִפְנוֹת בֹּקֶר
עָנָף = "זְרוֹעַ" שֶׁל עֵץ
פַּנָּס = מְנוֹרָה; כְּלִי הָאָרָה
לִבּוּב = מְשִׁיכַת הַלֵּב
דּוּמִיָּה = שְׁתִיקָה; שֶׁקֶט מֻחְלָט
צִפִּיָּה = תִּקְוָה; הַמְתָּנָה בְּקֹצֶר-רוּחַ לְמַשֶּׁהוּ

רֶטֶט - רַעַד

יָגוֹן - צַעַר עָמֹק; אֵבֶל

זָחוֹחַ - רָם, גָּבוֹהַּ; גֵּאֶה

הֲזָיָה, הֲזָיוֹת - דִּמְיוֹן-שָׁוְא; חֲלוֹם בְּהָקִיץ (בִּזְמַן שֶׁלֹּא יְשֵׁנִים)

שְׁבִיל הֶחָלָב - שֵׁם שֶׁל מַעֲרֶכֶת כּוֹכָבִים (גָּלַקְסְיָה)

בְּעוּת - פַּחַד גָּדוֹל; מַרְאֶה מַפְחִיד; סִיוּט

נִיחוֹחַ - נֹעַם; הֲנָאָה

רֵיחַ נִיחוֹחַ - רֵיחַ נָעִים

רְפָאִים - כִּנּוּי לַמֵּתִים אוֹ לְרוּחוֹת הַמֵּתִים בַּשְּׁאוֹל

עָגוּם - עָצוּב מְאֹד

זֵידוֹנִי - רָע, מְרֻשָּׁע

לְכַוֵּן - לְהַפְנוֹת

תָּמֵהַּ, תְּמֵהָה (שֵׁם עֶצֶם: תִּמָּהוֹן) - מִתְפַּלֵּא מְאֹד

כָּבֶה - דּוֹעֵךְ; חָדֵל לִבְעֹר אוֹ לִדְלֹק

עֲנָנֶת - עֲנָנָה; גּוּשׁ עֲנָנִים

משלושת הבנים שראינו עד כֹּה בשירָהּ של לאה גולדברג, ה"תם" הוא היחיד שאָמְנָם שואל, בַּמילים המסורתיות (מה נִשְׁתַּנָּה).

הסביבה "נִבֶּטֶת" אל עיניו, כאילו הוא רחוק יותר מה"רשע" (רואה), ועוד יותר מְרֻחָק מ"שאינו יודע לשאל" (רואה ב-). אולי לכן קיימים בשירו רק רְמָזִים לַסֵּבֶל בִיקום, לא מראות ספֶּציפיים:

טְלָלִים - כּדְמעות על ריסים

צְלָלִים - רְפָאִים של היום שֶׁחלף

בפסוק מתהילים (קטו:16), שנקרא בחלק ה"הַלֵּל" בליל הסדר, נֶאֱמַר:

הַשָּׁמַיִם שָׁמַיִם לַיְיָ, וְהָאָרֶץ נָתַן לִבְנֵי אָדָם.

השיר מתחיל במשחק גוּמְלין בין האורות בשמיים (כּוֹכָבִים) לאורות שעל הארץ (פַּנָּסִים)

מה מְסַמלים הכוכבים?

מה מְסַמלים הפַּנָּסִים?

אלוהים "מדליק" כוכבים, ובני אדם--שֶׁנִּבְרְאוּ בְּצֶלֶם אלוהים--מדליקים בִּתְגוּבָה פָּנָסִים, וּמְשַׁקְּפִים בכך את הַנָּאוֹר שבאֱנוֹשׁוּת. "אנשֵׁי הֶעָרִים" הם אנשי הַתַּרְבּוּת. בכל הלילות נדלקים הכוכבים אל מול פנסֵי הערים, שהם האור הבּוֹקֵעַ מהתרבות האֱנושית, הנותנת תקווה לעתיד.

הלילה הזה כולו כוכבים, רק כוכבים: הַנִּיצוֹץ האנושי כָּבָה. אורות הפנסים היו תקוות-שָׁוְא, מִרְמָה. וכך, "הלילה הזה כולו כוכבים", שנשמע רוֹמַנְטִי וּמְלַבֵּב, זֵהֶה במשמעותו ל"הלילה הזה כולו יְגוֹנִים".

השיר מתחיל בְּמַבָּט לשמיים, וּמִסְתַּיֵּם בו. ושוב, בין הכוכבים שבשורה הראשונה לבין הכוכבים שבשורה האחרונה מְמֻקֶּמֶת הַשְּׁאוֹל, אלא שהפעם היא איננה מתוארת באופן ברור.

מהי הַשְּׁאוֹל של ה"תם"?

שעור נ"ז

תלמידים מספרים את תוכן עמודים 75-78 ב"על החלומות"

אמור במלים אחרות:

לא ראיתי מה בֵּין (דבר אחד) וּבֵין (דבר אחֵר)
לִיפָא צחק, וְאִלּוּ צמח הִתְפַּלְסֵף

ענה על השאלות:

1. כשחֻמּוֹ של צמח ירד, הוא התחיל להבריא מִדַּלֶּקֶת הָרֵאוֹת. איזה שינוי נוסף חל בו?
2. למה, אם כך, אפשר להשוות את מַחֲלָתוֹ?
3. מחלתו סיכנה את חייו של צמח: את מה סיכנה דרך חַיָּיו לפני המחלה?
4. מה, יותר מכל דבר אחר, מְאַפְיֵין את שִׁיבתו של צמח אל עצמו?
5. במה דומה אֶסְתֵּר לסטלה?
6. מדוע היתה הפגישה עם אסתר חשובה בדרכו של צמח להַחְלָמָה מְלֵאָה?
7. למה מתכוון המְסַפֵּר כשהוא אומר (על צמח) "הרגשתי שהוא עצמו יודע מה הוא אומר"?
8. כיצד מוכיחה התנהגותו של צמח שהוא נִשְׁמַע להַצָּעַת ליפא (עמוד 69) "לנהוג כמו כולם . . . לדַבֵּר על הנשים ועל האָמָּנוּת"?
9. מהו הלֶקַח שצמח הֵפִיק מנסיונו, ושאותו הוא מְנַסֶּה להַעֲבִיר למְסַפֵּר?

• • •

תלמידים מספרים את תוכן חיבוריהם

סיכום השיחה על ה"תם"

בני אדם נאורים, שלא כאלוהים, אינם מושלמים, וגם האורות שהם מדליקים אינם מושלמים. לכן הטוב מִתְמוֹדֵד עם הרע על פְּנֵי הארץ - טְלָלִים בִּדְמָעוֹת. אולם כל עוד יש הִתְמוֹדְדוּת, הרע איננו יכול לשלוט בעולם באופן בִּלְעָדִי, וקיימת תקווה.

ראינו, שהפַּנָּסים אִכְזְבו את ה"תם". התקוות שהוא תָּלָה בתרבות ובאֱנושיות האדם היו תקוות שָׁווא. האִם יש בשיר הִתְקַדְּמות הֶגְיונית, המַקבילה לאימון באֱנושות, ולאַכְזָבָה מִמֶּנָּה?

שֶׁבְּכָל הַלֵּילוֹת נִדְלָקִים כּוֹכָבִים בַּשָּׁמַיִם.
וּתְלוּיִים הַטְּלָלִים עַל עָנָף כִּדְמָעוֹת עַל רִיסִים,
שֶׁבְּכָל הַלֵּילוֹת נִדְלָקִים כּוֹכָבִים בַּשָּׁמַיִם
וְאַנְשֵׁי הֶעָרִים מַדְלִיקִים פַּנָּסִים.

וְשַׁלְוָה עֲמֻקָּה וּבְרוּכָה אֶל עֵינֶיךָ נִבֶּטֶת
בְּזִכְרוֹן הַלִּבּוּב שֶׁל חִיּוּךְ-יְלָדִים יְשֵׁנִים,
שֶׁבְּכָל הַלֵּילוֹת דּוּמִיָּה, צִפִּיָּה וָרֶטֶט -
הַלַּיְלָה הַזֶּה כֻּלּוֹ יְגוֹנִים.

שֶׁבְּכָל הַלֵּילוֹת מוּל רָקִיעַ אֹפֶל וָנָחוֹחַ,
מוּל יָרֵחַ חוֹלֵה-הֲזָיוֹת וּמוּל שְׁבִיל-הֶחָלָב,
מְהַלְּכִים בְּגַנִּים אֲפֵלִים בֵּין בְּעוּת וְנִיחוֹחַ
רְפָאִים עֲגוּמִים וּגְדוֹלִים שֶׁל הַיּוֹם שֶׁחָלַף.

שֶׁבְּכָל הַלֵּילוֹת אֵיזוֹ יָד זֵידוֹנִית מְכַוֶּנֶת
אֶת רוּחִי הַתְּמֵהָה אֶל מִרְמַת הָאוֹרוֹת הַכָּבִים
שֶׁבְּכָל הַלֵּילוֹת צִפִּיָּה דּוּמִיָּה וַעֲנֶנֶת -
הַלַּיְלָה הַזֶּה כֻּלּוֹ כּוֹכָבִים.

בבית הראשון בלבד נזכרים "אנשים". הם האנשים המְאַפְשְׁרִים לילדים לחַייך בשְׁנָתָם, ומה שֶׁלֵּו יותר מחיוך ילדים יְשֵׁנים?! מדוע אין אִזְכּורים נוֹסָפים של "אנשים" או של "ערים"?

בבתים הראשונים, רואה ה"תם" אורות בשמיים ובארץ, ושַׁלווה גמורה. לאן מופנֶה מַבָּטו בבתים האחרונים?

ראייתו בבתים ג-ד מִתְמַקֶּדֶת בשמיים ("יָרֵחַ"; "שְׁבִיל החלב"; "כוכבים").
מדוע?
האם הוא עדיין מְחַפֵּשׂ את האור?
האם הוא מִתְפַּלֵּל או מְבַקֵּשׁ עֶזרה משמיים?
האם הוא איננו יכול לָשֵׂאת את המראות על פְּנֵי הארץ, ו"בּוֹרֵחַ" לשמיים (כפי שה"רשע", כדי לְהַצִּיל את עצמו, "בורח" הצידה)?

את השאול צריך לחפש בהשוואה שבין "הלילה הזה" ל"כל הלילות". מה קיים בכל הלילות, שחָסֵר הלילה?

בכל הלילות, **וגם** הלילה, אפשר למצוא:

- <u>טללים על ענף</u>: הם ודאי תלויים על הָעֲנָפִים גם הלילה.
- <u>ירח, שביל-החלב, כוכבים</u>: הם ודאי ניתנים להיראות בשמיים גם הלילה.

הַטֶּבַע איננו מִשְׁתַּנֶּה; הוא פועל כְּדַרְכּוֹ תָּמִיד.

בכל הלילות, **אך לא** הלילה, אפשר למצוא:

- <u>פנסי הערים</u> = תרבות: הם כָּבִים; הָרֶשַׁע שולט בעולם.
- <u>חִיּוּךְ ילדים יְשֵׁנִים</u> = שלווה: רק זִכָּרוֹן נשאַר ממנו.
- <u>ציפייה</u> = תקווה: אין. בִּמְקוֹמָהּ בא יֵאוּשׁ.

השאול מִתְמַצֵּית, אם כן, בָּרֶשַׁע, בחוסר השלווה וביאוש, שהם ביחד "**יְגוֹנִים**". מה חָסֵר הלילה ב"חִיּוּךְ ילדים יְשֵׁנִים"? החיוך? הַשֵּׁנָה? הילדים?!

מי, בדרך כלל, רואה ילדים בִּשְׁנָתָם? מי חושב על חיוך ילדים יְשֵׁנִים כעל מראה מְלַבֵּב?

הילדים הישנים, עליהם מְדַבֵּר ה"תם" צריכים להיות יְלָדָיו שֶׁלּוֹ, או של בְּנֵי משפחה קרובים. המאורע שגרם לחיוך, או לשינה, או לילדים עצמם לְהֵעָלֵם הוא מְקוֹר הייאוש. ואכן, מהמילה "יגונים", שולט יאוש בשיר:

- עד למילה "יגונים", העולם מלא אור (בשמים ובארץ); אחרי "יגונים", גם הרקיע וגם הגַנִּים אֲפֵלִים.

- עד למילה "יגונים", הרע מעורב בטוב ואיננו נורא כמו בבתים האחרונים: הַשְׁוֵה "דִמעה" ל"ביעות", "רֶטֶט" ל"עֲנֶנֶת".

- לפני "יגונים", שְׁנַת הילדים מְלֻוָּה בחיוך; אחרי "יגונים", מִתהלכים בגן, מְקום מִפְגָּש לאוהבים, רְפָאִים.

ומיהם הרפאים? מי מֵת/נֶהֱרַג ביום שחלף?

והכוכבים, בשורה האחרונה, מי הם? האם גם הם נִשְׁמוֹת של אלה שנֶהֶרְגוּ ביום שחלף?

מהמילה "יגונים", מתחילה גם בריחתו של ה"תם". הוא נושֵׂא את עיניו לשמיים.
מה הוא רואה בשמיים, המְשַׁקֵּף את הקורֶה על פני הארץ?

"יָרֵחַ חולֶה-הֲזָיוֹת". האִם הירח הוא החולה?
כיצד מתקשר "ירח חולה-הזיות" עִם "רוּחִי הַתְּמֵהָה"?
האם "ירח חולה-הזיות" מְשַׁקֵּף סדר עולם שהִשְׁתַּבֵּשׁ? עולם שיָצָא מדעתו?
הייתכן שה"תם" עצמו איבד את שְׁפִיוּתוֹ, יצא מדעתו?

האם גם ה"תם", כמו שני אֶחָיו, חזר מהשְּׁאוֹל?

כְּנֶגֶד אַרְבָּעָה בָנִים

ד. חָכָם

וְהָאָב עַל בְּרִיחִים סָגַר הַדְּלָתוֹת
וְלֹא קָם וְלֹא פְּתָחָם -
וַיִּכְרַע לְהַבִּיט אֶל עֵינָיו הַמֵּתוֹת,
אֶל עֵינָיו שֶׁל הַבֵּן הֶחָכָם.

<u>פרושי מלים ובטויים</u>

בְּרִיחַ, בְּרִיחִים - הַלָּשׁוֹן שֶׁבְּתוֹךְ הַמַּנְעוּל
כָּרַע = עָמַד עַל הַבִּרְכַּיִם; נָפַל עַל הַבִּרְכַּיִם

סמן ב-x את ההצהרות הנכונות:

___ 1. הבן החכם אומר רק ארבע שורות.

___ 2. ה"חכם" איננו מדבר.

___ 3. ה"חכם" מַביט בְּאָב.

___ 4. הדְלתות נְעוּלות.

___ 5. האב איננו קם.

___ 6. האב איננו פותח את הדלתות לבן החכם.

___ 7. האב מִתְאַבֵּל על הבן החכם.

ענה על השאלות:

1. מה מַפְתִּיעַ בחֵלֶק זה של השיר?
2. מדוע סגר האב את הדלתות על בְּריחים?
3. מה קרה לבן החכם?
4. מדוע?
5. את ייסוריו של מי מתָאר חֵלק זה של השיר?

שעור נ"ח

שאלות מסכמות על "על החלומות"

1. סיסמת הסיפור מופיעה בדבריו של ליפא במסיבת הפרידה לצמח (עמוד 46), "הֱיֵה נֶאֱמָן לעצמךָ". לְמַה מִתכוון ליפא?
2. תְּגוּבָתוֹ של צמח (עמוד 46) היא "אני יכול לחלום ולא להיות עֶבֶד לַחֲלוֹמוֹתַי". למה הוא מִתכוון ב"חלומות"?
3. תָּאֵר את אָפְיוֹ של צמח, לפני שהתחיל ללמוד מִשפטים.
4. מה היתה "אהבתו הראשונה" של צמח? מה מוכיח על הִתְמַסְּרוּתוֹ לה לפני שהתחיל ללמוד משפטים?
5. מה גרם לצמח לבגוד ב"אהבתו הראשונה"? לְמה הוא הִתְמַסֵּר בִּמְקוֹמָהּ?

שיחת סיכום על "על החלומות"

חֶטְאוֹ של צמח לא היה רצונו להצליח בחיים, אלא הדרך בה הוא פָּעל כדי לְהַשִּׂיג את מבוקשו (עמוד 46): "כל הדרכים להצלחה טובות בעינַי." הוא נִצֵּל את האנשים סביבו, כאילו היו חֲפָצִים. הוא נהג בחוסר רְגִישׁוּת, ואיבד את הַהַעֲרָכָה לכל היפה והטוב. חוּשׁ אֶסְתֶטִי מפותח הוא אחת מהתְּכוּנוֹת החשובות של אָמָן, ובכך שצמח וִתֵּר עליו, הוא בגד למעשה בעצמו.

האם האישה השמֵנה, שאינה מוציאה את הסיגריה מִיָּדָהּ גם בזמן שצמח מְנַשֵּׁק לה על פִּיהָ (עמוד 49), או האישה בעלת השֵׂיער הצהוב (ודאי צבוּע), ש"לא היתה בעלת כשרון רב" (עמוד 53), עולות בְּעֶרְכָּן--בִּרְגִישׁוּתָן, בַּאֲצִילוּת הַנֶּפֶש שלהן--על סטלה?

צמח נשׂא את סטלה לאישה בשל עָשְׁרָהּ, וסטלה ידעה זאת. מדוע, בכל זאת, היא נישאה לו? מה היא אָהֲבָה בו (וודאי לא את אֲדִישׁוּתוֹ וחוסר הרגישות שלו)?

סטלה אהבה את אותו חלק באָפיו של צמח, שצמח עצמו הִתְנַכֵּר לו - את נפש הצַייר שבו; ולכן היא אספה את ציוריו ושמרה עליהם. היא שמרה, למעשה, את צמח המְקוֹרִי בארגז. ואכן, כאשר צמח "מצא את עצמו" בארגז לאחר מותה, הוא הֵבין את גודל הנֶזֶק שהוא גרם לא רק לאחרים, אלא לעצמו.

וכך, במותה, השאירה סטלה לצמח מַתָּנָה חשובה בהרבה מהכסף ומהבית שהוֹרִישָׁה לו - היא הֶחזירה לו את עצמו. צמח הֵבין זאת, ולכן לא רצה בכסף.

השָׁלָב האחרון בשִׁיבה אל עצמו היה הצורך לְכַפֵּר על הצער שגרם לאחרים בחוסר ההִתְחַשְׁבוּת שלו. לבקש את סליחתה של סטלה, לָהּ הוא גרם את הצער הגדול ביותר, כבר לא היה אפשר (עמוד 70-71), "כאשר מֵת האדם, שוב אין אפשרות לבָרר [עניינים]"; אבל הוא זוכה לפגוש ולְהִתְנַצֵּל בפנֵי אסתר על פְּגִיעָה פחות חמורה, שגרם לה לפני שנים רבות.

הוא חוזר אל חֵיק המשפחה, ממנה התרחק בשנות ה"הצלחה" שלו. גם זו חזרה אל עצמו. ולבסוף הוא מתחיל לצייר מחדש.

לסיכום, ראינו שלושה אחים בעלי כשרונות, שה"מזל לא האיר להם פנים".
האם שלשתם נִכְשְׁלוּ, באמת, בחיים? הַסבֵר.

• • •

תלמידים מספרים את תוכן חיבוריהם

שיחה על "חכם"

תמונת האֵבֶל בחלק האחרון של "כנגד ארבעה בנים" חותֶמת את השיר כולו. האב בורע להביט אל עיניו המֵתות של הבן. בעיניו הוא יכול ודאי לקרוא את הייסורים שעברו על הבן החכם, שהם וודאי נורָאים יותר מכל מה שנֶאֱמר על ידֵי הבנים האחרים, ושגָרמו למותו. ה"חכם" אינו מדַבר: "למוות אין ניב-שפתים".

לפי הסדר בהגדה, מותר לְהַסִּיק שהבן החכם הוא הבן הגדול (הראשון), הבן הבְּכוֹר. האב בשיר אִבֵּד את בכורו, כפי שהמִצרים איבדו את בכורותיהם בְּמַכָּה העֲשִׂירית. הפעם לא היתה יְשׁוּעָה ליהודים.

סיכום השיחה על "כנגד ארבעה בנים"

השיר מתָאר ארבעה אנשים שונים, את הִתְנַסּוּיוֹתֵיהֶם בתקופת השׁואה, ואת תְּגוּבוֹתֵיהֶם השונות.

העיניים. ראיית כל בן מתוארת בצורה שוֹנָה:

"שאינו יודע לשאל"	-	רואה ב-
"רשע"	-	רואה
"תם"	-	המראות נִבָּטִים אל עיניו
"חכם"	-	האב מַבִּיט בו

מראייה פעילה של הקורֶה מסביב, התנועה היא בכִוון של ראייה פחות ופחות פעילה, יותר ויותר סבילה, עד שהבן האחרון הופך למוּשׂא של הפועל "לְהַבִּיט".

- האם לפעלי הראייה יש הַשְׁלָכָה כלשֶׁהי על החוויות?
- האם היחס בין עָצְמַת הניסיון לפעילות שבראייה הוא יָשָׁר או הפוך?

תגובות הבנים להתנסויות

"שאינו יודע לשאל"	-	אינו יודע כיצד להיחלֵץ; הוא מזדהה עם הסובלים
"רשע"	-	מִתְנַכֵּר, עומד מן הצד, כדי להַצִּיל את עצמו
"תם"	-	"פורח" לחָלָל, כדי שלא לראות את הזְוָעוֹת
"חכם"	-	הייתכן שהוא לא חיפשׂ דרך להימלט, ולכן נִסְפָּה? האמנם הוא ראה אף יותר מ"שאינו יודע לשאל", וההִזדַהות המְלֵאה היא שֶׂשְּׂרָפָה אותו?

פניות הבנים

"שאינו יודע לשאל" - "פתח לי!"
"רשע" - "הקהה את שיני!"
"תם" - מַבָּט לשמים (הלילה הזה כולו כוכבים)

שלשתם פונים אל האב, אל אלוהים. אולי כל אחת מהפנִיות היא דפיקה בדלתו של האב.
האב סוגר את הדלתות על בְּריחים ואינו פותח אותן לשלושת הבנים המבקשים מִקְלָט. הוא מתבודד עם הבן היחיד שלא התדפק על דלתו - הבן שמֵת.

דמות האב

התמונה האחרונה בעלת עָצמה רבה: האב מביט אל עינים לא רואות.

האם הקָרְבָּנוֹת הִפנו את פניהם לשמיים, ואלוהים הִתְנַכֵּר ולא ראה את סִבלם, ולא שמע את קריאתם?
אלוהים כורע עכשיו באֶבְלוֹ, ומחפֵּשׂ משהו בעיניו המתות של ה"חכם"; וכמו הקָרְבָּנוֹת, שלא זכו לתשובה מאלוהים, גם הוא איננו יכול לקַבל תגובה מהבן.

כפי שראינו, ייתכן שהשיר מתאר ארבעה טיפוסים שונים של בני-אדם, ותגובותיהם לשואה. אפשר גם לראות את הבנים כארבעה שְׁלַבִּים שונים בהִתְנַסּוּת של יחיד:

שָׁלָב ראשון - קַבָּלַת הדין, מתוך אמונה שהצֶדֶק ישלוט בסוף.
הבן מסַפר לאב על הייסורים באֲריכות ומבַקש ממנו, בעַקיפִין, לנקום את נִקמתו.

שָׁלָב שני - הִתְמָרְדוּת נגד הסֵבֶל הבלתי מוצדק.
הבן מאַשים את אלוהים בסבל: הִרְשֵׁיתָ להם לעשות זאת לבַתך הקטנה (ישראל); ואם הִתְקוֹמְמוּתִי איננה מוצאת חן בעיניך, אַדְרַבָּא, הַקְהֵה את שִינַי, אבל עֲשֵׂה משהו! אל תִּתְעַלֵּם ממה שקורֶה!

שָׁלָב שלישי - שִׁגָּעוֹן או פִּרְפּוּרֵי גְּסִיסָה.
המראות אינם ברורים. הבן קרוב לאיבוד הַהַכָּרָה.
הוא שָׁקוּעַ בַּהֲזָיוֹת.

שלב רביעי - מוות.
הבן, שעבר את כל הַשְּׁלַבִּים (ואין חכם כבעל ניסיון!),
השתחרֵר במותו מהסבל. עיניו אינן רואות עוד.

ואולי עיניו המתות מאשימות את האב, שלא פתח לו כשהתדפק
על דלתו בִּשְׁלַבִּים הקודמים.

בעיניו המתות רואה האב את כל דרך הייסורים שהבן עבר,
מ"שאינו יודע לשאל" ועד "תם".

האם תמונת האבל ב"חכם" מבטאת את חֲרָטָתוֹ של אלוהים על שאיפשֵׁר לכל המעשים הנורָאים לקרות?

האם היא מבַטְאת את חוסר האוֹנים של אלוהים נוכח הרֶשַׁע הנורא , שהִשְׁתַּלֵּט על העולם?

תַּשְׁבֵּץ "מֵעַבְדוּת לְחֵרוּת"

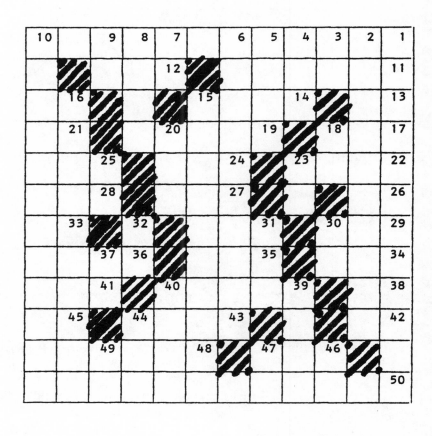

מְאֻזָּן

1 לֹא הָיְתָה לוֹ הַצְלָחָה: הַמַּזָּל ___.(4 מִלִּים)
11 הַהֵפֶךְ מִ"לְּפָנֵינוּ"
12 קְבוּצָה נִבְחֶרֶת, הַמְּיַצֶּגֶת אֶת הַיֶּתֶר
13 הַהֵפֶךְ מִ"מָּתוֹק"
14 נָטְלוּ, נָשְׂאוּ אִתָּם
16 קַח! סְחַף!
17 בִּטּוּי; שִׁמּוּשׁ לָשׁוֹן
19 מַנְהִיג, מוֹלִיךְ
21 מַשְׁקֶה מְסַיֵּן
22 אוֹתוֹ; זֶה שֶׁשָּׁם
24 טַיָּל; אָדָם שֶׁמְּבַקֵּר בָּאָרֶץ
25 בְּשֵׁם
26 אַלּוֹן אוֹ זַיִת, לְמָשָׁל
27 שִׂמְחָה, שִׁירָה
28 מְגֻבָּל בְּגָדְלוֹ
29 וְקוֹל חוֹזֵר
31 הֵם ___ (לְלֹא עֶזְרָה)
33 82 בְּאוֹתִיּוֹת עִבְרִיּוֹת
34 בְּדֶרֶךְ כְּלָל
35 לֹא רָצָה בְּמַשֶּׁהוּ
36 הַחֵלֶק הַמַּפְעִיל מְכוֹנָה
38 מִלַּת שְׁאֵלָה
39 גָּבוֹהַּ/חָשׁוּב בְּיוֹתֵר
41 בְּאֵיזֶה זְמַן?
42 גּוּף שְׁלִישִׁי רַבִּים
43 מְגִנָּן
45 הַיְּהוּדִים אָכְלוּ מִמֶּנּוּ בַּמִּדְבָּר
46 אֲדָמָה רְטֻבָּה; לִכְלוּךְ
48 מֵעוֹלָם: כָּל___ (2 מִלִּים)
50 אַל תִּשְׁכַּח אֶת אָפְיְךָ הָאֲמִתִּי!

מְאֻנָּךְ

1 שְׁמֵימִי; לֹא רָגִיל
2 בֵּין אֶמְצַע הַיּוֹם לָעֶרֶב
3 מָקוֹם גָּבוֹהַּ
4 חַיָּה דּוֹמָה לִצְבִי
5 יַעֲנִישׁ עַל פְּגִיעָה בּוֹ
6 נִשְׁמוֹת שֶׁל מֵתִים, שֶׁאֵינָן מוֹצְאוֹת מָנוֹחַ
7 הָאוֹת הַשִּׁשִּׁית בָּאַלֶפְבֵּית
8 שֵׁם תֹּאַר סָבִיל, הַגָּזוּר מִפָּעַל
9 הוֹלֵךְ מִמָּקוֹם לְמָקוֹם
10 נִרְאֲתָה לְךָ טוֹב (3 מִלִּים)
15 בֵּין יוֹשְׁבִין___ (2 מִלִּים)
16 דּוֹמִים כְּ___ (3 מִלִּים)
18 בְּתוֹכוֹ
20 הַשֹּׁרֶשׁ שֶׁל "מוֹרֶה"
23 לְהָבָה
25 הַהֵפֶךְ מִ"גַּם"
30 חַיָּה גְּדוֹלָה, שֶׁיְּשֵׁנָה בַּחֹרֶף
31 "אֳנִיַּת-מִדְבָּר"
32 תָּמִים, שָׁלֵם
37 יָשֵׁן
39 קוֹרְאִים בּוֹ חֲדָשׁוֹת
40 נִרְחָם
44 חָבֵר, יָדִיד (כְּתִיב מָלֵא)
46 בְּתוֹכָהּ
47 לֵךְ הַחוּצָה!
49 צִיּוּר, הַמַּצְבִּיעַ עַל כִּוּוּן

שִׁירֵי סוֹף הַדֶּרֶךְ

מֵאֵת לֵאָה גוֹלְדְבֶּרְג

הַדֶּרֶךְ יָפָה עַד מְאֹד -- אָמַר הַנַּעַר,
הַדֶּרֶךְ קָשָׁה עַד מְאֹד -- אָמַר הָעֶלֶם,
הַדֶּרֶךְ אֲרֻכָּה עַד מְאֹד -- אָמַר הַגֶּבֶר,
יָשַׁב הַזָּקֵן לָנוּחַ בְּצַד הַדֶּרֶךְ.

צוֹבְעָה הַשְּׁקִיעָה שֵׂיבָתוֹ בְּפָז וָאֹדֶם,
הַדֶּשֶׁא מַבְהִיק לְרַגְלָיו בְּטַל-הָעֶרֶב,
צִפּוֹר אַחֲרוֹנָה שֶׁל יוֹם מֵעָלָיו מְזַמֶּרֶת:
-- הֲתִזְכֹּר מַה יָּפְתָה, מַה קָּשְׁתָה, מָה אָרְכָה הַדֶּרֶךְ?

י. ל. פרץ

אם לא למעלה מזה

בכל ימות ה"סליחות",בבוקר-בבוקר, נעלם הרבי מנמירוב. בני ביתו משכימים ל"סליחות", יוצאים ועוזבים את הדלת פתוחה אחריהם: בליספק יוצא גם הוא אחריהם בעצמו. ומעולם לא ראה אותו איש, לא בחוץ ולא בבית הכנסת או בבית המדרש, ולא אצל המניינים.

והנה, מה שהפתח פתוח -- אין בכך כלום; אל בית הצדיק לא יבואו גנבים; יגע אחד מהם בכף המנעול, ומובטח אני שתיבש ידו. אך אייה הרבי?

ואומרים: בלי ספק במרום! הימים -- ימים נוראים, צרכי עם ישראל מרובים, צריכים לפרנסה, לבריאות, לידאת שמיים ויראת חטא . . . והולך וקרב יום-הדין, ומי יעמוד ביום צר, אם לא קדוש ישראל מנמירוב?

בלי ספק הוא עולה למרום ומשתטח לפני כיסא כבודו, ומתפלל על עם ישראל.

והנה בא לנמירוב "מתנגד" מליטא וימלא פיו צחוק. ומצחק הליטאי ומראה באצבע גמרא מפורשת שגם משה רבינו, עליו השלום, לא עלה למרום -- והצדיק מנמירוב, לא כל שכן.

"ואם כן, איפה הוא הרבי בשעת סליחות?"

והליטאי אומר שיש לו עליו שאלות קשות מזו . . .

ובאותו רגע החליט לחקר שורש דבר.

ועוד באותו היום, בין "מנחה" ל"מעריב", התגנב הליטאי אל חדר משכבו של הצדיק וישכב תחת מיטתו . . . ואינו מתיירא, הלא ליטאי הוא! בוחר הוא לו איזו מסכת ולומד אותה בעל-פה. ושכב כל הלילה ולמד בעל-פה!

בשעה קודם שקראו ל"סליחות", הרגיש הליטאי שהצדיק מתהפך על משכבו, שהוא נאנח וגונח, גונח ונאנח. והנה ידוע, שאנחותיו של הצדיק מנמירוב היו מלאות צער וכל השומע היה גועה ממש בבכי, וזה אינו מפסיק מלימודו בלחש.

ושניהם שוכבים: הרבי על המיטה, והליטאי תחת המיטה.

כשקראו ל"סליחות", שמע הליטאי והנה רבתה התנועה בחדרים הסמוכים. בני הבית יורדים ממיטותיהם, מעלים הם נרות ונוטלים את ידיהם, ומתלבשים, והולכים, ופותחים את הדלתות . . . ואחרי כן שב הכול למנוחתו, והאור שנזרע תחת מיטתו של הצדיק מן החדרים הסמוכים דעך, והוא נשאר לבדו עם הרבי בבית.

אחרי כן הודה ולא בוש שבאותו הרגע נפלה עליו אימה גדולה. כי לא דבר ריק הוא, להתבודד עם הצדיק בשעת ה"סליחות"! אבל הליטאי עקשן הוא -- רועד בכל גופו ושוכב! . .

בינתיים קם הצדיק ממשכבו.

וקם, ועשה מה שעשה, וניגש אל ארון הבגדים, והוציא משם חבילת בגדים שונים: מכנסי בד לבנים רחבים וקצרים, מגפיים גדולים, אדרת שער עבה, ומצנפת שער גבוהה, וחגורת עור -- בגדי איכר!

ובאותם בגדים התלבש הצדיק, ומכיס אדרתו יצא קצה חבל עבה. . . והליטאי אינו מאמין למראה עיניו, והוא חושב שנרדם בלילה ורואה חלום . . .

והרבי יוצא מחדרו, והליטאי קם בלאט והולך אחריו, כאותו הצל ההולך אחרי האדם.

והרבי עובר מחדר לחדר ובא לחדר-הבישול, וכופף ראשו מתחת למיטת המבשלת, ומוציא גרזן ותוקע אותו לתוך אזורו ויוצא את הבית.

והליטאי אחריו, אף כי כבר עלה על ליבו דבר בליעל, כי הרבי צדיק הוא ביום וגזלן בלילה . . .

והולך הרבי בלאט ובצדי הרחובות, ואימת ה"ימים הנוראים" מרחפת בחוץ, ופעם בפעם יוצאת מאיזה בית אנחת חולה או פזמון של "סליחות", והרבי צולל בצללי הבתים ויוצא לאור הלבנה בין בית לבית, והליטאי אחריו . . . וליבו דופק כהד לכל פסיעה ופסיעה של הצדיק. והנה הרבי יצא את העיר. וסמוך לעיר -- יער. והצדיק נכנס לתוך היער, ופסע כשלשים-ארבעים פסיעות בתוך היער, וניגש אל אלון רך, והוציא את הגרזן מאזורו והניפו, ויך בעץ פעם, פעמיים ושלוש, עד כי נפל העץ . . .

והליטאי עומד מרחוק ורואה, איך שהצדיק חוטב את העץ לגזרים, ושהוא מוציא מכיס אדרתו חבל ארוך, ועושה מהם חבילה, ותוקע את הגרזן באזורו, ומעמיס את החבילה על כתפיו, ויוצא את היער ושב העירה.

כפוף הולך הרבי תחת משאו, והליטאי אחריו.

"האם לא יצא הזקן מדעתו?"

והצדיק עושה את דרכו בלאט, ובא לאיזו סמטה חשוכה, וניגש אל בית קטן ורעוע ויעמוד מאחרי החלון וידפוק בשמשותיו בלאט.

והליטאי שומע, שמתוך הבית קורא קול אישה חולנית:

"מי שם?"

ושהצדיק עונה בלשון נכרים:

"יאו!" (אני)

והאישה שואלת:

"קטו יאו?" (מי אני?)

והצדיק עונה:

"ואסיל."

"ואסיל? איזה ואסיל? ומה אתה רוצה, ואסיל?"

והצדיק אומר לה, והכול בלשון איכרים, שיש לו חבילת-עצים למכירה, ושימכור לה בזול.

ואינו מחכה למענה האישה, ועובר אל הדלת, ופותח אותה ונכנס לבית. והליטאי מתגנב אחריו.

לאור הלבנה רואה הוא חדר קטן ונמוך, שברי כלי בית, ובמטה -- אישה חולנית מכוסה בבלויי סחבות.

והחולנית שואלת באנחה:

"אבל במה אקנה, ואסיל? אין כסף לאלמנה ענייה!"

והצדיק המתחפש עונה, שייתן לה בהקפה; ושבסך-הכל מבקש הוא שש אגורות.

אבל האישה אומרת שאינה יכולה לקבל בהקפה, שאין לה שום תקווה להשיג מעות ולשלם.

"מאיין יבוא עזרי?" נאנחה האישה.

והצדיק, שהניח כבר את החבילה על הארץ, מתקצף עליה:

"הוי יהודייה פתייה! את אשה קטנה וחולנית וימייך ספורים, ואני בוטח בך, ונותן לך בהקפה שש אגורות! ולך אל גדול ורחמן וחי לעולמים, ואינך בוטחת בו שימציא לך שש אגורות?"

"ומי יסיק לי בתנור?" נאנחת האישה. "מי יודע מתי ישוב בני מעבודתו בלילה?"

והצדיק עונה, שהוא יסיק לה . . .

והוא אומר ועושה . . .

ובשעה שהכניס את העצים לתוך התנור, זימר בלחש את הפזמון הראשון מ"סליחות" היום . . .

ובהבעירו את העצים אמר את הפזמון השני . . . ואת הפזמון השלישי אמר כאשר סתם את התנור.

והליטאי נהפך ליבו לאהוב את הצדיק ולהאמין בו, ומאז היה נוסע אליו פעמיים מדי שנה בשנה.

וכשהיה שומע מספרים, שהצדיק עולה בימות ה"סליחות" למעלה, לא צחק עוד והיה אומר:

"מי יודע אם לא למעלה מזה!"

ח. נ. ביאליק

לְבַדִּי

כֻּלָּם נָשָׂא הָרוּחַ, כֻּלָּם סָחַף הָאוֹר,
שִׁירָה חֲדָשָׁה אֶת-בֹּקֶר חַיֵּיהֶם הִרְנִינָה;
וַאֲנִי, גּוֹזָל רַךְ, נִשְׁתַּכַּחְתִּי מִלֵּב,
תַּחַת כַּנְפֵי הַשְּׁכִינָה.

בָּדָד, בָּדָד נִשְׁאַרְתִּי, וְהַשְּׁכִינָה אַף-הִיא
כְּנַף יְמִינָהּ הַשְּׁבוּרָה עַל-רֹאשִׁי הִרְעִידָה.
יָדַע לִבִּי אֶת-לִבָּהּ: חָרֹד חָרְדָה עָלַי,
עַל-בְּנָהּ, עַל יְחִידָהּ.

כְּבָר נִתְגָּרְשָׁה מִכָּל הַזָּוִיּוֹת, רַק-עוֹד
פִּנַּת סֵתֶר שׁוֹמֵמָה וּקְטַנָּה נִשְׁאָרָה -
בֵּית הַמִּדְרָשׁ - וַתִּתְכַּס בַּצֵּל, וָאֱהִי
עִמָּהּ יַחַד בַּצָּרָה.

וּכְשֶׁכָּלָה לְבָבִי לַחַלּוֹן, לָאוֹר,
וּכְשֶׁצַּר לִי הַמָּקוֹם מִתַּחַת לִכְנָפָהּ -
כָּבְשָׁה רֹאשָׁהּ בִּכְתֵפִי, וְדִמְעָתָהּ עַל-דַּף
גְּמָרָתִי נָטָפָה.

חֶרֶשׁ בָּכְתָה עָלַי וַתִּתְרַפֵּק עָלַי,
וּכְמוֹ שָׂכָה בִּכְנָפָהּ הַשְּׁבוּרָה בַּעֲדִי:
"כֻּלָּם נָשָׂא הָרוּחַ, כֻּלָּם פָּרְחוּ לָהֶם,
וָאִוָּתֵר לְבַדִּי, לְבַדִּי . . ."

וּכְעֵין סִיּוּם שֶׁל קִינָה עַתִּיקָה מְאֹד,
וּכְעֵין תְּפִלָּה, בַּקָּשָׁה וַחֲרָדָה כְּאַחַת,
שָׁמְעָה אָזְנִי בַּבְּכִיָּה הַחֲרִישִׁית הַהִיא
וּבַדִּמְעָה הַהִיא הָרוֹתַחַת -

ח. נ. ביאליק

הַכְנִיסִינִי תַּחַת כְּנָפֵךְ

הַכְנִיסִינִי תַּחַת כְּנָפֵךְ,
וַהֲיִי לִי אֵם וְאָחוֹת,
וִיהִי חֵיקֵךְ מִקְלַט רֹאשִׁי,
קַן-תְּפִלּוֹתַי הַנִּדָּחוֹת.

וּבְעֵת רַחֲמִים, בֵּין-הַשְּׁמָשׁוֹת,
שְׁחִי וַאֲגַל לָךְ סוֹד יִסּוּרָי:
אוֹמְרִים, יֵשׁ בָּעוֹלָם נְעוּרִים --
הֵיכָן נְעוּרָי?

וְעוֹד רָז אֶחָד לָךְ אֶתְוַדֶּה:
נַפְשִׁי נִשְׂרְפָה בְלַהֲבָהּ;
אוֹמְרִים, אַהֲבָה יֵשׁ בָּעוֹלָם --
מַה-זֹּאת אַהֲבָה?

הַכּוֹכָבִים רִמּוּ אוֹתִי,
הָיָה חֲלוֹם -- אַךְ גַּם הוּא עָבָר;
עַתָּה אֵין לִי כְלוּם בָּעוֹלָם --
אֵין לִי דָבָר.

הַכְנִיסִינִי תַּחַת כְּנָפֵךְ,
וַהֲיִי לִי אֵם וְאָחוֹת,
וִיהִי חֵיקֵךְ מִקְלַט רֹאשִׁי,
קַן-תְּפִלּוֹתַי הַנִּדָּחוֹת.

ש. י. עגנון

כנגד אותם שקובעים ישיבות של שחוק וקלות ראש

מעשה באישה אחת שבכל שבת ושבת אחר שהתפללה ואחר שקראה ב"פרשת השבוע" היתה יושבת יחידה בביתה וטווה, כדי שלא תהא יושבת עם שכנותיה ועוסקת בדברים בטלים ובלשון-הרע וברכילות.

פעם אחת היה משה רבינו מטיל לו בשבת, הגיע לעירה של אותה אישה, ראה בית אחד שהשכינה שרויה עליו. נכנס ומצא אישה יושבת וטווה.

אמר לה: בתי, אי את יודעת ששבת היום?

אמרה לו: יודעת אני ששבת היום.

אמר לה: אי את יודעת ששבת אסור במלאכה?

אמרה: יודעת אני ששבת אסור במלאכה.

אמר לה: אם כן למה את טווה?

אמרה היא: ומה היה לי לעשות בשעה זו?

אמר לה: היה לך להתפלל ולקרות ב"צאינה וראינה".

אמרה לו: כבר סיימתי את תפילתי וכבר קריתי ב"פרשת השבוע".

אמר לה: אם כן שבי עם שכנותיך ואל תחללי את השבת. עמדה והניחה את מלאכתה והלכה אצל חברותיה.

בשבת שנייה ראה משה רבינו שנסתלקה שכינה מאותו הבית, נכנס ומצא אותה אישה יושבת עם שכנותיה ועוסקת עמהן בשיחה. ומה שיחתן? פלונית עשתה לה בגד של חמישים זהובים, פלונית לקח לה בעלה מחרוזות של מרגליות, בן פלוני נתן עיניו בבת פלוני, בת פלוני נתנה עיניה בבן פלוני, וכך היו משיחות שיחות בטלות ולשון הרע ורכילות. כיון שראה משה כך אמר לה: חזרי בתי למעשיך ואל תתעסקי בדברי שטות.

לפיכך יהא אדם זהיר הרבה שלא לעסוק בדברים בטלים בשבת.

כשנאמרו הדברים לפני החכמים אמרו, לא שבת היה, אלא ראש-חדש היה, שראש-חדש מותר בעשיית מלאכה, אלא שנשים אינן עושות בו מלאכה, כמו שמצינו בפרקי רבי אליעזר; לפי שלא רצו נשים ליתן נזמיהן לבעליהן במעשה העגל, לכך נתן להן הקדוש ברוך הוא שכרן בעולם הזה, שהן משמרות ראש-חדש. ומה שכר הוא נותן להן לעולם הבא, שהן עתידות להתחדש בראשי-חדשים. מכל מקום, בין לדברי אלו ובין לדברי אלו צריך אדם ליזהר הרבה שלא לקבוע שום ישיבה של שחוק וקלות ראש.

ח. נ. ביאליק

יֵשׁ לִי גַּן

יֵשׁ לִי גַּן וּבְאֵר יֵשׁ-לִי,
וַעֲלֵי בְאֵרִי תָלוּי דְּלִי;
מִדֵּי שַׁבָּת בָּא מַחֲמַדִּי,
מַיִם זַכִּים יֵשְׁתְּ מִכַּדִּי.

כָּל הָעוֹלָם יָשֵׁן - הָס!
נָם תַּפּוּחַ וַאֲגָס;
אִמִּי נָמָה, נִרְדָּם אָבִי,
עֵרִים רַק אֲנִי וּלְבָבִי.

וְהַדְּלִי כִּלְבָבִי עֵר,
נוֹטֵף פָּז אֶל פִּי הַבְּאֵר,
נוֹטֵף פָּז וְנוֹטֵף בְּדֹלַח,
דּוֹדִי הוֹלֵךְ, דּוֹדִי הוֹלֵךְ.

הַס, בַּגַּן נִזְדַּעְזַע נוֹף -
דּוֹדִי בָא אִם-פִּרְכֵּס עוֹף?
דּוֹדִי, דּוֹדִי! - חוּשׁ מַחֲמַדִּי,
אֵין בֶּחָצֵר אִישׁ מִלְּבַדִּי.

\- - - - - - - - - - - -

שִׁיר הַשִּׁירִים

פֶּרֶק ב

1 אֲנִי חֲבַצֶּלֶת הַשָּׁרוֹן, שׁוֹשַׁנַּת הָעֲמָקִים.

2 כְּשׁוֹשַׁנָּה בֵּין הַחוֹחִים, כֵּן רַעְיָתִי בֵּין הַבָּנוֹת.

3 כְּתַפּוּחַ בַּעֲצֵי הַיַּעַר, כֵּן דּוֹדִי בֵּין הַבָּנִים;
בְּצִלּוֹ חִמַּדְתִּי וְיָשַׁבְתִּי, וּפִרְיוֹ מָתוֹק לְחִכִּי.

- - - - -

8 קוֹל דּוֹדִי הִנֵּה-זֶה בָּא: מְדַלֵּג עַל הֶהָרִים,
מְקַפֵּץ עַל הַגְּבָעוֹת.

9 דּוֹמֶה דוֹדִי לִצְבִי, אוֹ לְעֹפֶר הָאַיָּלִים . . . .

10 עָנָה דוֹדִי וְאָמַר לִי, קוּמִי לָךְ רַעְיָתִי יָפָתִי
וּלְכִי-לָךְ.

11 כִּי-הִנֵּה הַסְּתָו עָבָר, הַגֶּשֶׁם חָלַף הָלַךְ לוֹ.

12 הַנִּצָּנִים נִרְאוּ בָאָרֶץ, עֵת הַזָּמִיר הִגִּיעַ,
וְקוֹל הַתּוֹר נִשְׁמַע בְּאַרְצֵנוּ.

פרק ד

10 מַה-יָּפוּ דֹדַיִךְ, אֲחֹתִי כַלָּה; מַה טֹּבוּ דֹדַיִךְ מִיַּיִן,
וְרֵיחַ שְׁמָנַיִךְ מִכָּל בְּשָׂמִים.

11 נֹפֶת תִּטֹּפְנָה שִׂפְתוֹתַיִךְ כַּלָּה, דְּבַשׁ וְחָלָב תַּחַת לְשׁוֹנֵךְ,
וְרֵיחַ שַׂלְמֹתַיִךְ כְּרֵיחַ לְבָנוֹן.

12 גַּן נָעוּל אֲחֹתִי כַלָּה, גַּל נָעוּל מַעְיָן חָתוּם.

- - - - - - - - - - - - - - -

15 מַעְיַן גַּנִּים, בְּאֵר מַיִם חַיִּים, וְנֹזְלִים מִן-לְבָנוֹן.

16 עוּרִי צָפוֹן וּבוֹאִי תֵימָן, הָפִיחִי גַנִּי יִזְּלוּ בְשָׂמָיו;
יָבֹא דוֹדִי לְגַנּוֹ וְיֹאכַל פְּרִי מְגָדָיו.

פרק ה

1 בָּאתִי לְגַנִּי, אֲחֹתִי כַלָּה: אָרִיתִי מוֹרִי עִם-בְּשָׂמִי,
אָכַלְתִּי יַעְרִי עִם-דִּבְשִׁי, שָׁתִיתִי יֵינִי עִם-חֲלָבִי;
אִכְלוּ רֵעִים, שְׁתוּ וְשִׁכְרוּ דּוֹדִים.
2 אֲנִי יְשֵׁנָה וְלִבִּי עֵר, קוֹל דּוֹדִי דוֹפֵק, פִּתְחִי-לִי
אֲחֹתִי רַעְיָתִי יוֹנָתִי תַמָּתִי, שֶׁרֹּאשִׁי נִמְלָא-טָל,
קְוֻצּוֹתַי רְסִיסֵי לָיְלָה.

לֵאָה גוֹלְדְבֶּרְג

כְּנֶגֶד אַרְבָּעָה בָּנִים

א. שֶׁאֵינוֹ יוֹדֵעַ לִשְׁאֹל

אָמַר שֶׁאֵינֶנּוּ יוֹדֵעַ לִשְׁאֹל:
גַּם הַפַּעַם, אָבִי, גַּם הַפַּעַם
אֶת נַפְשִׁי, שֶׁחָזְרָה מֵעִמְקֵי הַשְּׁאוֹל,
מַלְּטָה מֵעֶבְרָה וָזַעַם.

כִּי קָטְנוּ הַמִּלִּים מֵהַבִּיעַ הַשְּׁאוֹל,
כִּי לַמָּוֶת אֵין נִיב-שְׂפָתַיִם,
וַאֲנִי שֶׁאֵינֶנִּי יוֹדֵעַ לִשְׁאֹל
כְּבַד-פֶּה אָנֹכִי שִׁבְעָתַיִם.

כִּי צֻוֵּיתִי לָנוּד בִּדְרָכִים אֲרֻכּוֹת -
לֹא חֶדְוָה, לֹא שַׁלְוָה, לֹא מָנוֹחַ,
כִּי צֻוֵּיתִי לִרְאוֹת בְּיִסּוּרֵי תִּינוֹקוֹת,
עַל גְּוִיּוֹת עוֹלָלִים לִפְסֹחַ.

כִּי הִכּוּ עַל עֵינַי מַגְלְבֵי פָּרָשִׁים
וְצִוּוּנִי עֵינַי לִפְקֹחַ,
זָחֲלוּ אֶל לֵילִי נְחָשִׁים לוֹחֲשִׁים:
לֹא לָנוּם, לֹא לַחֲלֹם, לֹא לִשְׁכֹּחַ.

וַאֲנִי לֹא יָדַעְתִּי, הֲלִי הָאָשָׁם,
הֲבָגַדְתִּי, הֲמָעַלְתִּי -
לֹא רָשָׁע אָנֹכִי, לֹא חָכָם אַף לֹא תָּם,
וְעַל כֵּן שְׁאֵלוֹת לֹא שָׁאַלְתִּי.

וְעַל-כֵּן לֹא דָרַשְׁתִּי נָקָם וְשִׁלֵּם,
וְלֹא אָח לִי וְלֹא מַלְאָךְ לִי -
וְהִגַּעְתִּי אֵלֶיךָ בּוֹדֵד וְשָׁלֵם -
וְאַתָּה אִם תּוּכַל, פְּתַח לִי.

ב. רָשָׁע

אָמַר הָרָשָׁע: אָבִי, אָבִי,
אֵינֶנִּי חָפֵץ לְרַחֵם,
כִּי יָבְשָׁה דִמְעָתִי, וַיִּקְשֶׁה לְבָבִי
בִּרְאוֹתִי מֶה עָשׂוּ לָכֶם.

בִּרְאוֹתִי אֶת בִּתְּךָ הַקְּטַנָּה בְּדָמָהּ
מְקַמֶּצֶת אֶגְרוֹף פָּעוּט
וְרִיסֶיהָ נוֹגְעִים בַּעֲפַר-אֲדָמָה,
וְעֵינָהּ מְשַׁוַּעַת: לָמוּת!

בִּרְאוֹתִי לְהָקוֹת שֶׁל כְּלָבִים מְשַׂסִּים
בְּתִינוֹק כְּחוּשׁ-בָּשָׂר בֶּן חָמֵשׁ;
בִּרְאוֹתִי הַנָּסִים מֻכָּתִים הֲרוּסִים
אֶל הַשְּׁחוֹר, אֶל הַבּוֹר, אֶל הָאֵשׁ.

וְנָדַרְתִּי לִהְיוֹת עֲרִירִי וְחָפְשִׁי,
אַכְזָרִי וְצוֹנֵן וְזָר, -
עַד שֶׁבָּאוּ אֵלַי מְבַקְשֵׁי-נַפְשִׁי
וְדִינִי, גַּם דִּינִי, נִגְזָר.

אֵין מְתֹם בְּנַפְשִׁי, אֵין מְתֹם בִּבְשָׂרִי,
הִשִּׂיגַתְנִי נִקְמַת אֲדֹנָי.
וְהִגַּעְתִּי אֵלֶיךָ בּוֹדֵד וְנָכְרִי
וְאַתָּה הַקְהֵה אֶת שִׁנַּי.

ג. תָּם

שֶׁבְּכָל הַלֵּילוֹת נִדְלָקִים כּוֹכָבִים בַּשָּׁמַיִם.
וּתְלוּיִים הַטְּלָלִים עַל עָנָף כִּדְמָעוֹת עַל רִיסִים,
שֶׁבְּכָל הַלֵּילוֹת נִדְלָקִים כּוֹכָבִים בַּשָּׁמַיִם
וְאַנְשֵׁי הֶעָרִים מַדְלִיקִים פַּנָּסִים.

וְשַׁלְוָה עֲמֻקָּה וּבְרוּכָה אֶל עֵינֶיךָ נִבֶּטֶת
בְּזִכְרוֹן הַלִּבּוּב שֶׁל חִיּוּךְ-יְלָדִים יְשֵׁנִים,
שֶׁבְּכָל הַלֵּילוֹת דּוּמִיָּה, צִפִּיָּה וָרֶטֶט -
הַלַּיְלָה הַזֶּה כֻּלּוֹ יְגוֹנִים.

שֶׁבְּכָל הַלֵּילוֹת מוּל רָקִיעַ אָפֵל וְזָחוֹחַ,
מוּל יָרֵחַ חוֹלֵה-הֲזָיוֹת וּמוּל שְׁבִיל-הֶחָלָב,
מְהַלְּכִים בְּגַנִּים אֲפֵלִים בֵּין בְּעוּת וְנִיחוֹחַ
רְפָאִים עֲגוּמִים וּגְדוֹלִים שֶׁל הַיּוֹם שֶׁחָלַף.

שֶׁבְּכָל הַלֵּילוֹת אֵיזוֹ יָד זֵידוֹנִית מְכַוֶּנֶת
אֶת רוּחִי הַתְּמֵהָה אֶל מִרְמַת הָאוֹרוֹת הַכָּבִים
שֶׁבְּכָל הַלֵּילוֹת צִפִּיָּה דּוּמִיָּה וַעֲנֶנֶת -
הַלַּיְלָה הַזֶּה כֻּלּוֹ כּוֹכָבִים.

ד. חָכָם

וְהָאָב עַל בְּרִיחִים סָגַר הַדְּלָתוֹת
וְלֹא קָם וְלֹא פְּתָחָם -
וַיִּכְרַע לְהַבִּיט אֶל עֵינָיו הַמֵּתוֹת,
אֶל עֵינָיו שֶׁל הַבֵּן הֶחָכָם.

מ פ ת ח ה נ ו ש א י ם